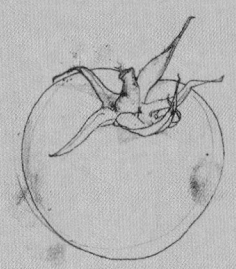

# O SEGREDO DOS INGREDIENTES

TRÊS FORMAS DELICIOSAS DE PREPARAR CADA UM
DOS INGREDIENTES PARA OBTER PRATOS PERFEITOS

Marcus Wareing

**PubliFolha**

Para Jessie, minha menina de olhos azuis, nascida no dia da última sessão de fotos deste livro. Com amor, papai.

Um livro da Dorling Kindersley
www.dk.com

Título original: *One Perfect Ingredient*

Copyright © 2008 Dorling Kindersley Limited
Copyright de texto © 2008 Marcus Wareing
Copyright © 2011 Publifolha – Divisão de Publicações da Empresa Folha da Manhã S.A.

Todos os direitos reservados. Nenhuma parte desta obra pode ser reproduzida, arquivada ou transmitida de nenhuma forma ou por nenhum meio, sem a permissão expressa e por escrito da Publifolha – Divisão de Publicações da Empresa Folha da Manhã S.A.

*Proibida a comercialização fora do território brasileiro.*

COORDENAÇÃO DO PROJETO: PUBLIFOLHA
Editora-assistente: Adriane Piscitelli
Coordenação de produção gráfica: Mariana Metidieri
Produção gráfica: Rodrigo Luis de Andrade

PRODUÇÃO EDITORIAL: ESTÚDIO SABIÁ
Edição: Valéria Braga Sanalios
Tradução: Bárbara Guimarães Arányi
Preparação de texto: Leia Sauciulis
Revisão: Olga Sérvulo e Hebe Lucas
Editoração eletrônica: Pólen Editorial

EDIÇÃO ORIGINAL: DORLING KINDERSLEY
Fotografia: David Loftus
Coordenadora e estilista culinária: Chantelle Nicholson
Editora e gerente do projeto: Norma MacMillan
Designers e editores de arte: Smith & Gilmour
Ilustradora: Emma Dibben
Gerente editorial: Dawn Henderson
Gerente de arte: Heather McCarry
Chefe de produção: Jenny Woodcock
Gerente de produção: Sarah Sherlock

*Pessoas com restrições alimentares devem ficar atentas aos ingredientes indicados nas receitas.*

*As fotos deste livro podem conter acompanhamentos ou ingredientes meramente ilustrativos.*

---

Dados Internacionais de Catalogação na Publicação (CIP)
(Câmara Brasileira do Livro, SP, Brasil)

Wareing, Marcus
  O segredo dos ingredientes / Marcus Wareing com Jeni Wright ; [tradução Bárbara Guimarães Arányi]. -- São Paulo : Publifolha, 2011.

  Título original: One perfect ingredient

  1. Culinária 2. Gastronomia 3. Receitas I. Wright, Jeni. II. Título.

11-05266                                                              CDD-641.5

Índice para catálogo sistemático:
1. Receitas : Culinária : Economia doméstica   641.5

---

A grafia deste livro segue as regras do Novo Acordo Ortográfico da Língua Portuguesa.

## PUBLIFOLHA

Divisão de Publicações do Grupo Folha
Al. Barão de Limeira, 401, 6º andar
CEP 01202-900, São Paulo, SP
Tel.: (11) 3224-2186/2187/2197
www.publifolha.com.br

Impresso na Hung Hing, Hong Kong.

# SUMÁRIO
PREFÁCIO 7
## HORTALIÇAS 8
## PEIXES E FRUTOS DO MAR 54
## CARNES 84
## LATICÍNIOS E OVOS 110
## FRUTAS 130
## PRODUTOS DA DESPENSA 174
LISTA DE INGREDIENTES 220
ÍNDICE 222
AGRADECIMENTOS 224

# PREFÁCIO

Atualmente as pessoas se esforçam para fazer apenas uma ou duas compras semanais – mas com isso tendem a levar para casa mais do que precisam. Comprar em excesso gera desperdício, coisa que me incomoda demais. É algo que não acontecia na época dos nossos pais, e que nunca ocorre na cozinha de um bom chef. Esse desperdício me fez pensar sobre os ingredientes básicos e como os utilizamos.

Semana após semana costumamos comprar sempre as mesmas coisas, mas sem ter a mínima ideia do que vamos fazer com elas, não é mesmo? Quantas vezes abrimos a geladeira, olhamos o que compramos e ficamos imaginando que diabos vamos fazer para comer?

Abrir a porta da geladeira dificilmente fornece inspiração, mas espero que abrir este livro seja algo mais eficaz. Ele fala sobre ingredientes usuais; apresenta um ingrediente cru e mostra três formas simples, diferentes e interessantes de prepará-lo. Mostra também como evitar o desgaste por ter de decidir o que cozinhar, apresentando os ingredientes de uma forma totalmente nova. Por exemplo, pegue uma simples cenoura. Bem pouco empolgante, não? Porém, ela é um legume prático e comum, que pode ser utilizada em um bolo, uma salada saborosa ou uma gallete salgada.

Espero que este livro inspire você, fornecendo ideias novas para ingredientes conhecidos. Consultando-o não será mais preciso quebrar a cabeça sozinho; eu o escrevi especialmente para você!

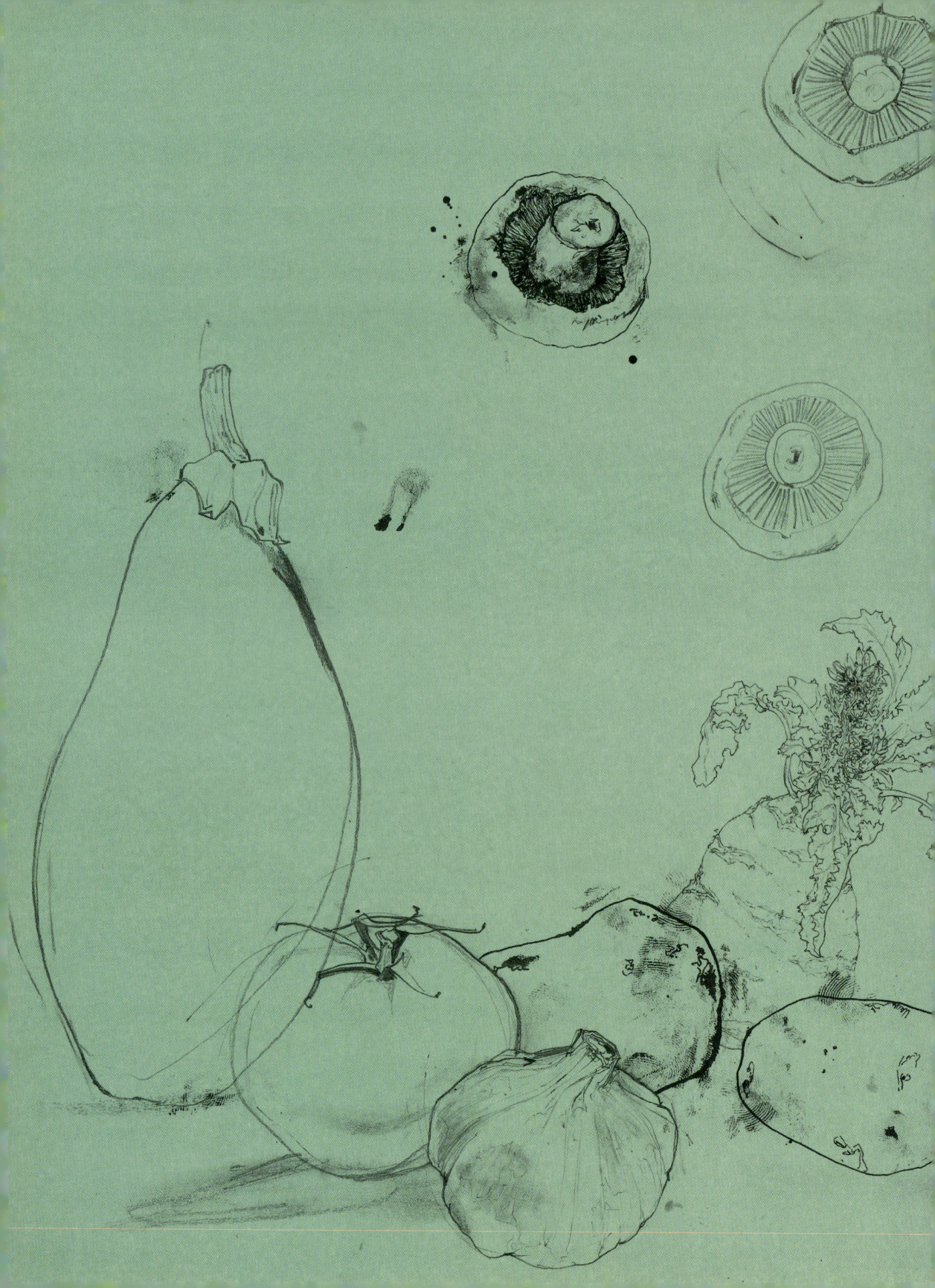

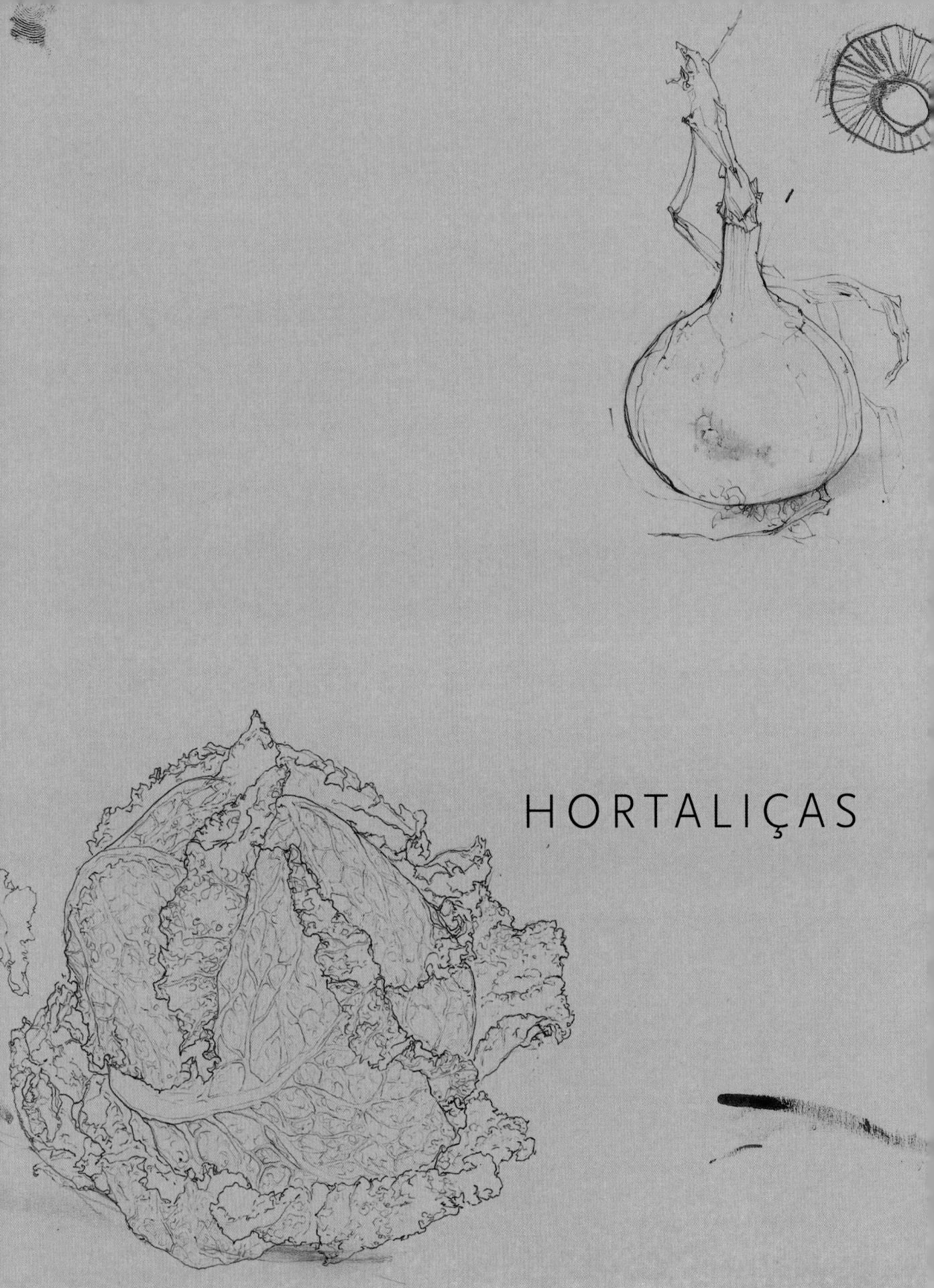
# HORTALIÇAS

# BERINJELA

Escolha berinjelas frescas, firmes e com casca lisa e brilhante. Para saber se estão maduras, aperte-as suavemente e veja se cedem um pouquinho ao toque. Caso já tenham passado do ponto, a casca terá aparência enrugada, opaca, e a polpa apresentará excesso de sementes. Se estiver um pouco amarga para o seu paladar, faça talhos na polpa cortada, salpique sal e deixe descansar por 30 minutos. Esse procedimento fará o líquido amargo sair – e, para completar o processo, lave-a antes de cozinhar.

2 colheres (chá) de sementes de cominho
½ colher (chá) de canela em pó
½ colher (chá) de pimenta-de-caiena
½ colher (chá) de pimenta-do-reino moída grosseiramente
azeite
2 berinjelas picadas grosseiramente
2 colheres (chá) de extrato de tomate
100 ml de caldo quente de galinha ou de legumes
300 ml de iogurte grego (ou natural)
sal marinho e pimenta-do-reino moída na hora

QUATRO PORÇÕES   coentro picado para salpicar

# BERINJELA MARROQUINA

Toste as especiarias em fogo médio por alguns minutos, em uma frigideira grande e funda, sem óleo, até começar a soltar aroma. Junte um fio de azeite e adicione a berinjela e uma pitada de sal. Refogue em fogo médio/alto por 5-8 minutos, até dourar bem.

Misture o extrato de tomate, acrescente o caldo e mexa bem. Tampe e cozinhe por 10-15 minutos, misturando de vez em quando, até a berinjela amaciar. Verifique o tempero.

Adicione o iogurte e chacoalhe a frigideira para misturá-lo ao molho. Salpique generosamente com o coentro picado. Sirva quente ou em temperatura ambiente.

1 colher (chá) de garam masala
1 colher (chá) de açafrão-da-terra
1 colher (chá) de cominho em pó
1 colher (chá) de sementes de mostarda preta
uma pitada de pimenta vermelha em pó (ou a gosto)
3 bagas de cardamomo trituradas (sementes e cascas) ou
   1 colher (chá) de cardamomo moído
4 colheres (sopa) de óleo vegetal
2 berinjelas picadas grosseiramente
1 cebola fatiada
2 dentes de alho amassados
½ colher (chá) de sal refinado
200 ml de caldo quente de galinha ou de legumes
100 g de ervilhas congeladas
2 colheres (sopa) de coentro picado
sal marinho e pimenta-do-reino moída na hora

QUATRO PORÇÕES

# BERINJELA AO CURRY COM ERVILHAS

Toste as especiarias por alguns minutos em uma frigideira grande e funda, sem óleo, em fogo médio, até começar a soltar aroma. Junte o óleo e mexa bem. Adicione a berinjela, a cebola, o alho e o sal refinado e misture bem. Frite em fogo médio/alto por 8-10 minutos, mexendo sempre, até a berinjela começar a grudar no fundo da frigideira.

Despeje o caldo quente e misture bem. Adicione as ervilhas e tempere com sal marinho e pimenta. Tampe e cozinhe por 10-15 minutos, mexendo de vez em quando, até a berinjela amaciar. Verifique o tempero e misture o coentro na hora de servir.

Como alternativa… use 500-600 g de quiabo limpo e fatiado em vez de berinjela.

1 berinjela
3 abobrinhas
1 pimentão vermelho grande
1 pimentão amarelo grande
2 cebolas roxas
2 colheres (sopa) de azeite
2 dentes de alho amassados
½ colher (chá) de sal refinado
4 colheres (sopa) de caldo quente de galinha ou de legumes
2 colheres (sopa) de extrato de tomate
1 colher (chá) de vinagre de vinho branco
½ colher (chá) de açúcar

QUATRO PORÇÕES    sal marinho e pimenta-do-reino moída na hora

# RATATOUILLE

Pique a berinjela e as abobrinhas em quadrados de 1 cm, de forma que cada pedaço tenha um pouco de casca (não use o miolo da abobrinha). Pique os pimentões e as cebolas em quadrados do mesmo tamanho.

Aqueça o azeite em uma frigideira grande e funda, em fogo médio/alto. Refogue a cebola e o alho com uma pitada de sal, até amaciar. Junte os pimentões e as abobrinhas e refogue por alguns minutos. Misture a berinjela e o caldo. Cozinhe por alguns minutos e adicione o extrato de tomate, o vinagre e o açúcar. Mantenha no fogo por 2-4 minutos, mexendo bem. Verifique o tempero. Sirva quente ou em temperatura ambiente.

# BRÓCOLIS

A variedade mais comum de brócolis é a calabresa, cujo nome vem da região da Itália de onde essa verdura se origina, a Calábria. Os maços devem ser bem densos, com inflorescências verde-escuras. Nunca o cozinhe demais, ou perderá a cor e a textura. A melhor forma de evitar que isso aconteça é retirar pelo menos 50% dos talos, no comprimento, fazendo todas as flores ficarem do mesmo tamanho. Assim, elas cozinharão por igual.

50 g de manteiga sem sal picada
4 folhas de louro
1 maço de brócolis grande em floretes
1 litro de caldo quente de galinha ou de legumes
500 ml de leite
sal marinho e pimenta-do-reino moída na hora

PARA A FAROFA
125 g de pão integral sem casca fatiado e tostado
125 g de queijo stilton (ou gorgonzola)

QUATRO PORÇÕES

## SOPA DE BRÓCOLIS COM FAROFA DE STILTON

Derreta a manteiga com as folhas de louro em uma panela grande, em fogo baixo. Deixe em infusão por alguns minutos. Junte os floretes de brócolis, sal, pimenta e misture. Adicione o caldo quente, espere ferver e cozinhe por 1 minuto. Retire o louro e bata a sopa no liquidificador. Despeje em uma panela limpa e misture o leite. Verifique o tempero. Reserve.

Aqueça o forno a 200°C.

Faça a farofa pulsando o pão tostado em um processador até triturar em migalhas grandes. Amasse o queijo em uma tigela e misture o pão.

Coloque a sopa para ferver. Distribua entre tigelas refratárias dispostas em uma assadeira. Polvilhe a farofa e leve ao forno até a sopa dourar. Sirva quente.

Para uma sopa com pedaços... bata apenas metade dos floretes de brócolis no liquidificador. Para uma sopa mais fina... passe-a pela peneira depois de adicionar o leite.

QUATRO PORÇÕES

1 maço médio de brócolis
100 g de amêndoas sem pele tostadas
100 ml de azeite extravirgem
sal marinho e pimenta-do-reino moída na hora
ciabatta tostada (ver abaixo) para servir

# BRÓCOLIS COM PESTO DE AMÊNDOAS

Corte o maço de brócolis ao meio, no sentido do comprimento, começando pelo talo. Usando uma faca afiada, apare com cuidado as pontas dos floretes de uma das metades para obter um pouquinho de migalhas de brócolis. Reserve.

Quebre as duas metades em raminhos e apare as pontas dos talos. Coloque em uma panela com água salgada fervente, espere voltar a ferver e cozinhe por 4 minutos, até amaciar um pouco. Escorra e mergulhe em uma tigela com água gelada. Espere os floretes de brócolis esfriarem e escorra.

Ponha as amêndoas em um liquidificador e bata até ficar parecendo migalhas de pão grandes. Junte o azeite e os floretes escaldados e pulse até misturar. Coloque em uma tigela e incorpore as migalhas de brócolis, sal e pimenta a gosto.

Sirva como patê, salpicado com sal marinho e acompanhado por ciabatta tostada. Ou use como molho para uma massa cozida, quente. Nesse caso, misture com 1 concha da água do cozimento do macarrão para afinar.

Para fazer a ciabatta tostada... fatie o pão. Respingue azeite e coloque em uma grelha aquecida, com o lado untado para baixo. Toste até ficar com a marca da panela. Respingue mais azeite, vire as fatias e toste o outro lado. Salpique sal e pimenta antes de servir.

4 tiras de toucinho
300 g de brócolis limpo
100 ml de vinagre balsâmico
4 colheres (sopa) de azeite
50 g de pinholes tostados
sal marinho e pimenta-do-reino moída na hora

**DUAS PORÇÕES**

# SALADA DE BRÓCOLIS COM PINHOLES E TOUCINHO

Aqueça o forno a 200°C. Unte uma assadeira.

Ponha o toucinho na assadeira e asse por 8-10 minutos, até ficar crocante.

Enquanto isso, coloque os floretes de brócolis em uma panela com água salgada fervente. Espere voltar a ferver e cozinhe por 2-3 minutos, até amaciar. Escorra, esfrie sob água corrente e escorra outra vez.

Coloque o vinagre em uma panelinha em fogo baixo, até evaporar pela metade. Tire do fogo e misture o azeite.

Faça pilhas de brócolis e toucinho nos pratos. Salpique os pinholes e sal e pimenta a gosto. Respingue o molho de vinagre. Sirva em temperatura ambiente.

# REPOLHO

Há muitas variedades de repolho, três das quais são apresentadas aqui, preparadas bem diferente umas das outras. Além dessas três, uma das minhas variedades preferidas é a hispi, que quando está bem fresca, na estação, necessita apenas de um rápido cozimento. Adocicado e suculento, o repolho hispi também pode ser consumido cru em saladas verdes, dando-lhes uma nova textura – diferente da alface.

½ repolho verde (savoy) grande fatiado fino
100 g de manteiga sem sal picada
1 dente de alho amassado
azeite ou óleo vegetal
50 g de pinholes tostados

QUATRO PORÇÕES    sal marinho e pimenta-do-reino moída na hora

## REPOLHO VERDE COM MANTEIGA DE NOZES

Coloque o repolho fatiado em uma panela com água salgada fervente. Deixe por 30 segundos, escorra e esfrie sob água corrente. Esprema para retirar o excesso de água e reserve.

Derreta a manteiga em uma panelinha e misture bem em fogo baixo por 4-5 minutos, até ficar bem dourada. Enquanto isso, refogue o repolho com o alho em um pouco de azeite ou óleo em um frigideira funda. Quando estiver quente e corado, junte a manteiga e misture bem. Adicione os pinholes e tempere com sal e pimenta a gosto. Sirva quente.

QUATRO PORÇÕES

óleo vegetal
1 repolho roxo pequeno (cerca de 500 g) fatiado fino
1 colher (chá) de sal refinado
250 ml de vinho tinto seco
250 ml de caldo quente de carne ou legumes
2 maçãs gala ou fuji grandes descascadas e fatiadas fino
2 dentes de alho
2 folhas de louro
um punhado de tomilho fresco amarrado
1 colher (chá) de cinco especiarias chinesas
sal marinho e pimenta-do-reino moída na hora

# REPOLHO ROXO COM MAÇÃ E ESPECIARIAS

Aqueça um pouco de óleo em uma frigideira grande e funda em fogo médio/alto. Junte o repolho e o sal refinado e refogue por alguns minutos, até murchar um pouco. Adicione o vinho e espere reduzir pela metade. Acrescente o caldo. Misture as maçãs, os dentes de alho (com casca), as ervas e as cinco especiarias chinesas. Cubra a frigideira com papel vegetal, coloque em fogo baixo e cozinhe por 25 minutos, mexendo de vez em quando.

Retire o papel e cozinhe por mais 5 minutos, até o líquido evaporar um pouco. Descarte os dentes de alho, as folhas de louro e o tomilho. Tempere com sal marinho e pimenta antes de servir.

4 peitos de frango caipira
4 colheres (sopa) de molho agridoce de pimenta
2 colheres (sopa) de óleo de gergelim tostado
½ repolho branco
1 cenoura
½ pepino
200 g de broto de feijão

PARA O MOLHO
500 g de açúcar
100 ml de vinagre de vinho branco (ou vinagre de vinho de arroz)
2 colheres (sopa) cheias de molho agridoce de pimenta
1 colher (sopa) de molho de peixe
suco de 1 limão

PARA DECORAR
50 g de amendoins tostados picados
cerca de 2 colheres (sopa) de coentro picado
cerca de 2 colheres (sopa) de hortelã fatiada fino

QUATRO PORÇÕES

# SALADA DE REPOLHO COM FRANGO

Aqueça o forno a 200°C.

Arrume os peitos de frango sobre um pedaço grande de papel-alumínio em camada única. Besunte bem com o molho de pimenta e o óleo de gergelim. Dobre o papel-alumínio, formando um envelope, e asse o frango por 15 minutos. Espere esfriar e desfie ou fatie fino, na diagonal. Caso haja pedaços de osso ou peles, retire.

Fatie o repolho o mais fino que puder. Retire a casca da cenoura e corte bem fininho à juliana. Fatie o pepino ao meio no sentido do comprimento e tire as sementes. Descasque e corte-o como a cenoura. Misture os legumes em uma tigela, junto com o broto de feijão.

Para fazer o molho, dissolva o açúcar no vinagre em uma panela em fogo médio. Espere ferver e tire do fogo. Junte o molho de pimenta, o de peixe e o limão e misture.

Antes de servir, misture o frango com os legumes e o molho. Decore com os amendoins e as ervas.

Para uma versão mais rápida... use frango já assado.

# CENOURA

Não pense que a cenoura é um legume sem graça, pois ela é muito versátil. Aqui ela é usada para fazer três pratos completamente diferentes, com sabores muito distintos. E não a menospreze só porque ela é um legume que pode ser encontrado o ano inteiro. Procure outras variedades mesmo que sejam mais caras. As novinhas, ainda com talos e folhas, são mais macias e têm sabor adocicado, que lembra nozes.

OITO PORÇÕES

700 g de cenouras limpas raladas
1 colher (chá) de sal refinado
150 ml de caldo quente de galinha ou de legumes
1 cebola fatiada fino
azeite ou óleo vegetal
3 ovos caipiras médios batidos
60 g de queijo cheddar (ou prato) ralado
2 colheres (sopa) cheias de coentro picado
pimenta-do-reino moída na hora

## GALETTE DE CENOURA E COENTRO

Aqueça o forno a 200°C. Forre uma assadeira de 30 cm x 20 cm x 5 cm com papel vegetal.

Cozinhe as cenouras com o sal em uma frigideira grande e funda em fogo médio por cerca de 20 minutos, mexendo sempre, até ficarem secas. Adicione o caldo e cozinhe por 10-15 minutos, até evaporar. Tire do fogo.

Refogue a cebola com um pouco de azeite ou óleo em outra panela, até amaciar – mas sem dourar. Misture à cenoura, junto com os demais ingredientes. Tempere com bastante pimenta.

Espalhe na assadeira, em uma camada nivelada, e asse por 15 minutos. Deixe esfriar por 5 minutos antes de servir.

Quando quiser variar... use aipo em vez de cenoura e substitua o coentro por cerofólio ou salsinha.

400 g de cenouras novas e limpas cortadas em pedaços, na diagonal
alguns ramos de alecrim
4 colheres (sopa) de óleo vegetal
200 g de cenouras baby limpas e inteiras
6 colheres (sopa) de azeite, mais um pouco para respingar
2 colheres (sopa) de vinagre de vinho branco
200 g de cenouras chantenay (ou orgânicas pequenas), limpas e inteiras
50 g de manteiga sem sal picada
100 ml de caldo quente de galinha ou de legumes
1 cebola pequena em rodelas escaldada
20 g de estragão, algumas folhas inteiras e as restantes picadas
20 g de cerefólio (ou salsinha) picado
125 g de queijo feta (ou de coalho)
sal marinho e pimenta-do-reino moída na hora

QUATRO PORÇÕES

# SALADA DE TRÊS CENOURAS COM FETA

Coloque as cenouras picadas e o alecrim em uma frigideira junto com o óleo. Tempere com sal e pimenta. Refogue em fogo médio/alto por 10 minutos, até dourar e amaciar. Tire do fogo e reserve.

Encha uma panela grande com água salgada e espere ferver. Escalde as cenouras baby por cerca de 6 minutos, até quase amaciar. Enquanto isso, faça um molho vinagrete batendo o azeite com o vinagre, sal e pimenta em uma tigela grande. Tire as cenouras da água com uma escumadeira e coloque no molho. Reserve.

Escalde as cenouras chantenay na mesma água por cerca de 6 minutos, até quase amaciar. Vire sobre um escorredor de macarrão e esfrie por completo sob água corrente.

Derreta a manteiga em uma frigideira em fogo médio, adicione o caldo e misture, até reduzir e encorpar. Junte as cenouras e misture bem. Tire do fogo e misture a cebola e as ervas picadas.

Misture os três tipos de cenoura em uma tigela. Tempere com sal e pimenta a gosto e esmigalhe o feta por cima. Respingue o azeite e salpique sal e o estragão inteiro.

Se não tiver os três tipos de cenoura… use apenas uma ou duas variedades, ou substitua por mandioquinha, preparada e cozida como as cenouras novas.

3 ovos caipiras médios
300 g de cenouras limpas raladas
4 colheres (sopa) de óleo vegetal
125 g de açúcar demerara
50 g de nozes picadas
175 g de farinha de trigo
75 g de farinha de trigo integral
1 colher (sopa) de canela em pó
50 ml de leite
2 colheres (chá) de bicarbonato de sódio

**DEZ FATIAS**

**PARA A COBERTURA**
200 g de cream cheese light
125 g de açúcar glacê peneirado
30 g de manteiga sem sal em temperatura ambiente
raspas de 1 limão
1 colher (sopa) de suco de limão

# BOLO DE CENOURA COM COBERTURA DE CREAM CHEESE

Aqueça o forno a 180°C. Unte uma fôrma redonda funda de 18 cm e reserve.

Bata os ovos em uma tigela grande, junte as cenouras, o óleo, o açúcar e as nozes e mexa bem. Misture as farinhas e a canela em uma tigela separada. Incorpore suavemente os ovos com a cenoura. Amorne o leite em uma panela, tire do fogo e misture o bicarbonato. Despeje sobre a massa e mexa bem, até uniformizar. Não misture demais.

Coloque a massa na fôrma e asse por 30-35 minutos. Verifique se o bolo está pronto espetando o centro com um palito. Se não sair limpo, leve ao forno por mais 5 minutos e verifique novamente. Deixe esfriar na fôrma.

Ponha todos os ingredientes da cobertura em um processador e bata até uniformizar (ou use uma batedeira ou uma colher de pau). Cubra o bolo inteiro com a cobertura. Leve à geladeira para firmar antes de fatiar.

# COUVE-FLOR

Só compre couve-flor se ela estiver firme e branca. Evite as com manchas ou amolecidas. Uma das melhores formas de consumi-la é crua, acompanhada por um molho – fica crocante e deliciosa. Quando quiser variar, procure as variedades coloridas – a romanesco, pontuda e esverdeada, é ótima, e também existem as tipo miniatura, com cabeças verdes ou roxas. Todas podem ser usadas para estas receitas.

**QUATRO PORÇÕES**

100 g de alcaparras escorridas
100 g de uvas-passas brancas
1 maço de couve-flor partido em floretes médios
um punhadinho de amaranto ou de rabanete para decorar

## SALADA DE COUVE-FLOR COM MOLHO DE ALCAPARRAS

Coloque as alcaparras e as uvas-passas em uma panela com 100 ml de água fria e cozinhe em fogo baixo. Quando as passas incharem um pouco, despeje a mistura no liquidificador e bata até obter um molho uniforme.

Mergulhe a couve-flor em uma panela grande com água salgada fervente. Espere voltar a ferver e cozinhe por 4-5 minutos, até amaciar. Vire sobre um escorredor de macarrão e mantenha sob água corrente até esfriar. Escorra bem e misture ao molho. Sirva imediatamente, ou leve à geladeira e sirva frio, até 24 horas depois. Decore antes de servir.

Se você não tiver amaranto ou rabanetes... substitua por folhinhas de manjericão roxo ou brotos de manjericão comum.

1 maço de couve-flor (cerca de 800 g) partido em floretes
2 colheres (sopa) de sementes de cominho
óleo vegetal
½ colher (chá) de sal refinado
40 g de manteiga sem sal
40 g de farinha de trigo
450 ml de leite
75 g de cheddar (ou parmesão fresco) ralado
sal marinho e pimenta-do-reino moída na hora

QUATRO PORÇÕES

# COUVE-FLOR COM QUEIJO E COMINHO

Mergulhe a couve-flor em uma panela grande com água salgada fervente. Espere voltar a ferver e cozinhe por 3 minutos. Escorra e coloque em uma tigela com água gelada. Escorra novamente e distribua sobre folhas de papel-toalha para secar.

Toste as sementes de cominho em uma frigideira grande e funda, sem óleo, em fogo médio. Deixe por alguns minutos, até começar a soltar aroma. Triture as sementes com um pilão ou com a ponta do rolo de macarrão. Aqueça um pouco de óleo na frigideira até quase ferver. Junte a couve-flor, o sal refinado e misture em fogo alto, até dourar. Adicione o cominho e mexa bem. Coloque em uma travessa refratária.

Preaqueça o forno a 200°C.

Derreta a manteiga em uma panela em fogo baixo, salpique a farinha e misture bem. Toste por alguns minutos e depois adicione o leite, aos poucos, mexendo até uniformizar. Aumente o fogo e cozinhe por 5 minutos, misturando sem parar. Junte ⅔ do queijo e um pouco de sal marinho e pimenta. Despeje o molho sobre a couve-flor, salpique o queijo restante e leve ao forno para gratinar. Sirva quente.

Em vez de couve-flor... use 3 alhos-porós médios. Retire a base e a parte verde superior e fatie o miolo em pedaços grossos. Escalde por apenas 1 minuto.

QUATRO PORÇÕES

cerca de 700 ml de leite
700 ml de caldo de galinha ou de legumes
2 folhas de louro
um punhado de tomilho fresco amarrado
1 maço de couve-flor picada grosseiramente
sal refinado

## SOPA DE COUVE-FLOR

Ferva o leite com o caldo e as ervas em uma panela grande. Junte a couve-flor, tampe e cozinhe em fogo baixo por 15 minutos. Retire as ervas.

Bata a sopa no liquidificador até uniformizar. Passe por uma peneira fina colocada sobre uma panela limpa. Junte 1 colher (chá) de sal refinado e aqueça bem. Se estiver muito grossa, adicione um pouco de leite. Verifique o tempero e, se for preciso, acrescente sal. Sirva quente.

Também fica uma delícia... substituir a couve-flor por aipo (salsão). Use um maço médio, limpo e picado grosseiramente.

# COGUMELOS

Todos os cogumelos frescos, sejam eles cultivados ou selvagens, são melhores se preparados no dia da compra. Se tiver de conservá-los, retire da embalagem plástica – para não transpirarem – e coloque em um saco de papel, em local fresco e seco. Isso os conservará por alguns dias. Cogumelos secos, como o funghi porcini, são bons substitutos para os frescos selvagens quando estiverem fora da estação. O seu sabor intenso é perfeito para molhos, sopas e ensopados.

azeite
4 cogumelos do campo grandes
4 fatias de pão de trigo integral
4 ovos caipiras grandes
óleo vegetal

QUATRO PORÇÕES  sal marinho e pimenta-do-reino moída na hora

## TORRADAS COM COGUMELOS E OVO

Preaqueça o forno a 200°C.

Aqueça um pouco de azeite em uma frigideira grande em fogo alto. Frite os cogumelos, com as lamelas para baixo, até escurecer. Vire e frite o outro lado. Salpique com sal e respingue azeite. Continue fritando e virando até os dois lados estarem bem corados. O tempo total de cozimento será em torno de 10 minutos.

Enquanto estiver preparando os cogumelos, respingue as fatias de pão com azeite, tempere com sal e pimenta e leve ao forno. Quando dourar, vire e toste o outro lado.

Frite os ovos em outra panela com um pouco de óleo quente, até ficarem no seu ponto preferido.

Coloque um cogumelo sobre cada fatia de pão, com as lamelas para cima. Cubra com um ovo frito e salpique sal e pimenta. Sirva imediatamente.

Para um melhor efeito visual... frite os ovos dentro de aros de metal apropriados.

**QUATRO PORÇÕES**

25 g de manteiga sem sal
50 g de nozes inteiras ou partidas
400 g de cogumelos-de-paris picados
folhas picadas de um punhadinho de tomilho
100 g de cream cheese integral
sal marinho e pimenta-do-reino moída na hora

# PASTA DE COGUMELOS E NOZES

Derreta a manteiga em uma frigideira em fogo médio. Junte as nozes e misture por alguns minutos, até dourar. Adicione metade dos cogumelos, o tomilho, sal e pimenta e cozinhe por cerca de 5 minutos, até amaciar.

Coloque em um processador e pulse até triturar as nozes. Junte os cogumelos restantes e pulse mais algumas vezes. Coloque em uma tigela e misture o cream cheese. Verifique o tempero. Cubra e conserve na geladeira. Misture bem antes de servir.

Sirva gelado, com crostini, grissini ou crudités de legumes, ou use para rechear sanduíches.

QUATRO PORÇÕES

4 echalotas (ou cebolas redondinhas) fatiadas
um punhadinho de tomilho amarrado
100 ml de vinho branco seco
50 ml de conhaque
25 g de funghi porcini
250 ml de caldo quente de galinha ou de legumes
200 ml de creme de leite fresco
sal marinho e pimenta-do-reino moída na hora

# MOLHO CREMOSO DE FUNGHI

Coloque as cebolas, o tomilho, o vinho e o conhaque em uma panela em fogo médio. Espere ferver e apure, até o líquido encorpar um pouco. Junte o funghi e o caldo e cozinhe por 20 minutos. Desligue o fogo e retire o tomilho.

Bata o molho na panela com um mixer ou passe pelo processador. Despeje em uma peneira fina colocada sobre uma panela limpa. Adicione o creme de leite, sal e pimenta a gosto. Misture e aqueça bem. Sirva com carne, frango ou macarrão.

Para ficar mais espumoso... bata o molho com o mixer na panela quando estiver reaquecendo.

# CEBOLA

Ingrediente essencial em qualquer cozinha, a cebola é o ponto de partida de inúmeros pratos salgados – e também pode ser o ingrediente principal. A cebola branca fará você chorar quando for cortá-la, mas é a melhor para cozinhar. Apertada, compacta, ela tem um sabor acentuado e é a menos aquosa, o que a torna perfeita para sopas. A cebola roxa tem um sabor mais suave e uma cor atraente, e é ótima para ser usada crua, em saladas.

**RENDE CERCA DE 500 ML**

100 g de manteiga sem sal picada
4 cebolas grandes (cerca de 400 g no total) fatiadas fino
½ colher (chá) de sal refinado
6 tomates grandes maduros sem pele nem sementes picados grosseiramente
1 colher (sopa) de mel
2 colheres (chá) de vinagre de vinho branco
sal marinho e pimenta-do-reino moída na hora

## GELEIA DE CEBOLA E TOMATE

Derreta a manteiga em uma panela grande até começar a borbulhar. Junte a cebola e o sal refinado, misture bem e deixe em fogo baixo, até amaciar. Aumente o fogo e cozinhe por cerca de 45 minutos, mexendo de vez em quando, até caramelizar e ficar bem dourado. Adicione os tomates e cozinhe, mexendo com frequência, até o molho reduzir e ficar mais escuro. Isso levará 20-30 minutos.

Despeje em um escorredor de macarrão e deixe por cerca de 30 minutos, mexendo de vez em quando. Passe para uma tigela. Misture o mel, o vinagre, sal marinho e pimenta. Decante em vidros esterilizados e sele. Espere esfriar e leve à geladeira. Conserve por até 1 mês. Sirva com queijo, quiches ou fritadas.

Para retirar a pele dos tomates... faça uma cruzinha na base com a ponta de uma faca afiada. Mergulhe-os em uma panela com água fervente e deixe por 10 segundos. Passe-os da panela direto para uma tigela com água gelada. Erga-os um a um e retire a pele.

150 g de manteiga sem sal picada
6 cebolas grandes fatiadas fino
um punhado de tomilho amarrado
1 cabeça de alho, dentes separados e descascados
600 ml de leite, mais um pouco para escaldar
600 ml de caldo de galinha ou de legumes
sal marinho

**PARA SERVIR**
um pouco de creme de leite fresco (opcional)
azeite extravirgem

SEIS PORÇÕES

# VELOUTÉ DE CEBOLA E TOMILHO

Derreta a manteiga em uma panela grande e junte as cebolas e o tomilho. Cozinhe em fogo baixo/médio, mexendo de vez em quando, por 15-20 minutos, até o líquido da cebola evaporar. Cuidado para não dourar.

Enquanto isso, ponha os dentes de alho em outra panela, cubra com água e adicione uma pitada de sal. Espere ferver, escorra e esfrie sob água corrente. Repita o processo duas vezes, escaldando com leite na segunda vez. Escorra e esfrie o alho sob água corrente.

Coloque os dentes de alho na panela com a cebola. Misture o leite e o caldo e espere ferver. Tire do fogo e descarte o tomilho. Bata a sopa no liquidificador até uniformizar e passe por uma peneira fina colocada sobre uma panela limpa.

Para servir, aqueça e coloque mais sal, se for preciso. Misture um pouco de creme de leite (opcional) e respingue azeite.

50 g de manteiga sem sal
6 cebolas roxas fatiadas fino
2 colheres (sopa) de folhas de tomilho
1 colher (chá) de sal refinado
375 g de massa folhada pronta
100 g de queijo stilton (ou gorgonzola)
pimenta-do-reino moída na hora

**QUATRO PORÇÕES**

# TORTA DE CEBOLA ROXA E QUEIJO

Derreta a manteiga em uma frigideira grande e funda e cozinhe as cebolas com o tomilho e o sal em fogo baixo/médio por 20-30 minutos, até amaciar e começar a dourar. Coloque em um escorredor de macarrão e deixe escorrer e esfriar. Tempere com pimenta.

Forre uma assadeira com papel vegetal. Abra a massa folhada em uma superfície enfarinhada, até ficar com 3 mm de espessura. Corte um retângulo com 30 cm x 23 cm. Coloque na assadeira e perfure toda a massa com um garfo. Cubra com as cebolas frias, deixando uma borda livre de 2 cm. Dobre-a para formar uma "moldura" mais grossa e aperte para selar. Leve à geladeira por 30 minutos.

Aqueça o forno a 200°C.

Asse a torta por 20-25 minutos, até a massa dourar. Amasse o queijo e espalhe por cima da cebola. Asse por mais 3 minutos, até ele começar a derreter. Sirva quente ou em temperatura ambiente.

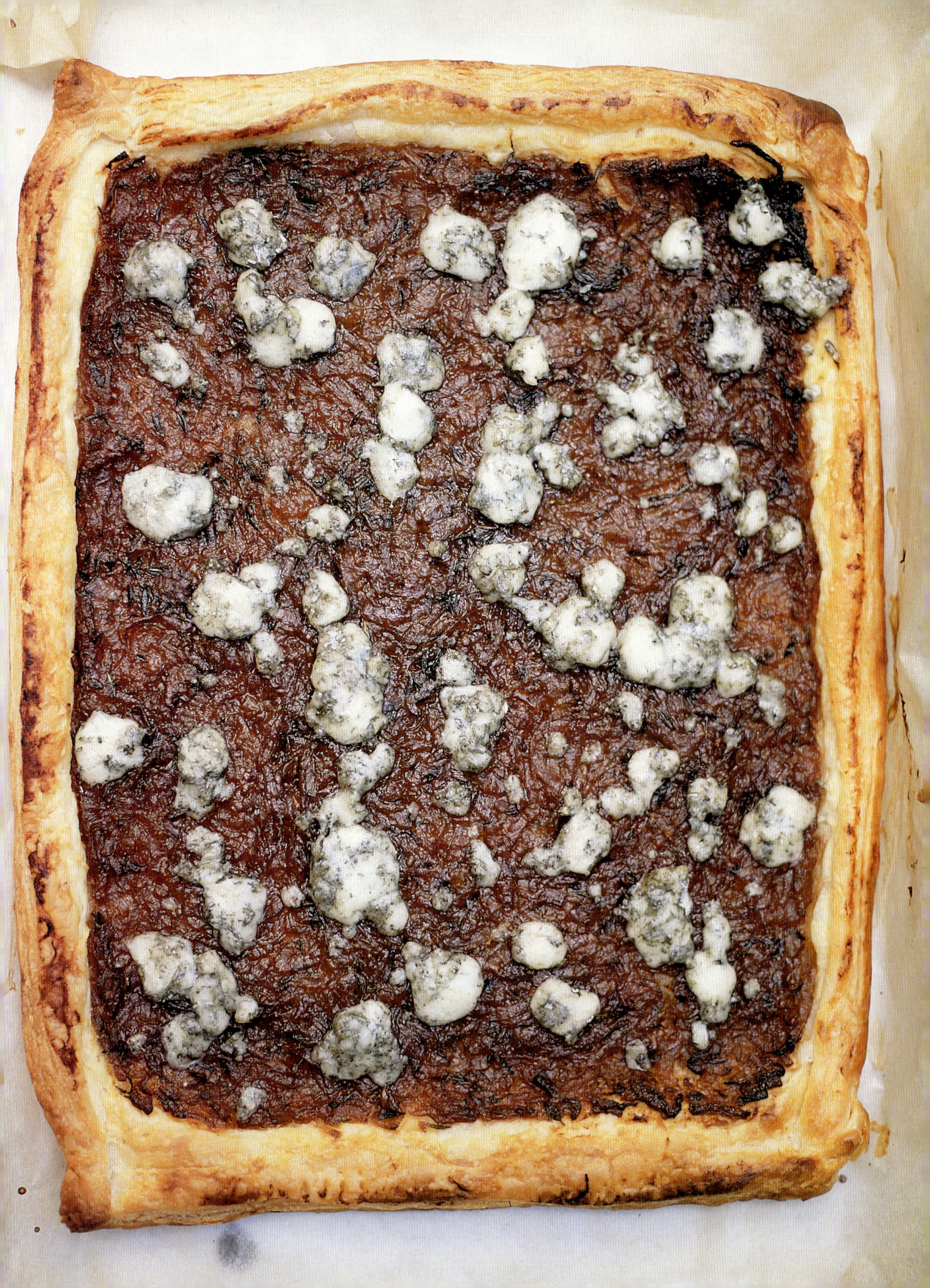

# ERVILHAS

A estação das ervilhas é muito curta, então fique atento – o sabor das ervilhas frescas, recém-retiradas de suas vagens, é incomparável. No resto do ano, use as ervilhas congeladas, de coloração intensa e textura crocante. Quando são congeladas poucas horas depois de colhidas, elas mantêm a doçura e a maciez.

QUATRO PORÇÕES

- 400 g de ervilhas frescas ou congeladas
- 200 g de favas verdes frescas ou congeladas
- 100 ml de azeite
- 4 colheres (chá) de vinagre de vinho branco
- 2 colheres (sopa) de hortelã picada
- 50 g de queijo manchego (ou parmesão fresco) em lascas
- sal marinho e pimenta-do-reino moída na hora
- 2 punhados de broto de ervilha para decorar (opcional)

## SALADA DE ERVILHAS E FAVAS COM QUEIJO

Mergulhe as ervilhas e as favas em uma panela com água fervente salgada. Espere voltar a ferver e cozinhe por 2 minutos, até amaciar um pouco. Escorra, esfrie sob água corrente e escorra novamente. Se a pele das favas não tiver saído sozinha, retire-a com as mãos.

Bata o azeite e o vinagre numa tigela grande e adicione sal e pimenta a gosto. Junte as ervilhas, as favas e a hortelã e misture bem. Verifique o tempero e coloque em uma saladeira. Decore com o queijo e o broto de ervilha (opcional). Sirva em temperatura ambiente.

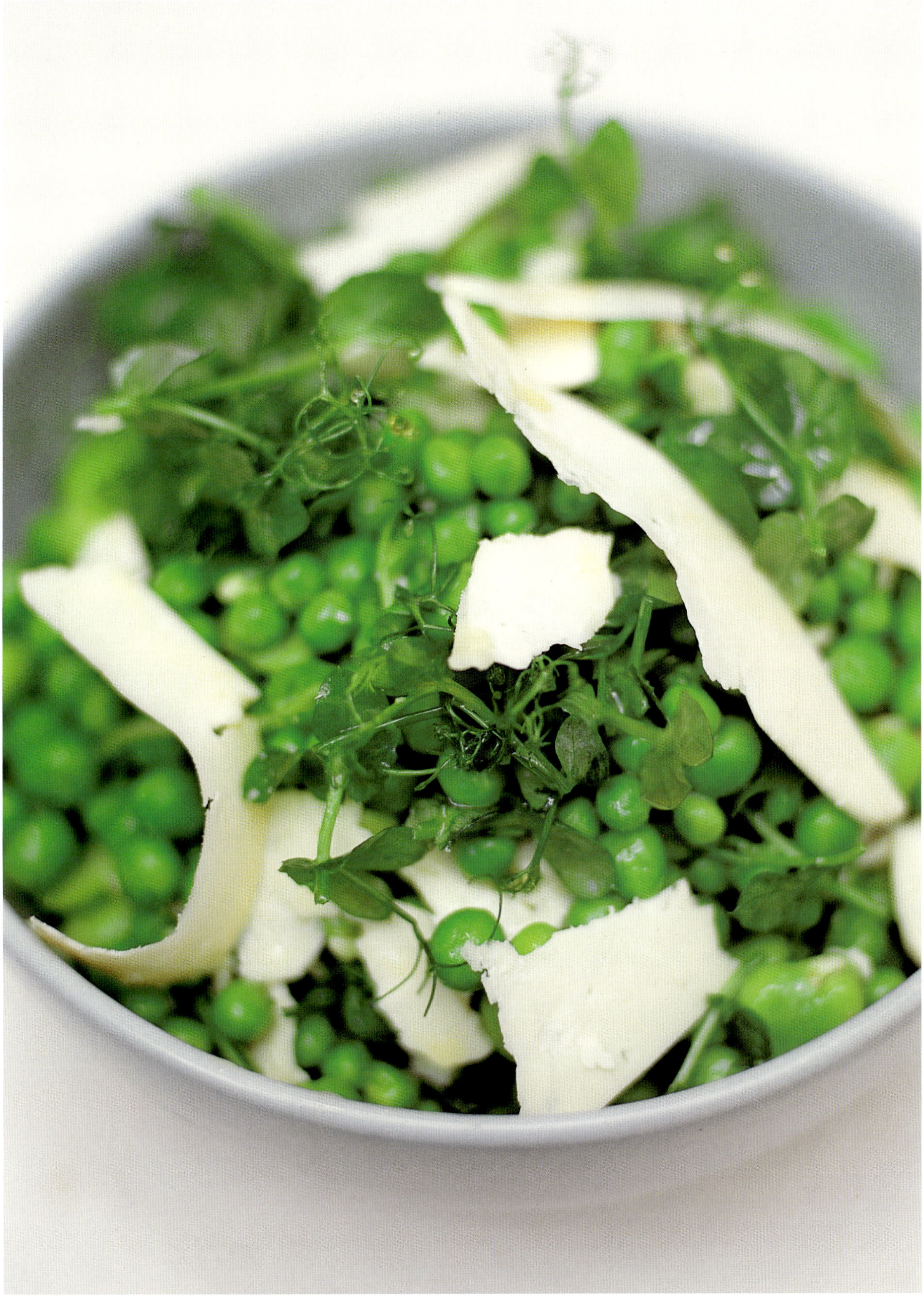

500 g de ervilhas congeladas
300 ml de leite
2 ovos caipiras médios
cerca de 2 colheres (sopa) de salsinha picada
2 alhos-porós (só a parte branca) fatiados fino
4 batatas grandes farinhentas (monalisa ou mondial) descascadas, fatiadas fino e lavadas
25 g de manteiga sem sal derretida
½ colher (chá) de sal refinado

QUATRO PORÇÕES

# DAUPHINOIS GRATINADO COM ERVILHAS E ALHO-PORÓ

Aqueça o forno a 180°C.

Coloque as ervilhas em uma panela grande com água salgada fervente. Espere voltar a ferver e escalde por 1 minuto. Escorra, ponha no liquidificador e bata com um pouco do leite até obter um purê.

Bata os ovos em uma tigela. Junte o purê de ervilhas, a salsinha e o leite restante e misture bem. Espalhe metade do creme em uma travessa refratária rasa (com cerca de 24 cm x 17 cm e 4,5 cm de altura) e cubra com metade do alho-poró. Misture a batata com a manteiga e o sal e espalhe metade sobre o alho-poró. Repita as camadas.

Asse por 1h-1h15, até a batata amaciar – verifique enfiando um palito. Deixe descansar por cerca de 5 minutos antes de servir.

Em vez de ervilhas… use milho-verde. Se ele for fresco ou congelado, escalde como as ervilhas; se for enlatado, escorra e lave bem.

4 echalotas (ou cebolas redondinhas) fatiadas fino
200 g de toucinho defumado sem casca cortado em pedacinhos
500 ml de leite quente
500 ml de caldo quente de galinha ou de legumes
200 g de ervilhas congeladas

QUATRO PORÇÕES  sal marinho e pimenta-do-reino moída na hora

# VELOUTÉ DE ERVILHAS E TOUCINHO

Coloque as cebolas e o toucinho em uma panela em fogo baixo e cozinhe por 10-15 minutos, mexendo de vez em quando. Adicione o leite e metade do caldo, misture bem e tire do fogo. Cubra com filme de PVC e deixe descansar por 1 hora.

Ferva o caldo restante em uma panela. Adicione as ervilhas e cozinhe por 2 minutos. Bata no liquidificador até obter um purê. Misture à cebola com toucinho e bata, em porções, até ficar cremoso. Aqueça em uma panela limpa, verifique o tempero e sirva.

# BATATA

Existem dois tipos de batata: as farinhentas e as cerosas (ou firmes). As farinhentas, de polpa mais clara, são as mais indicadas para assar, fazer purê e fritar. As variedades mais conhecidas desse tipo são a monalisa, a mondial e a asterix. Já as batatas cerosas, de polpa mais amarelada, mantêm o formato depois de preparadas e são perfeitas para ser fervidas, cozidas em ensopados ou usadas em saladas. As variedades mais comuns desse tipo são a baraka e a bintje.

1 kg de batatas novas pequenas cortadas ao meio ou em quartos (dependendo do tamanho)
100 ml de azeite, mais um pouco para servir
alguns ramos de alecrim
1 cabeça de alho, dentes separados e descascados
100 g de azeitonas pretas recheadas com ervas, picadas grosseiramente
raspas de 1 limão

QUATRO PORÇÕES  sal marinho e pimenta-do-reino moída na hora

## BATATAS ASSADAS COM ALECRIM, ALHO E AZEITONAS

Aqueça o forno a 200°C.

Ponha as batatas em uma assadeira com o azeite, o alecrim, sal e pimenta. Misture bem e asse por 40 minutos, até amaciar. Adicione os dentes de alho na metade do tempo de cozimento.

Tire a assadeira do forno e misture as azeitonas e as raspas de limão. Sirva quente, respingado com azeite e salpicado com sal marinho e pimenta-do-reino.

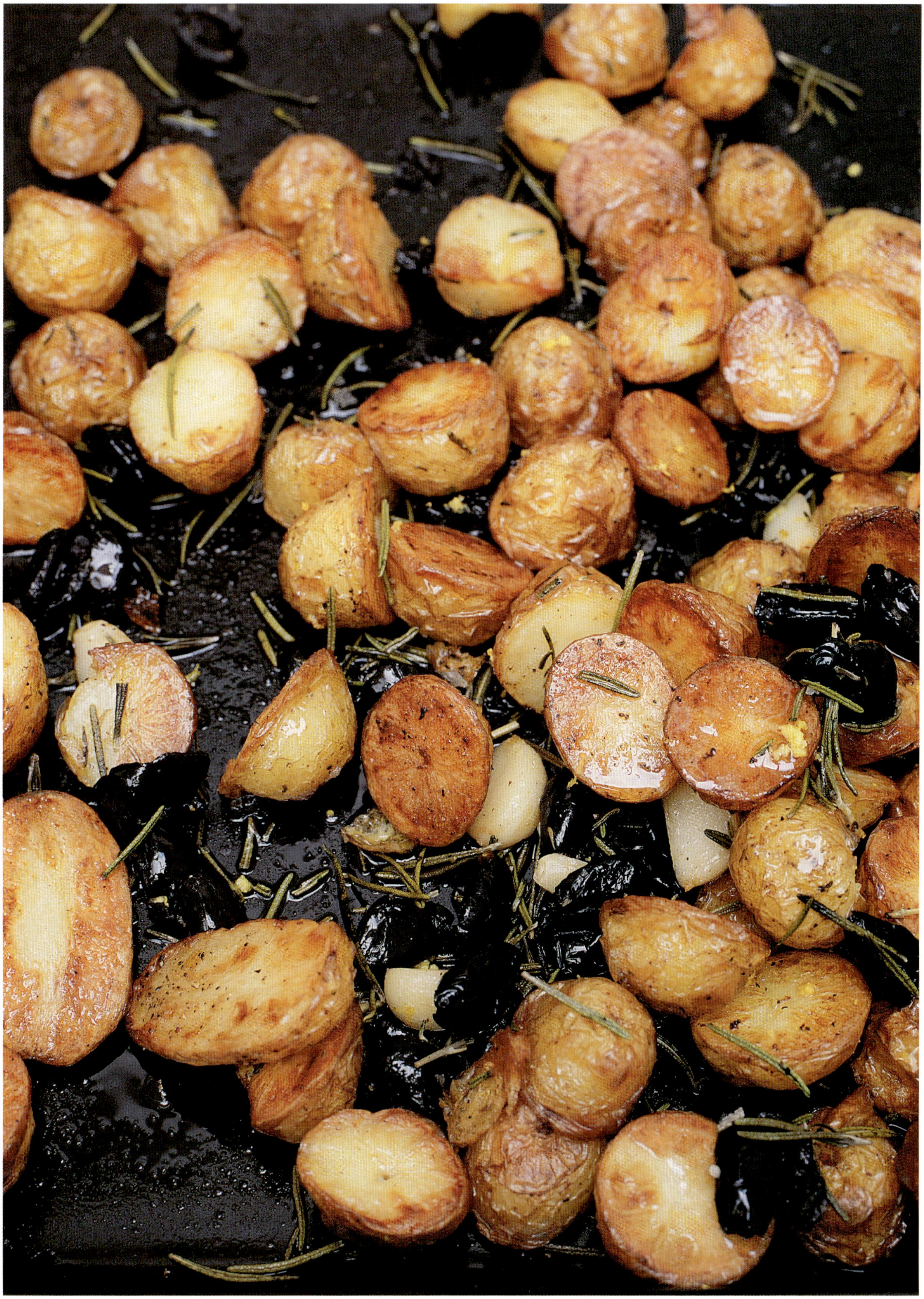

40 g de manteiga sem sal
3 colheres (sopa) de caldo de galinha ou de legumes
800 g de batatas farinhentas (monalisa ou mondial) grandes descascadas
2 echalotas (ou cebolas redondinhas) fatiadas em anéis
sal marinho e pimenta-do-reino moída na hora

**PARA SERVIR**
2-3 colheres (sopa) de azeite
um punhadinho de tomilho

QUATRO PORÇÕES

# TERRINE BOULANGÈRE

Aqueça o forno a 200°C. Unte uma assadeira com 20 cm x 9 cm ou 22 cm x 10 cm ou uma fôrma de pão com 4-5 cm de profundidade. Forre com papel vegetal, encaixando bem nos cantos inferiores.

Derreta a manteiga em uma panelinha. Adicione o caldo e ferva por alguns minutos, batendo para ficar mais cremoso. Tire do fogo.

Usando um fatiador manual, o de um processador ou uma faca bem afiada, corte as batatas em fatias o mais fino possível. Ponha em uma tigela e tempere com sal e pimenta. Pincele o papel vegetal com uma colherada de caldo e cubra com uma camada dupla de batatas, sobrepostas. Espalhe por cima uma camada de cebola e pincele com mais caldo. Repita até os ingredientes acabarem, finalizando com o caldo restante.

Cubra com papel-alumínio e asse por 30 minutos. Descubra e asse por mais 30 minutos, até as batatas estarem cozidas, macias e douradas. Tire do forno, cubra com outra assadeira e coloque pesos por cima. (Se estiver usando uma fôrma de pão, coloque outra por cima e encha com pesos.) Deixe esfriar.

Para servir, erga o bolo de batata da assadeira puxando pelo papel e corte em quatro fatias. Aqueça o azeite em uma frigideira, junte as fatias de bolo e raminhos de tomilho e frite levemente. Vá regando com o azeite quente e vire para dourar dos dois lados. Use uma espátula vazada para passar as fatias para os pratos.

Se for preparar com antecedência... deixe esfriar, cubra e leve à geladeira por uma noite.

Para aquecer as fatias de outra forma... coloque em uma assadeira untada e leve ao forno a 200°C por 10-15 minutos.

OITO PORÇÕES

4 batatas farinhentas (monalisa ou mondial) grandes, cerca de 800 g, descascadas e cortadas em quartos
1 ovo caipira médio batido
2 colheres (sopa) de alcaparras picadas (opcional)
1 colher (sopa) de crème fraîche (ou creme de leite fresco)
2 colheres (sopa) de salsinha picada
2 colheres (sopa) de óleo vegetal
25 g de manteiga sem sal picada
sal marinho e pimenta-do-reino moída na hora

# BOLINHOS DE BATATA

Coloque as batatas em uma panela com água salgada fria e espere ferver. Abaixe o fogo, tampe e cozinhe por 15-20 minutos, até amaciar. Escorra e esfrie sob água corrente.

Quando as batatas esfriarem, amasse levemente com um garfo em uma tigela grande. Junte o ovo, as alcaparras (opcional), o crème fraîche e a salsinha. Tempere com sal e pimenta. Misture bem, até uniformizar. Trabalhando em uma superfície enfarinhada, modele oito tortinhas com cerca de 8 cm de diâmetro.

Aqueça 1 colher (sopa) de óleo em uma frigideira antiaderente. Adicione quatro bolinhos e frite por 6-8 minutos de cada lado, até dourar. Quando for virá-los, acrescente metade da manteiga à frigideira. Escorra os bolinhos sobre papel-toalha enquanto frita os quatro restantes. Sirva quente.

Se for preparar com antecedência... modele em tortinhas e mantenha na geladeira até a hora de fritar.

Batata-doce... também fica ótima preparada desta forma.

# TOMATE

Para cozinhar, use apenas tomates bem maduros e suculentos, e mantenha-os fora da geladeira para que o aroma e o sabor ressaltem bem. Acredito que o grau de maturidade é mais importante que a variedade. Tente encontrar tomates em ramos, com os talos, pois eles amadurecem melhor, têm um aroma maravilhoso e o sabor que realmente deveriam ter.

1 pimentão vermelho pequeno fatiado fino
1 echalota (ou cebola redondinha) fatiada fino
azeite
1 kg de tomates bem maduros picados grosseiramente
1 folha de capim-cidreira cortada ao meio pilada
500 ml de suco de tomate
5 gotas de tabasco
1 colher (chá) de molho inglês
1 colher (sopa) de vinagre balsâmico, mais um pouco a gosto
um punhadinho de manjericão rasgado
½ melancia pequena (cerca de 750 g) picada
2 maracujás
sal marinho e pimenta-do-reino moída na hora
azeite extravirgem para servir

**OITO PORÇÕES**

## GAZPACHO DE TOMATE E MELANCIA

Refogue o pimentão e a cebola por alguns minutos em uma panela com um pouco de azeite, até dourar. Coloque em uma tigela grande e junte os ingredientes restantes, com exceção das frutas. Cubra e deixe descansar na geladeira durante a noite.

Bata a melancia no liquidificador. Adicione à mistura a tigela com os legumes, junto com a polpa de maracujá. Retire o capim-cidreira e bata a sopa no liquidificador (em porções), até uniformizar. Passe por uma peneira fina encaixada sobre uma tigela. Verifique o tempero e, se quiser, adicione mais vinagre.

Leve à geladeira por 4 horas, no mínimo. Sirva gelado, respingado com algumas gotas de azeite extravirgem.

*Se sobrar sopa... ela pode ser congelada por até 3 meses.*

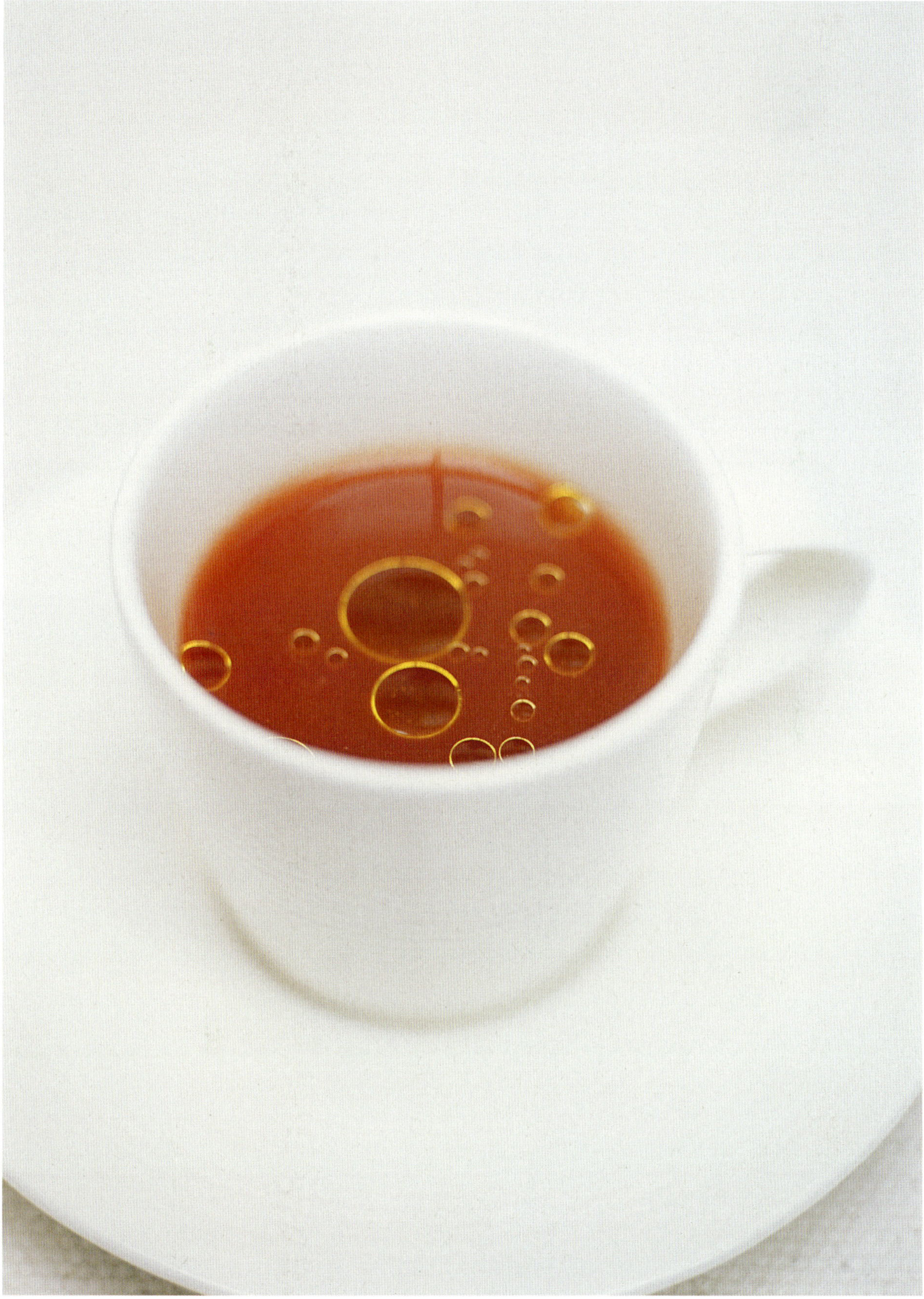

**RENDE CERCA DE 1 LITRO**

2 kg de tomates bem maduros picados grosseiramente
500 ml de suco de tomate
4 echalotas (ou cebolas redondinhas) bem picadas
1 dente de alho amassado
um maço de 15 g de tomilho amarrado
2 folhas de louro
50 g de açúcar (qualquer tipo)
4 colheres (sopa) de vinagre de vinho branco
sal marinho e pimenta-do-reino moída na hora

## FONDUE DE TOMATE

Coloque os tomates, o suco de tomate, as cebolas, o alho e as ervas em uma panela grande de fundo grosso. Cozinhe em fogo médio, mexendo de vez em quando, até encorpar e reduzir pela metade. Levará 30-60 minutos, dependendo de quão maduros estejam os tomates.

Retire as ervas. Bata o caldo com tomates no liquidificador e passe por uma peneira fina colocada sobre uma tigela.

Aqueça uma frigideira de fundo grosso em fogo alto. Quando estiver bem quente, junte o açúcar e derreta em fogo baixo/médio, sem mexer. Aumente um pouco o fogo e cozinhe até ficar cor de caramelo. Adicione o vinagre e misture até uniformizar. Adicione o purê de tomate. Tempere com sal e pimenta a gosto e deixe esfriar. Use como molho para massas, lasanhas vegetarianas ou para espalhar sobre discos de pizza.

Se não for usar imediatamente... conserve na geladeira, em potes de vidro esterilizados, por até 2 semanas.

QUATRO PORÇÕES

2 colheres (sopa) de azeite
1 caixinha de tomates-cereja maduros
1 cebola picada
2 dentes de alho amassados
1 colher (chá) de açúcar (qualquer tipo)
100 ml de vinho branco seco
200 g de queijo mascarpone
sal marinho e pimenta-do-reino moída na hora

# MOLHO DE TOMATE-CEREJA E MASCARPONE

Aqueça o azeite em uma frigideira grande e funda em fogo alto. Junte os tomates inteiros e frite até começarem a chamuscar. Adicione a cebola e o alho e abaixe um pouco o fogo. Amacie a cebola por cerca de 5 minutos. Acrescente o açúcar e o vinho e reduza até obter uma calda.

Junte o mascarpone e chacoalhe a panela até ele derreter e se misturar com os tomates. Bata na panela com um mixer. Tempere a gosto e sirva com massas, frango ou carne vermelha.

Se preferir... em vez de bater o molho no final do preparo, deixe-o com pedacinhos.

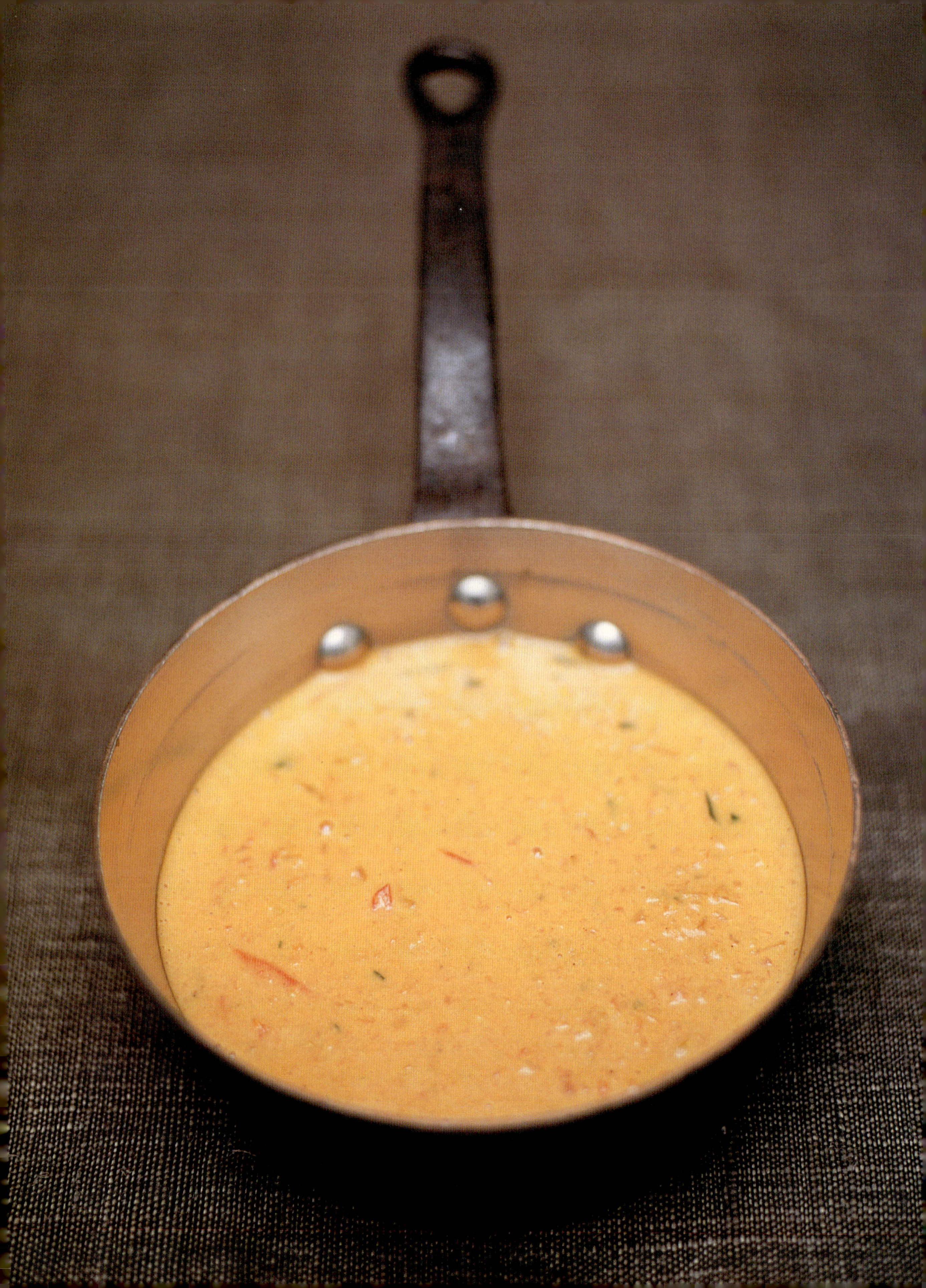

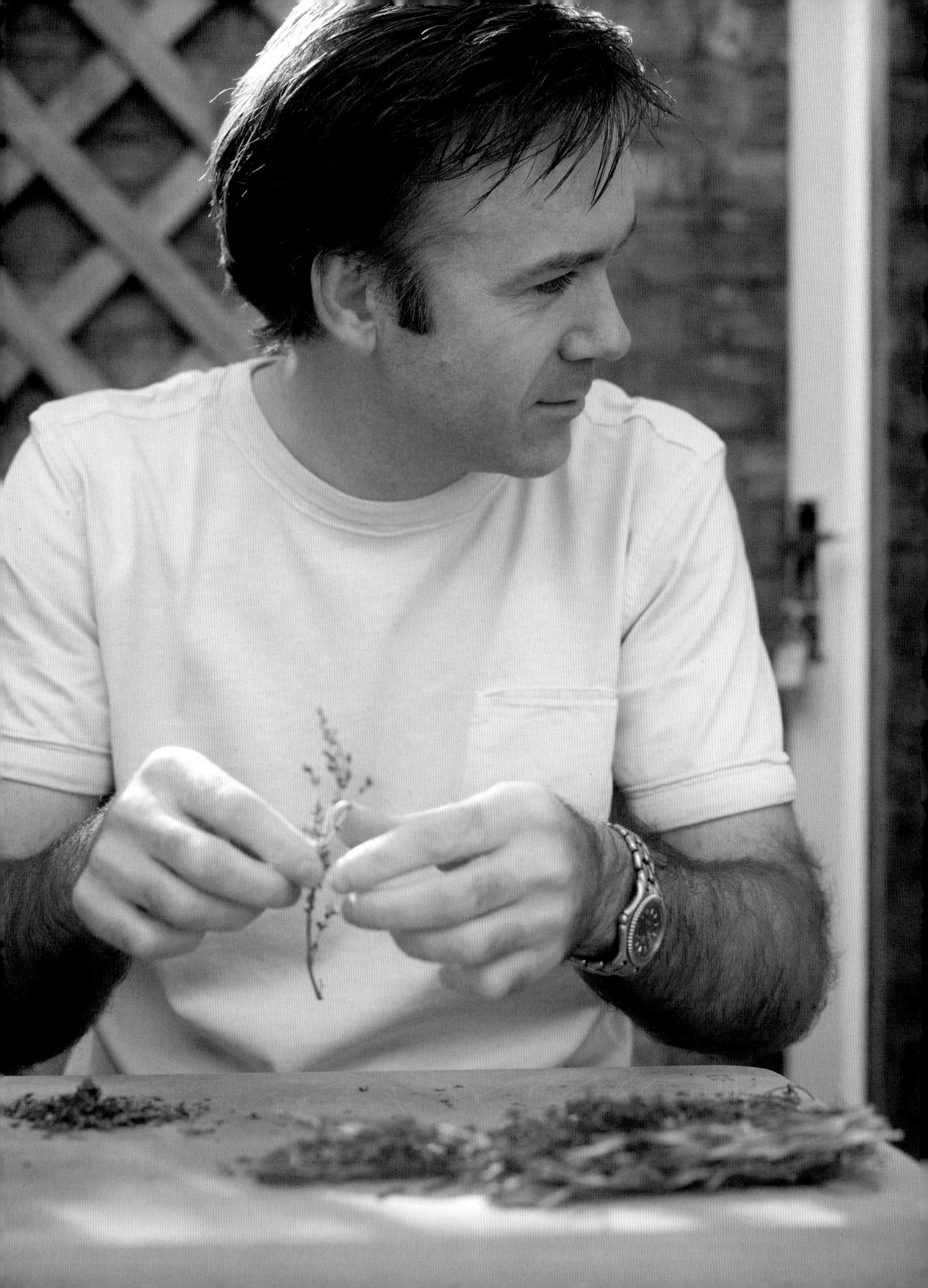

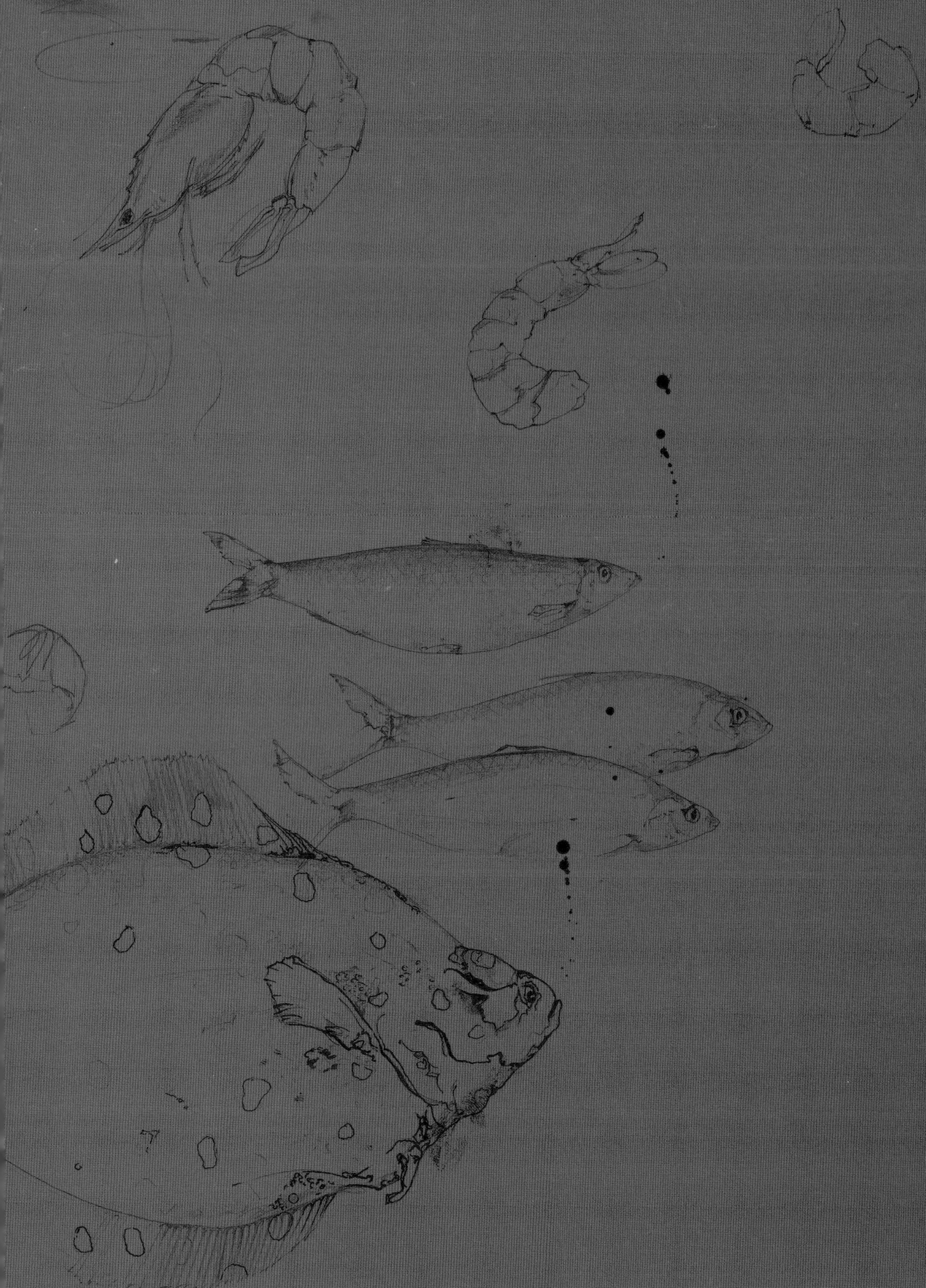

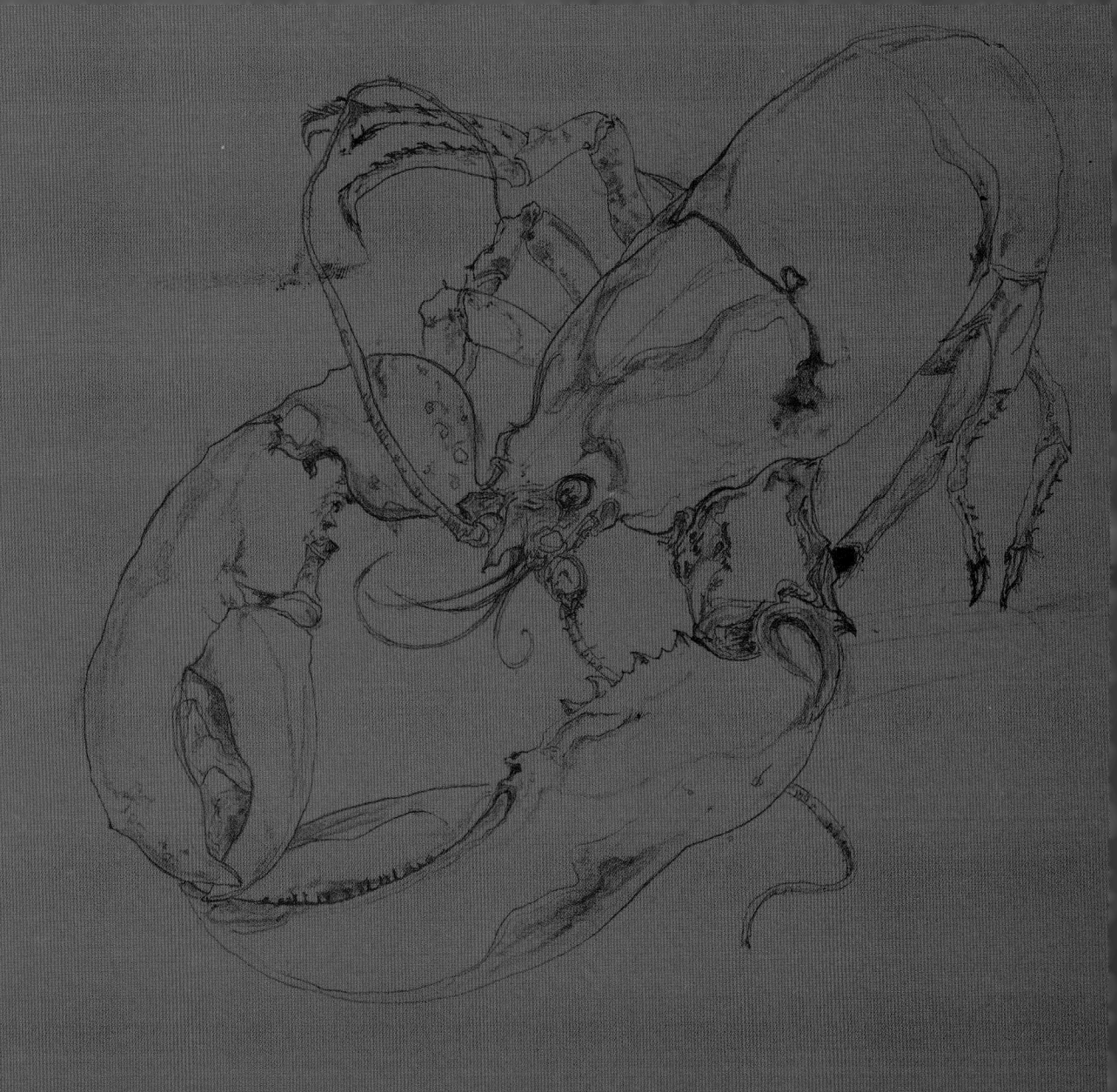

# PEIXES E
# FRUTOS DO MAR

# PEIXES DE CARNE BRANCA

Sempre compre filés recém-cortados, na peixaria ou na sessão de peixes e frutos do mar do supermercado. Não compre peixes já embalados, pois não se sabe se estão frescos, há quanto tempo foram cortados. As receitas a seguir utilizam hadoque, bacalhau e robalo, preparados de formas diferentes. Eles podem ser substituídos por filés de outros peixes de carne branca, como o cherne e o linguado, fáceis de se encontrar, ou por perca, são-pedro ou trilha.

½ repolho verde grande fatiado fino
200 ml de creme de leite fresco
2 colheres (sopa) de óleo vegetal
4 filés de hadoque sem pele
25 g de manteiga sem sal picada
2 colheres (sopa) de mostarda em grãos
sal marinho e pimenta-do-reino moída na hora

QUATRO PORÇÕES

## HADOQUE FRITO COM REPOLHO E MOSTARDA

Mergulhe o repolho em uma panela grande com água salgada fervente. Espere voltar a ferver e escalde por 1 minuto. Despeje em um escorredor de macarrão e esfrie sob água corrente. Escorra novamente e chacoalhe para retirar o excesso de água. Reserve.

Apure o creme de leite em uma panela grande em fogo médio até reduzir em um terço. Enquanto isso, aqueça bem o óleo em uma frigideira antiaderente grande, em fogo alto. Tempere o peixe com sal e pimenta e sele-o rapidamente dos dois lados. Adicione a manteiga e frite por 2-3 minutos de cada lado. Tire os filés da frigideira com uma espátula vazada e mantenha-os aquecidos.

Coloque a mostarda e o repolho na panela com o creme de leite e misture até aquecer. Verifique o tempero e sirva com o peixe.

275 g de lombo de bacalhau dessalgado sem pele
1 colher (chá) de sal refinado
250 g de batata farinhenta (monalisa ou mondial) descascada e
    fatiada fino
125 ml de azeite extravirgem
1 cabeça de alho cortada ao meio transversalmente
2 folhas de louro
um punhado de tomilho amarrado
85 ml de leite
150 ml de creme de leite fresco
2 folhas de gelatina
sal marinho e pimenta-do-reino moída na hora

**PARA SERVIR**
2 colheres (sopa) cheias de salsinha picada
100 ml de azeite extravirgem, mais um pouco para respingar
6 fatias finas de ciabatta
folhas frescas de tomilho

SEIS PORÇÕES

# BRANDADE

Salpique o bacalhau com o sal e reserve. Coloque as fatias de batata em uma panela junto com o azeite, o alho e as ervas. Adicione 85 ml de água fria. Cubra com papel vegetal e cozinhe em fogo médio por cerca de 20 minutos, até todo o líquido ter sido absorvido e as batatas amaciarem.

Junte o peixe, o leite e o creme de leite e misture bem. Volte a cobrir com o papel e continue cozinhando por 5-8 minutos, até o bacalhau estar quase cozido. Enquanto isso, deixe a gelatina de molho em uma tigela com água fria por 5 minutos.

Tire a panela com o peixe e a batata do fogo e descarte o alho e as ervas. Erga a gelatina da água e aperte-a para retirar o excesso de umidade. Adicione a gelatina à panela e misture até derreter. Coloque no liquidificador e bata até ficar uniforme. Passe por uma peneira colocada sobre uma tigela e verifique o tempero. Cubra e leve à geladeira ao menos por 1 hora.

Para servir, bata a salsinha no liquidificador com 100 ml de azeite e uma pitada de sal marinho. Toste as fatias de ciabatta, respingue azeite e salpique sal marinho e folhas de tomilho. Cubra a brandade com o azeite com salsinha e sirva com o pão tostado.

2 colheres (sopa) de azeite
6 filés de robalo

**PARA A CROSTA**
100 g de pinholes tostados
65 g de manteiga sem sal em temperatura ambiente
1 colher (sopa) de cerefólio (ou salsinha) picado
1 dente de alho amassado
sal marinho e pimenta-do-reino moída na hora

**PARA O VINAGRETE**
500 ml de vinho tinto seco
500 ml de vinagre de vinho tinto
100 ml de azeite extravirgem

SEIS PORÇÕES

# ROBALO COM CROSTA DE PINHOLES E VINAGRETE DE VINHO

Primeiro faça a crosta. Passe metade dos pinholes pelo processador até triturar bem. Junte a manteiga, o cerefólio e o alho e bata até obter uma pasta. Junte os pinholes restantes e pulse até se quebrarem. Tempere com sal e pimenta a gosto. Divida entre duas folhas de papel vegetal colocadas sobre uma bandeja e espalhe bem com um rolo de macarrão, até ficar com 3-5 mm de espessura. Leve ao congelador e espere congelar. Corte em seis pedaços, do tamanho dos filés de robalo, e recoloque no congelador até a hora de usar.

Para fazer o vinagrete, coloque o vinho em uma panelinha em fogo médio e reduza até virar uma calda encorpada. Junte o vinagre e apure por 5 minutos. Adicione o azeite e retire do fogo.

Quando for preparar o peixe, aqueça o forno a 200°C.

Aqueça o azeite em uma frigideira grande. Tempere o peixe com sal e pimenta e frite por 30 segundos de cada lado. Coloque em uma assadeira untada, com o lado da pele para cima. Ponha um pedaço de crosta sobre cada filé. Asse por alguns minutos, até a crosta dourar e borbulhar. Sirva com o vinagrete.

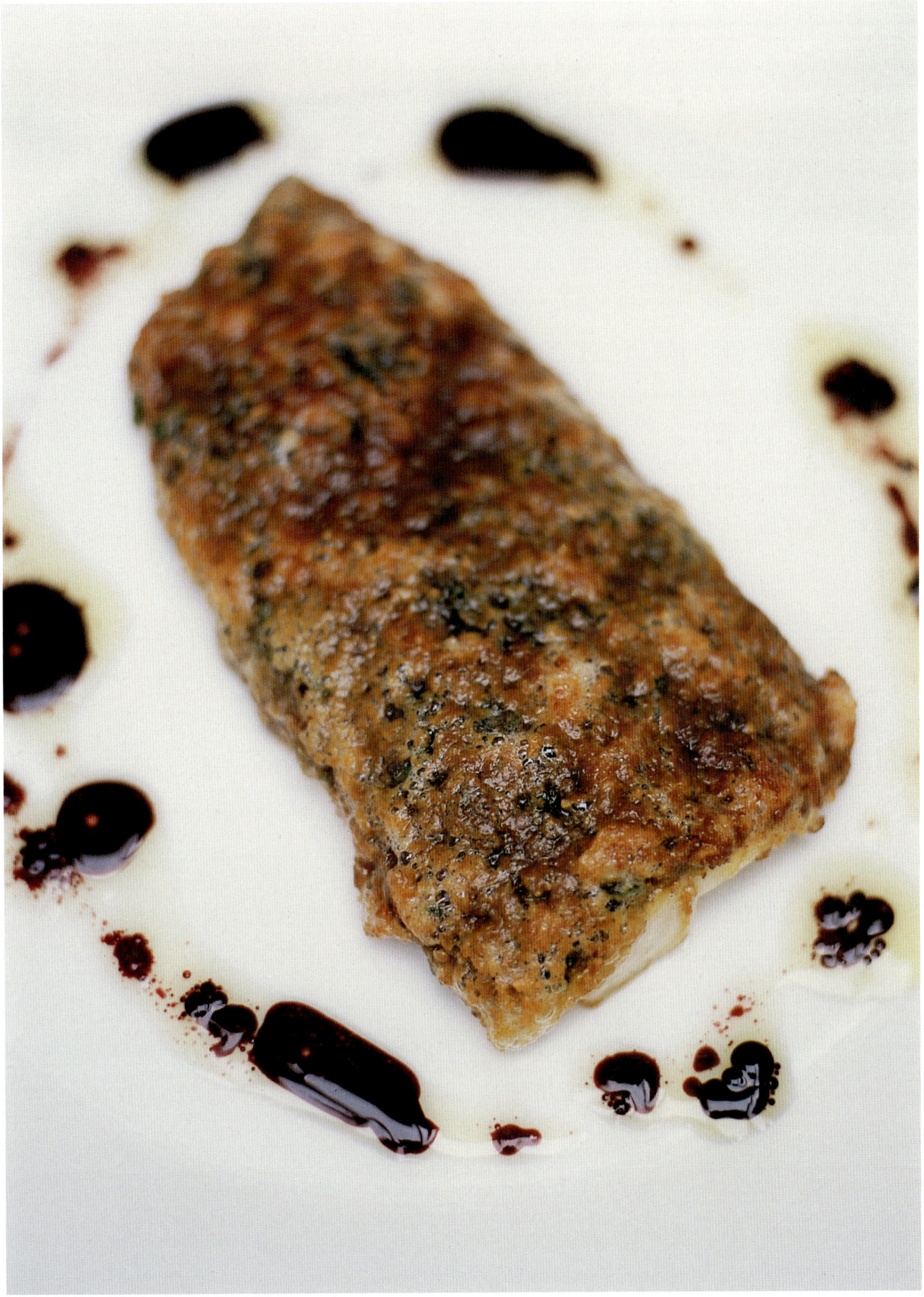

# SOLHA

Há duas variedades desse peixe achatado e de carne branca: a solha-limão e a solha-de-Dover. A solha-limão é menor, mais barata e mais fácil de encontrar durante o ano todo, seja inteira ou em filés – que tornam o seu preparo mais fácil. A variedade Dover é ótima para cozinhar e comer inteira, retirando as espinhas. Um peixe também achatado e de carne branca que pode ser usado para substituir a solha nas receitas é o linguado.

QUATRO PORÇÕES

4 filés de solha-limão cortados ao meio no sentido do comprimento
3 colheres (sopa) de azeite
1 cebola fatiada fino
2 dentes de alho amassados
150 g de linguiça defumada
1 colher (chá) de páprica
500 ml de caldo quente de galinha ou de legumes
250 g de feijão-manteiga cozido e escorrido
sal marinho e pimenta-do-reino moída na hora

## ENSOPADO DE SOLHA COM FEIJÃO E LINGUIÇA

Faça rolinhos com os filés de solha, deixando o lado da pele para dentro, e prenda com palitos. Aqueça 2 colheres (sopa) de azeite em uma caçarola refratária ou em uma panela de fundo grosso e refogue a cebola e o alho em fogo baixo/médio. Enquanto isso, retire a pele da linguiça. Fatie fino um terço dela e pique o restante.

Salpique a páprica, sal e pimenta na panela, adicione a linguiça picada e cozinhe, mexendo, por 5 minutos. Adicione o caldo e espere ferver. Cozinhe em fogo baixo por 10 minutos.

Acrescente o feijão, coloque os rolinhos de peixe por cima e regue com um pouco do caldo fervente. Tampe bem a panela e cozinhe por 8-10 minutos. Enquanto isso, frite as fatias de linguiça no azeite restante até ficarem crocantes. Escorra em papel-toalha.

Erga os rolinhos da panela e retire os palitos. Misture o caldo e verifique o tempero. Sirva o ensopado de feijão coberto pelo peixe e decorado com as fatias de linguiça.

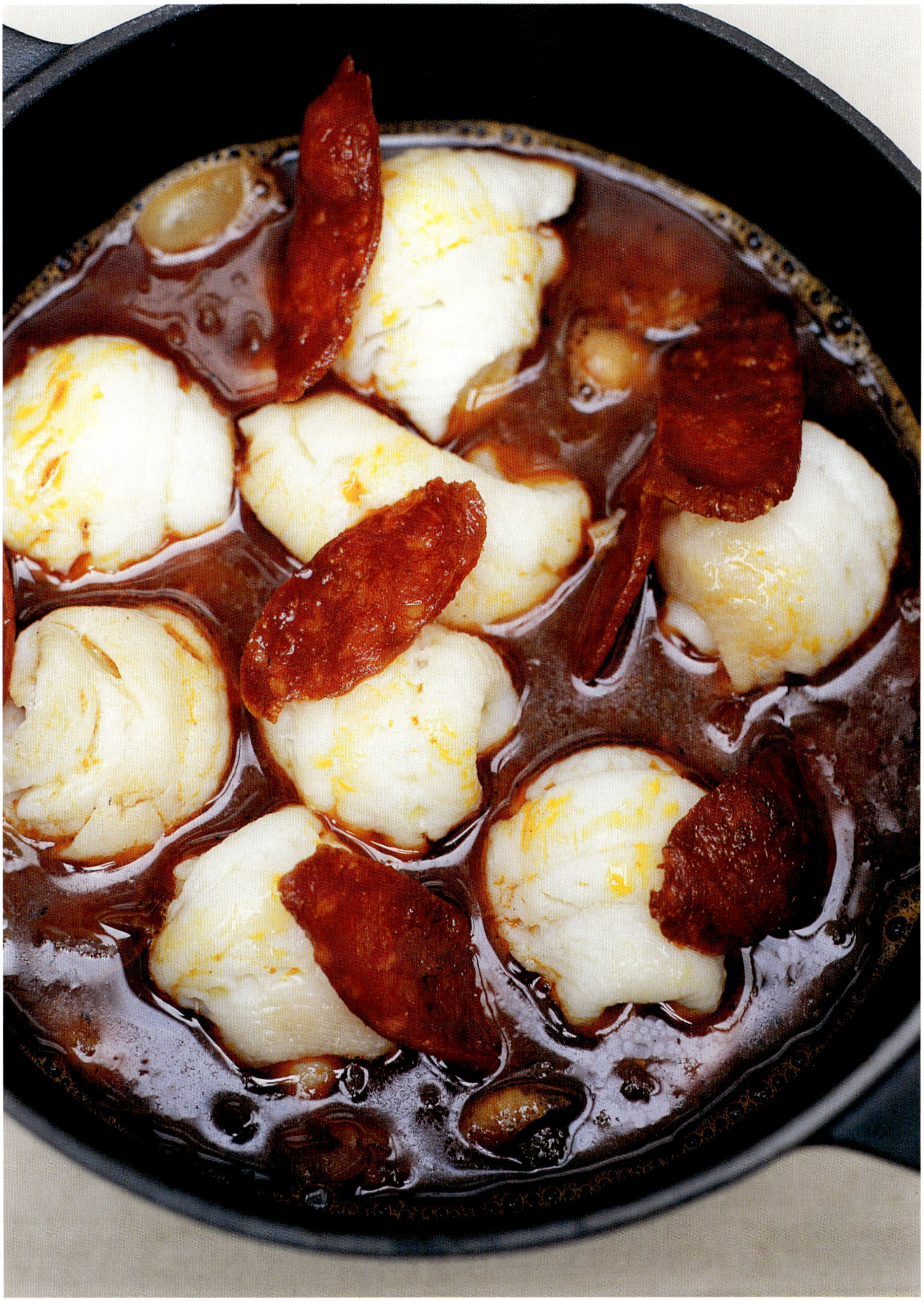

QUATRO PORÇÕES

4 filés pequenos de solha-limão
  sem pele
óleo vegetal para fritar

**PARA A MASSA DE CERVEJA**
100 g de farinha de trigo
100 g de farinha de milho
½ colher (chá) de sal refinado
200-300 ml de cerveja
  lager gelada

**PARA A MAIONESE**
1 gema de ovo caipira médio
½ colher (chá) de mostarda de Dijon
raspas e suco de ½ limão
100 ml de óleo vegetal
100 ml de azeite extravirgem
cerca de 25 g de alcaparras bem picadas
sal marinho e pimenta-do-reino
  moída na hora

# SOLHA COM MASSA DE CERVEJA

Primeiro faça a massa. Peneire as farinhas e o sal refinado em uma tigela e vá adicionando lentamente a cerveja, mexendo sempre até obter uma massa uniforme. Cubra e leve à geladeira até a hora de usar.

Para fazer a maionese, bata a gema com a mostarda e as raspas de limão em uma tigela. Misture o óleo e o azeite numa jarra. Usando um mixer ou um batedor manual, vá gotejando o óleo sobre a gema com mostarda e batendo. Depois que a maionese começar a emulsificar, adicione o óleo restante em um fio fino e constante. Junte as alcaparras, o suco de limão, sal e pimenta a gosto e misture bem. Cubra e leve à geladeira até a hora de servir.

Corte cada filé de peixe ao meio no sentido do comprimento e depois corte cada pedaço ao meio, na diagonal – obtendo um total de 16 porções.

Aqueça o óleo em uma fritadeira a 180°C. Bata a massa, adicione 4 ou 5 pedaços de peixe e cubra bem. Passe o peixe para o óleo quente e frite por 2-3 minutos, até ficar crocante e dourado. Retire com uma escumadeira e escorra sobre papel-toalha enquanto frita os pedaços restantes. Tempere com sal e pimenta e sirva com a maionese.

Se não tiver uma fritadeira... use uma panela alta de fundo grosso. Verifique a temperatura do óleo pingando uma colherada (chá) de massa. Se borbulhar e dourar em 20-30 segundos, a temperatura está ideal.

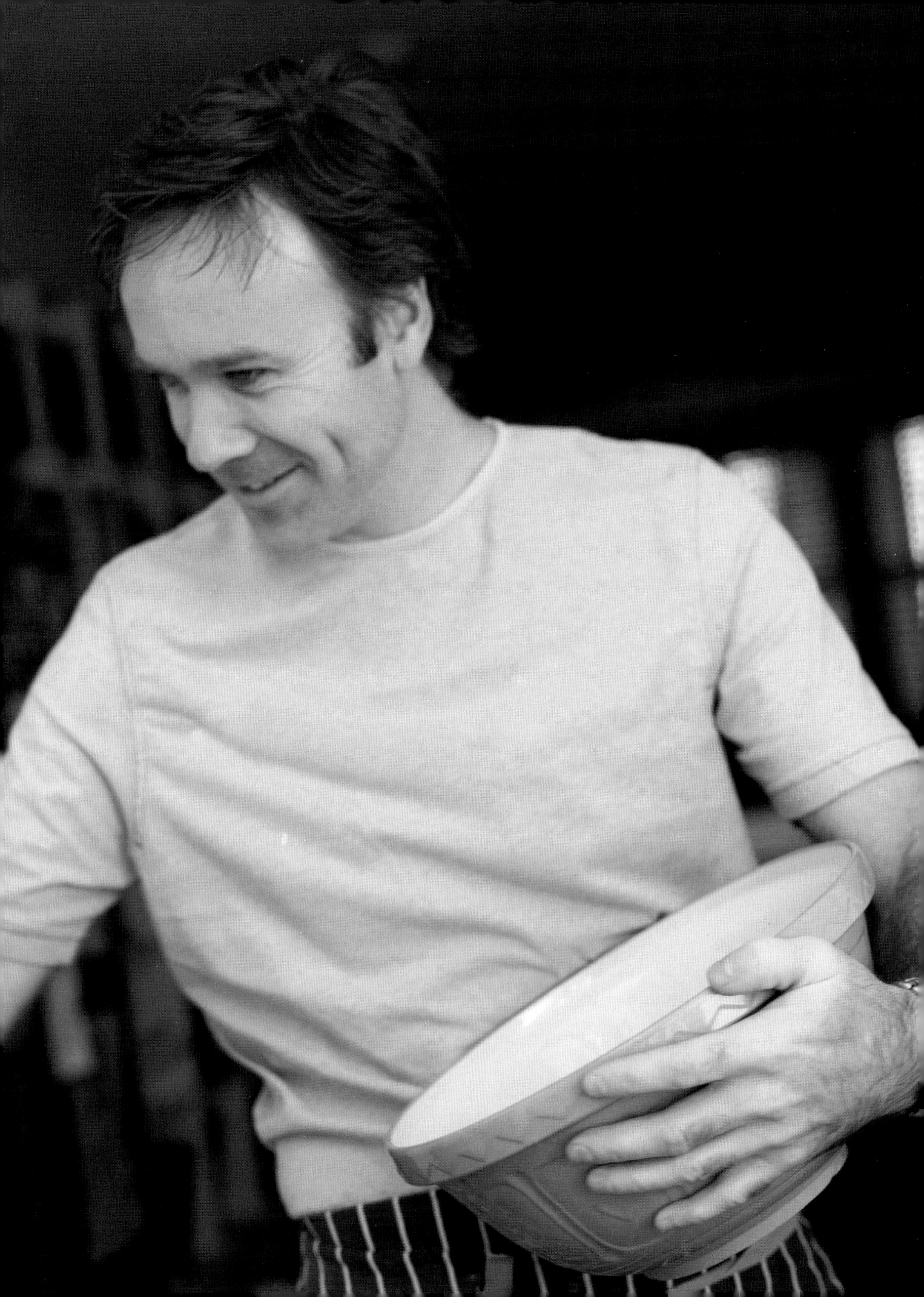

1 colher (chá) de canela em pó
1 colher (chá) de sementes de erva-doce
2 anises-estrelados picados grosseiramente
1 colher (chá) de pimenta-do-reino moída grosseiramente
1 colher (chá) de cravos-da-índia inteiros
1 colher (chá) de sal refinado
½ colher (chá) de açúcar
2 solhas-limão inteiras (cerca de 200 g cada) sem pele, cabeça e cauda
2 colheres (sopa) de azeite
25 g de manteiga sem sal picada

DUAS PORÇÕES

# SOLHA COM CINCO ESPECIARIAS

Toste as especiarias por alguns minutos em uma frigideira sem óleo em fogo baixo/médio, até começar a soltar aroma. Coloque em um moedor ou liquidificador e triture fino. Passe por uma peneira para retirar as partículas maiores.

Misture as especiarias com o sal e o açúcar e salpique sobre os dois lados das solhas. Aqueça o azeite em uma frigideira grande (ou em duas médias) em fogo médio/alto e frite os peixes por 2½ minutos de cada lado. Junte a manteiga, espere espumar e sirva.

Os filés de solha... podem ser preparados da mesma forma que o peixe inteiro. Nesse caso, frite por apenas 1-2 minutos de cada lado.

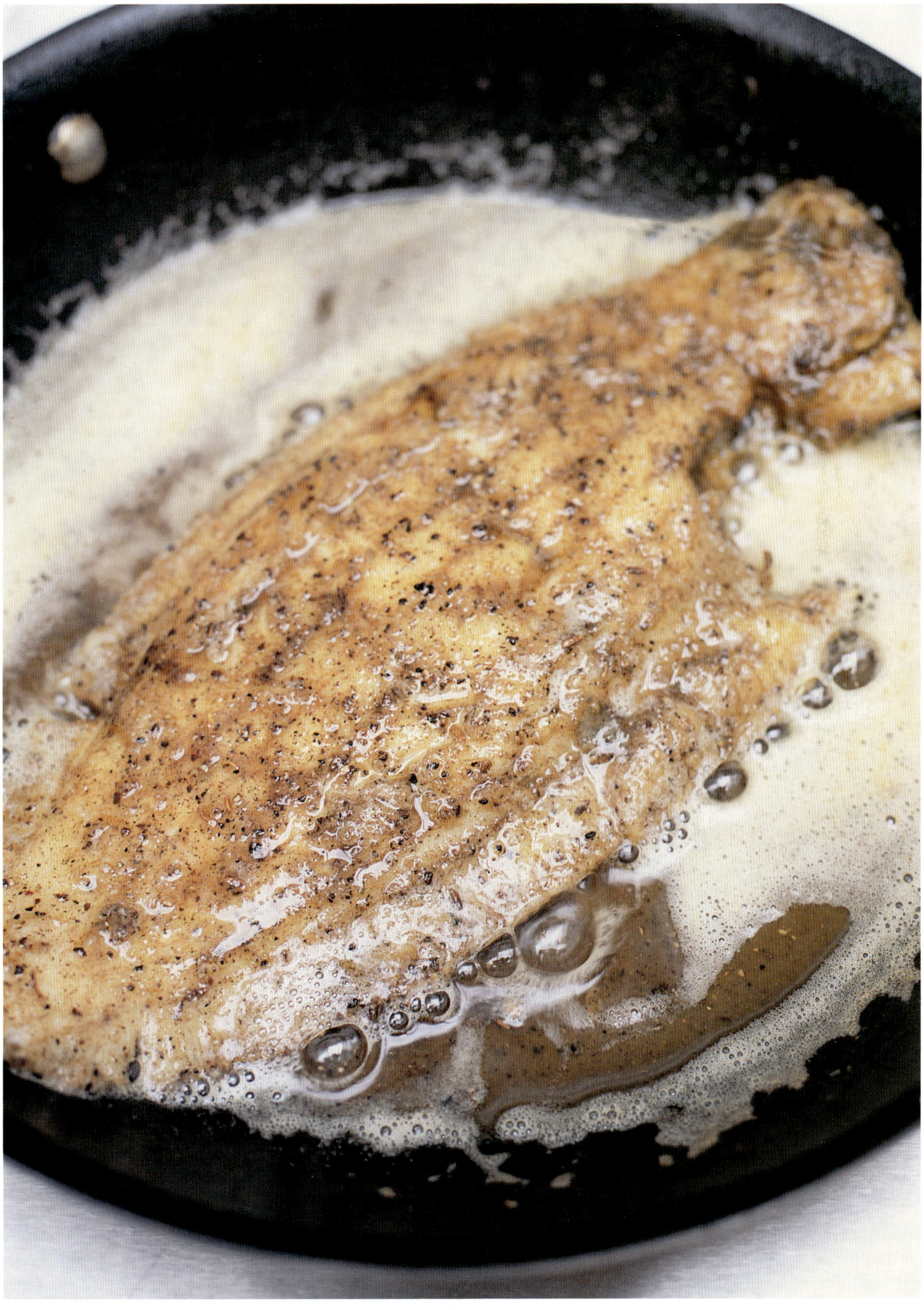

# CAMARÃO FRESCO

Os camarões frescos, com casca, são muito superiores aos pré-cozidos, pois assim você pode decidir de que forma deseja prepará-los. Os camarões-tigre costumam ser mais firmes – exatamente o contrário dos camarões-rosa, mais macios e polpudos. Quando uma receita pede para remover a cabeça e a casca dos camarões antes de cozinhá-los, não as jogue fora. Use-as para incrementar o sabor de caldos de peixe e de sopas.

12-16 camarões frescos com casca
15 g de coentro fresco
1 colher (sopa) de óleo vegetal
1 colher (sopa) de óleo de gergelim
800 ml de leite de coco
100 g de macarrão com ovos tipo miúdo
100-150 g de ervilhas-tortas cortadas ao meio transversalmente
100 g de broto de feijão para decorar
50 g de amendoins tostados picados grosseiramente para decorar

**PARA O MOLHO PICANTE**
2 pimentas vermelhas com sementes picadas grosseiramente
1 folha de capim-cidreira fatiada fino
100 g de amendoim tostado
80 g de gengibre descascado e picado
2 dentes de alho picados grosseiramente
1 cebola picada grosseiramente
4 colheres (sopa) de molho de peixe
50 g de açúcar cristal ou refinado
1 colher (chá) de sal refinado

QUATRO PORÇÕES

## CAMARÃO LAKSA

Torça e arranque as cabeças dos camarões, descasque-os e retire a tripa do dorso. Reserve-os na geladeira. Separe as folhas do coentro e pique bem.

Corte os talos do coentro em pedaços e coloque no liquidificador ou no processador junto com todos os ingredientes do molho. Bata até obter uma pasta com pedacinhos.

Para a laksa, aqueça o óleo vegetal e o de gergelim em uma panela funda, em fogo médio. Junte o molho picante e frite por 5 minutos, mexendo. Adicione 300 ml de água fria, espere ferver e cozinhe por 15 minutos. Junte o leite de coco e deixe voltar a ferver. Passe por uma peneira fina sobre uma panela limpa. Aqueça aos poucos a laksa e verifique o tempero – se preciso, adicione mais molho de peixe, açúcar ou sal. Deixe em fogo baixo.

Coloque o macarrão em uma panela grande com água salgada fervente. Espere voltar a ferver e cozinhe por 3-4 minutos, até ficar quase *al dente*. Escorra e adicione ao molho, junto com os camarões. Cozinhe por 3-4 minutos, até os camarões ficarem rosados. Adicione a ervilha-torta no final do cozimento, para ficar crocante.

Coloque em tigelinhas e decore com o broto de feijão, os amendoins e as folhas de coentro. Sirva quente.

12 camarões-tigre (ou outro graúdo) frescos com casca
6 fatias de toucinho ou presunto de Parma
óleo vegetal

PARA O AÏOLI
1 cabeça de alho cortada ao meio transversalmente
azeite para respingar
1 gema de ovo caipira médio
½ colher (chá) de mostarda de Dijon
2 colheres (chá) de vinagre de vinho branco
¼ de colher (chá) de açúcar
¼ de colher (chá) de sal refinado
150 ml de óleo vegetal
50 ml de azeite extravirgem
páprica para decorar

QUATRO PORÇÕES — sal marinho e pimenta-do-reino moída na hora

# CAMARÃO COM TOUCINHO E AÏOLI AO FORNO

Aqueça o forno a 200°C.

Faça o aïoli. Ponha o alho com o lado cortado para cima sobre uma folha grande de papel-alumínio. Tempere com sal marinho e pimenta e respingue com um pouco de azeite. Dobre o papel por cima, fazendo uma trouxinha. Asse por 20 minutos, até amaciar bem. Deixe esfriar um pouco e aperte os dentes de alho, passando a polpa para uma tigela.

Adicione a gema, a mostarda, o vinagre, o açúcar e o sal refinado e bata com um batedor manual, até uniformizar. Misture o óleo e o azeite em uma jarra e goteje na tigela, batendo sem parar. Depois que a maionese emulsificar, despeje o óleo restante em um fio fino e constante, sem parar de bater. Verifique o tempero, cubra e conserve na geladeira.

Torça e arranque as cabeças dos camarões. Descasque-os, mantendo o final da cauda, e retire a tripa do dorso. Corte as fatias de toucinho ao meio no sentido do comprimento e enrole um pedaço em torno de cada camarão, deixando a cauda exposta. Coloque na geladeira até a hora de cozinhar.

Aqueça um pouco de óleo em uma frigideira em fogo médio/alto. Tempere os camarões com sal e pimenta e frite, virando de vez em quando, até o toucinho estar crocante e os camarões, rosados. Escorra sobre papel-toalha e sirva quente, com o aïoli e polvilhado com páprica.

Como variação... use cherne, cortado em pedaços do tamanho dos camarões.

24-30 camarões frescos com casca
óleo vegetal
1 cebola picada grosseiramente
1 cenoura picada grosseiramente
1 talo de aipo picado grosseiramente
1 alho-poró (só a parte esverdeada) picado grosseiramente
1 folha de capim-cidreira fatiada fino
4 colheres (chá) de polpa de tomate
250 ml de vinho branco seco
2 litros de caldo quente de galinha ou de legumes
um punhadinho de estragão amarrado
50 ml de conhaque
200 ml de creme de leite fresco
1 colher (chá) de licor pernod
sal marinho e pimenta-do-reino moída na hora

ACABAMENTO
folhas de coentro
azeite extravirgem

SEIS PORÇÕES

# BISQUE DE CAMARÃO

Torça e arranque as cabeças dos camarões e descasque-os, deixando o final da cauda – reserve a cabeça e a casca. Retire a tripa do dorso. Conserve-os na geladeira até a hora de cozinhar.

Aqueça um pouco de óleo em uma frigideira em fogo alto até quase soltar fumaça. Frite metade das cabeças e cascas por alguns minutos, mexendo de vez em quando, até dourar bem. Coloque em um escorredor de macarrão. Repita o procedimento com as cabeças e cascas restantes.

Coloque uma panela grande em fogo médio/alto. Adicione um pouco de óleo e refogue a cebola com a cenoura, o aipo, o alho-poró e o capim-cidreira, até os legumes dourarem. Misture a polpa de tomate, sal e pimenta. Adicione o vinho e cozinhe até reduzir pela metade. Junte o caldo, as cascas e as cabeças de camarão e o estragão. Espere ferver e retire o óleo ou espuma que subirem. Cozinhe em fogo baixo, destampado, por 25 minutos.

Enquanto isso, aqueça um pouco de óleo em uma frigideira e frite os camarões em fogo alto, virando de vez em quando, por 3-4 minutos, até ficarem rosados e dourados. Escorra sobre papel-toalha e mantenha aquecido.

Coe o caldo fervente em uma panela limpa. Adicione o conhaque, o creme de leite, o pernod, sal e pimenta e deixe ferver.

Divida os camarões em tigelas e salpique coentro em volta. Bata rapidamente a bisque com um batedor, até espumar. Despeje em torno dos camarões. Respingue com azeite e pimenta e sirva.

Para uma sopa fria... espere a bisque esfriar e coloque na geladeira. Sirva guarnecida com lascas de pepino.

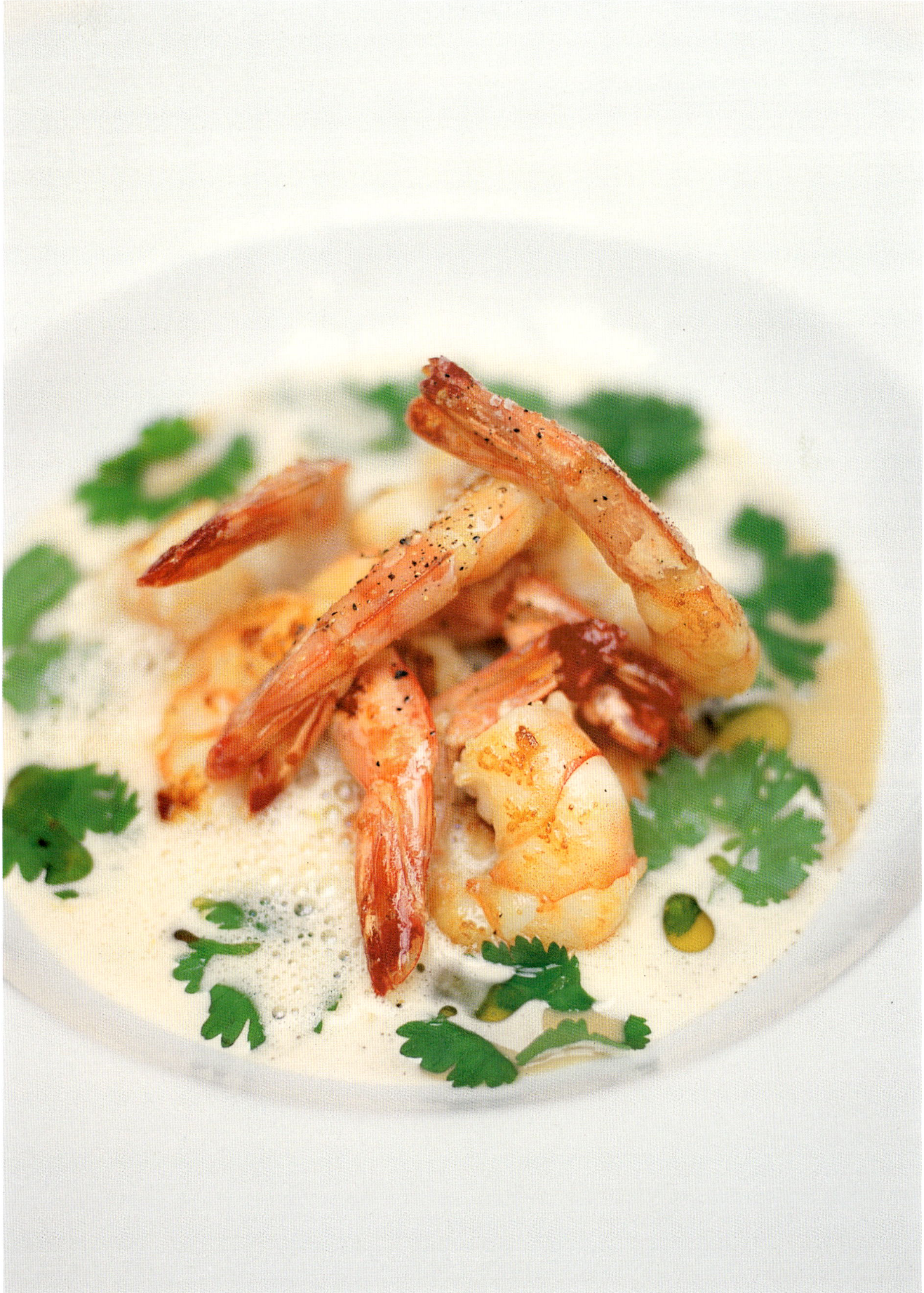

# SALMÃO

O salmão pode ser apreciado de três formas diferentes: cru, defumado ou cozido. O salmão selvagem é mais saboroso que o de cativeiro, mas por ter pouca gordura pode ser seco. O de cativeiro, mais gorduroso, é uma boa opção para fazer em casa, pois a gordura tornará a carne mais suculenta. Ao comprá-lo, verifique se não há muita gordura. Para isso, olhe o peixe bem de perto; se houver gordura transparente e cremosa perto das bordas, não compre.

1 posta de salmão (cerca de 750 g) com pele

**PARA A MARINADA**
400 ml de suco de laranja fresco ou industrializado
1 limão inteiro picado grosseiramente
1 laranja inteira picada grosseiramente
125 g de açúcar refinado ou cristal
90 g de sal grosso
1 colher (chá) de sementes de coentro
1 colher (chá) de pimenta branca em grãos
folhas de 50 g de dill fresco

**ACABAMENTO**
1½-2 colheres (sopa) de mostarda de Dijon
folhas picadas de 125 g de dill fresco
sal marinho

OITO PORÇÕES

## GRAVADLAX

Bata os ingredientes da marinada no liquidificador ou processador até ficar razoavelmente uniforme. Coloque o salmão em uma bandeja de plástico, com a pele para baixo, e retire as espinhas. Cubra com a marinada e chacoalhe o recipiente para besuntar o peixe por inteiro. Embrulhe a bandeja com várias camadas de filme de PVC e leve à geladeira por 48 horas.

Para finalizar, desembrulhe o salmão e lave sob água corrente. Enxugue o peixe dando batidinhas com papel-toalha. Espalhe uma camada bem fina de mostarda sobre todo o salmão, cubra com o dill picado e pressione firmemente com as mãos. Salpique um pouco de sal grosso. Fatie fino para servir.

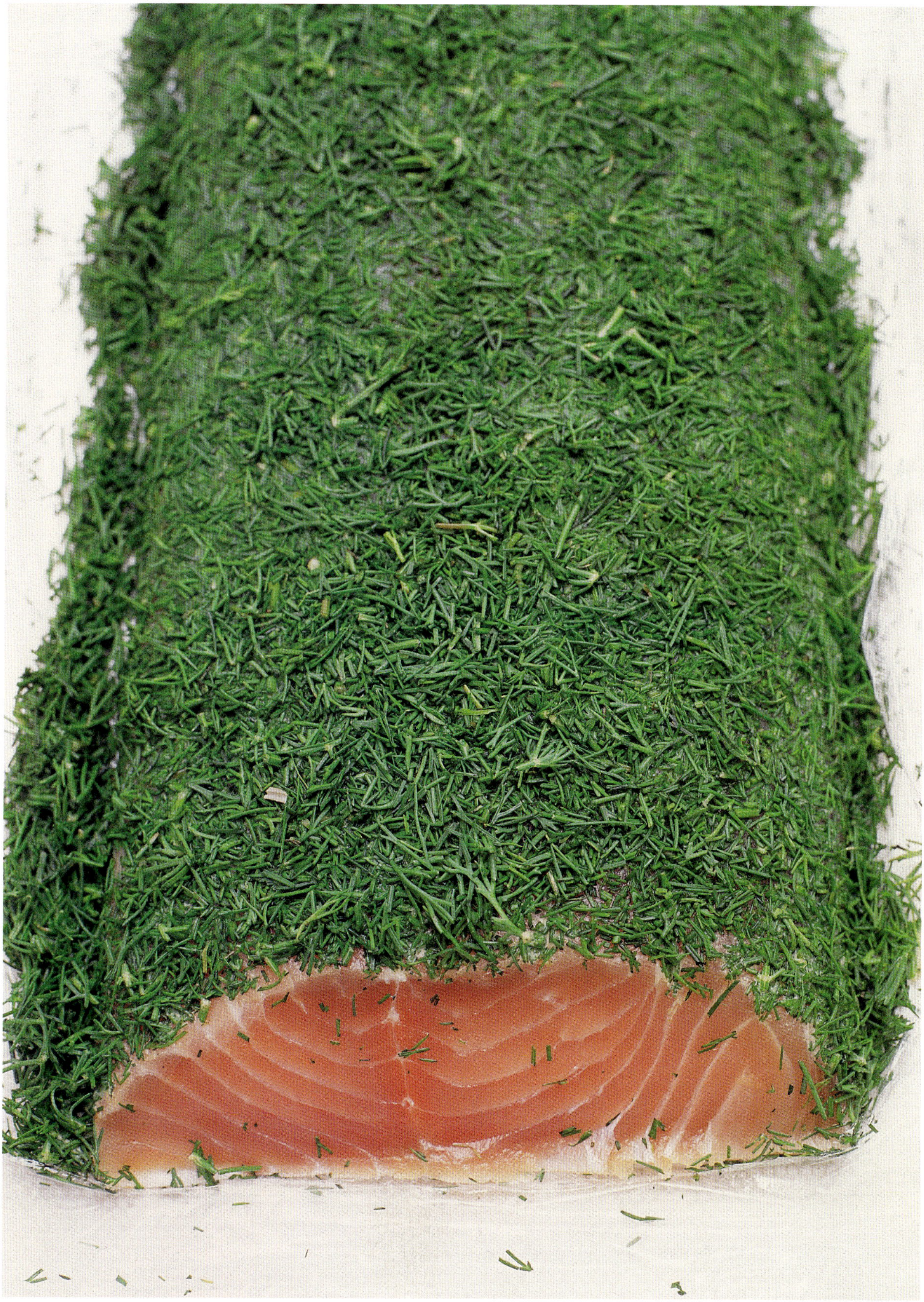

óleo vegetal
1 posta de salmão (cerca de 300-400 g) com pele
1 melancia pequena (cerca de 1,5 kg)
150 g de agrião sem os talos
220 g de castanhas-d'água em lata escorridas e picadas grosseiramente (ou castanhas portuguesas)
sal marinho e pimenta-do-reino moída na hora

**PARA O VINAGRETE**
5 colheres (sopa) de azeite extravirgem
3 colheres (sopa) de suco de limão
raspas de 1 limão

**PARA SERVIR**
50 g de amêndoas frescas sem pele picadas (opcional)
raspas de 1 limão
azeite extravirgem

QUATRO PORÇÕES

# SALMÃO COM MELANCIA, AGRIÃO E CASTANHAS

Aqueça o forno a 200°C.

Esquente um pouco de óleo em uma panela grande refratária, em fogo médio/alto. Tempere os dois lados do salmão com sal e pimenta e coloque na panela com a pele para cima. Deixe por 2 minutos e vire. Asse por 6-8 minutos, de acordo com o seu ponto de cozimento preferido. Tire do forno, esfacele o peixe em pedaços grandes e retire a pele. Reserve.

Para fazer o vinagrete, misture o azeite com o suco e as raspas de limão e sal e pimenta a gosto.

Fatie a polpa da melancia em discos finos e retire as sementes. Espalhe as fatias em uma travessa, sobrepondo-as um pouco. Empilhe o agrião no centro e rodeie com as castanhas-d'água. Cubra com o salmão e respingue o vinagrete. Para servir, salpique as amêndoas (opcional), as raspas de limão, um pouco de sal marinho e respingue o azeite.

Para uma apresentação mais informal... corte a melancia em pedaços, coloque em uma saladeira grande e misture cuidadosamente aos outros ingredientes.

QUATRO PORÇÕES

4 pedaços de filé de salmão (175-200 g cada) de espessura igual, com pele
50 g de sal grosso
cerca de 500 ml de azeite
sal marinho para servir

# CONFIT DE SALMÃO

Coloque os filés em uma bandeja, com a pele para baixo. Salpique o sal grosso e leve à geladeira por 2 horas.

Lave o peixe sob água corrente e enxugue dando batidinhas com papel-toalha.

Ponha os filés em uma panela grande de fundo grosso, com a pele para baixo. Adicione azeite suficiente para cobrir o peixe. Coloque a panela em fogo baixo e aqueça, até atingir a temperatura de 50°C. Deixe por 15 minutos, verificando a temperatura regularmente com um termômetro culinário. Será preciso retirar a panela do fogo várias vezes para que a temperatura não passe de 50°C.

Quando completar 15 minutos, vire o salmão com cuidado e levante a pele. Se ela sair facilmente, o peixe está pronto. Caso contrário, mantenha-o por mais 5 minutos no azeite quente.

Para servir, tire os pedaços de salmão da panela e escorra o excesso de azeite. Retire a pele e salpique o peixe levemente com sal marinho.

# ATUM

É importante verificar se o atum está bem fresco, de um vermelho vivo, cor de carne. A maioria dos outros peixes pode ser avaliada pelos olhos e pelas guelras, mas o atum nunca vem inteiro, então você precisará confiar no seu fornecedor. Apesar da aparência de carne vermelha, este peixe é delicado, portanto não deve ser cozido demais. Selá-lo é a melhor forma de garantir que o centro permaneça cru.

1 posta de atum (cerca de 400-500 g)
2 colheres (sopa) de óleo vegetal
4 colheres (chá) de óleo de gergelim tostado
sal marinho e pimenta-do-reino moída na hora

**PARA O HOMUS**
100 g de feijão-manteiga ou branco deixado de molho em água fria durante a noite, escorrido e lavado
1 cenoura cortada ao meio
1 cebola cortada ao meio
um punhadinho de tomilho amarrado
4 colheres (sopa) de tahine
1 colher (chá) de sal refinado

QUATRO PORÇÕES

## ATUM COM HOMUS DE FEIJÃO-BRANCO

Faça o homus. Coloque o feijão em uma panela com a cenoura, a cebola e o tomilho. Cubra com água fria e espere ferver. Tampe a panela e cozinhe por 1h-1h30 em fogo baixo, até o feijão ficar macio. Escorra e reserve o líquido do cozimento. Descarte os legumes e o tomilho.

Bata o feijão no liquidificador com o tahine e o sal refinado, adicionando água do cozimento o bastante para obter um purê uniforme.

Aqueça o forno a 200°C.

Seque bem o atum com papel-toalha e tempere com sal e pimenta. Aqueça o óleo vegetal em uma frigideira em fogo médio/alto. Sele o atum rapidamente de todos os lados – isso levará um total de 7-8 minutos. Coloque em uma assadeira forrada com papel-alumínio e leve ao forno por 5 minutos. Enquanto isso, aqueça o homus em fogo baixo, mexendo, e verifique o tempero.

Tire o atum do forno e corte em oito fatias. Coloque uma colherada cheia de homus em cada prato, cubra com duas fatias de peixe e respingue 1 colher (chá) de óleo de gergelim. Salpique sal marinho e sirva.

QUATRO PORÇÕES

1 posta longa e fina de atum
   (cerca de 200-300 g)
óleo vegetal
1 colher (sopa) de mostarda de Dijon
2 colheres (sopa) de coentro picado
2 colheres (sopa) de cerefólio picado
2 colheres (sopa) de salsinha picada
sal marinho e pimenta-do-reino
   moída na hora

PARA O ABACAXI
1 abacaxi pequeno
100 g de açúcar refinado ou cristal
2 anises-estrelados

PARA SERVIR
azeite extravirgem
cardamomo moído
folhas de coentro

# CARPACCIO DE ATUM COM CROSTA DE ERVAS

Prepare o abacaxi. Corte as pontas, descasque e retire os "olhos". Fatie bem fino, no sentido do comprimento. Coloque em um recipiente grande e raso. Ponha o açúcar e os anises em uma panela com 150 ml de água fria e aqueça até dissolver. Espere ferver e reduza por 5 minutos. Deixe esfriar por 5 minutos e despeje sobre o abacaxi. Cubra e leve à geladeira até a hora de usar.

Seque bem o atum com papel-toalha e tempere com sal e pimenta. Coloque uma frigideira antiaderente em fogo alto e unte-a com óleo. Aqueça até quase começar a fumegar e junte o atum com cuidado. Sele por 1 minuto, até caramelizar por baixo. Vá virando o peixe com uma pinça – esse processo não deve exceder 5 minutos. Coloque-o em uma tábua e cubra-o por inteiro com uma camada fina e uniforme de mostarda.

Ponha um rolo de filme de PVC perto da borda da superfície de trabalho e desenrole-o para cobri-la. Misture as ervas e salpique sobre o filme de PVC, na parte próxima a você. Coloque o atum sobre as ervas e vire-o até cobrir por completo. Passe a ponta do filme sobre o atum e enrole-o, apertando bem e fazendo várias camadas justas – ficará com a forma de uma salsicha. Corte o filme de PVC e torça as pontas sobre a salsicha. Leve à geladeira por ao menos 1 hora, ou durante a noite.

Para servir, fatie o atum em doze rodelas com 5 mm de espessura. Coloque uma fatia de abacaxi em cada prato e cubra com três de peixe. Respingue azeite, salpique sal marinho e guarneça com cardamomo e coentro.

Com as fatias de abacaxi que sobrarem... faça um lanchinho refrescante ou sirva com sorvete como sobremesa.

1 posta de atum (cerca de 200-300 g)
3 colheres (sopa) de azeite extravirgem
1 colher (sopa) de vinagre de vinho branco
50 g de azeitonas pretas descaroçadas bem picadas
1 colher (sopa) de dill bem picado
4 colheres (sopa) de crème fraîche (ou creme de leite fresco batido)
sal marinho e pimenta-do-reino moída na hora

PARA O PICLES DE PEPINO
100 g de açúcar refinado ou cristal
100 ml de vinagre de vinho branco
½ pepino fatiado fino com um descascador de legumes
3 colheres (sopa) de dill picado

PARA A TORRADA BALSÂMICA
¼ de baguete fatiada fino na diagonal
3 colheres (sopa) de vinagre balsâmico

QUATRO PORÇÕES

# ATUM TARTAR COM PICLES DE PEPINO

Faça o picles de pepino. Dissolva o açúcar no vinagre em uma panela em fogo baixo e espere ferver. Deixe esfriar. Despeje sobre o pepino e o dill, em um prato raso. Cubra e leve à geladeira por ao menos 4 horas.

Distribua as fatias de pepino em pratos, sobrepondo-as, e respingue levemente com o vinagre da conserva. Reserve.

Toste as fatias de pão. Respingue o vinagre balsâmico e mantenha aquecido.

Corte o atum em cubos de 5 mm usando uma faca bem afiada – lave-a várias vezes para não grudar. Coloque em uma tigela e misture o azeite, o vinagre, as azeitonas, o dill, sal e pimenta.

Para modelar as porções, coloque um aro de metal com cerca de 5 cm de diâmetro e 7,5 cm de altura sobre uma tábua de picar. Encha-o com o atum com azeitonas e aperte bem. Cubra com 1 colher (sopa) de crème fraîche e moa um pouco de pimenta por cima. Deslize uma espátula suavemente sob o aro e transfira-o para um dos pratos com pepino. Retire o aro com cuidado. Repita o procedimento para as três porções restantes. Salpique as torradas com sal marinho e sirva com o tartar de atum.

Se não tiver um aro de metal... use um pote plástico redondo – de ervas secas, fermento ou bicarbonato – vazio de dimensões semelhantes. Retire a base e corte-o no tamanho desejado.

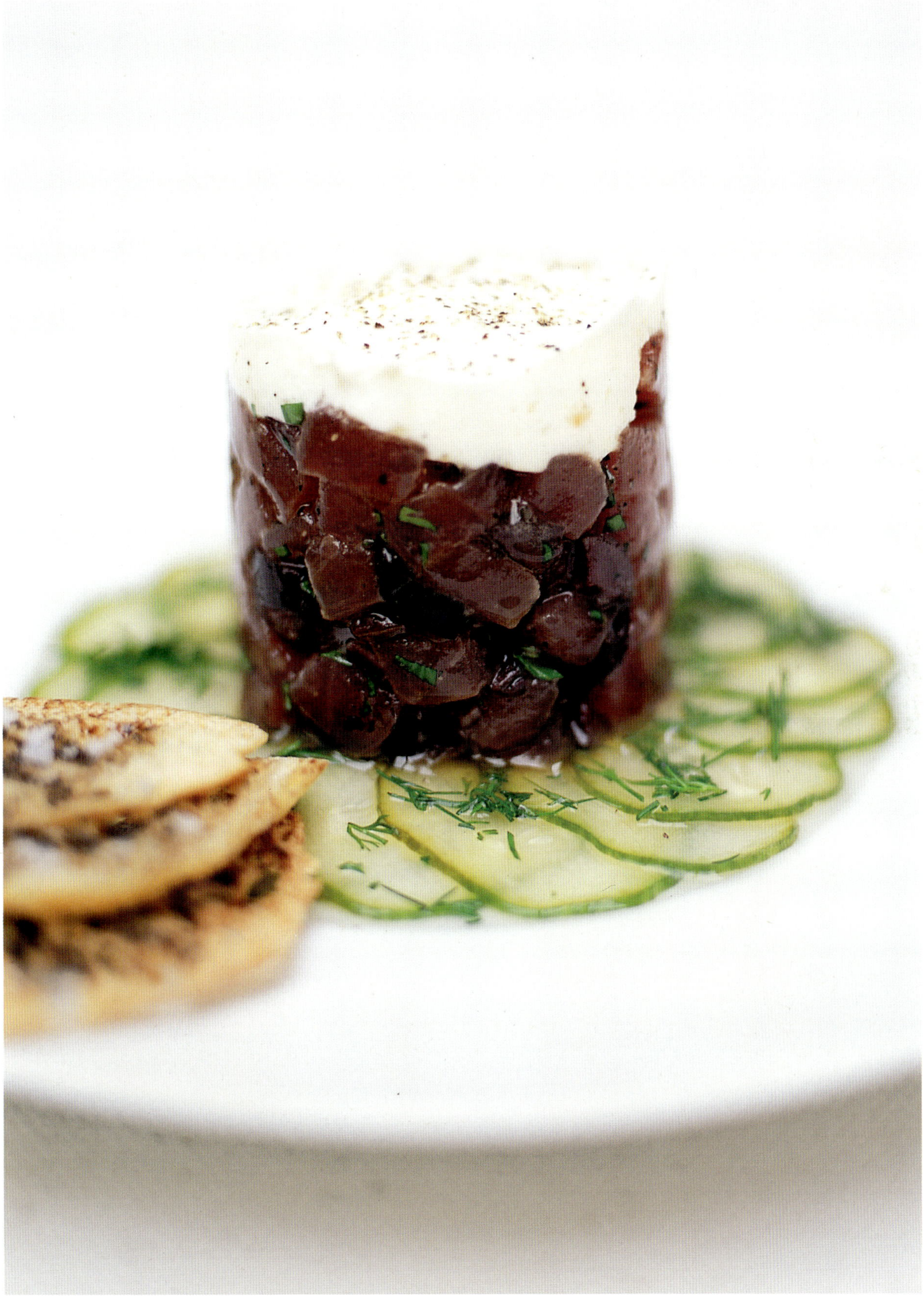

# CAMARÃO PRÉ-COZIDO

Os camarões pré-cozidos são mais práticos, pois podem ser encontrados em supermercados e são mais rápidos de fazer. Pode-se optar entre o grande, o rosa, o laguna, o cinza, o médio e o sete-barbas. Mesmo assim, sempre que possível, use o produto fresco, que é muito mais saboroso.

2 colheres (sopa) de azeite
100 g de manteiga sem sal picada
200 g de camarões pré-cozidos descascados
um pouco de suco de limão
1 dente de alho cortado em lascas
2 colheres (sopa) cheias de salsinha bem picada
sal marinho e pimenta-do-reino moída na hora

**PARA A TORRADA**
2-3 fatias de ciabatta
azeite
1 dente de alho
folhas de tomilho

DUAS PORÇÕES

## TORRADAS COM CAMARÃO SAUTÉ

Faça as torradas. Respingue o pão com azeite e toste em uma panela-grelha quente, até chamuscar levemente por baixo. Respingue mais azeite e vire as fatias para tostar o outro lado.

Enquanto isso, aqueça o azeite e metade da manteiga em uma frigideira em fogo alto. Junte os camarões e um pouco de sal e pimenta e misture muito bem. Respingue suco de limão e adicione o alho, a salsinha e a manteiga restante. Espere-a derreter e espumar e vá derramando colheradas do líquido sobre os camarões. Tire do fogo.

Esfregue o dente de alho nas torradas e salpique-as com o tomilho, sal e pimenta. Coloque os camarões sobre as torradas e sirva.

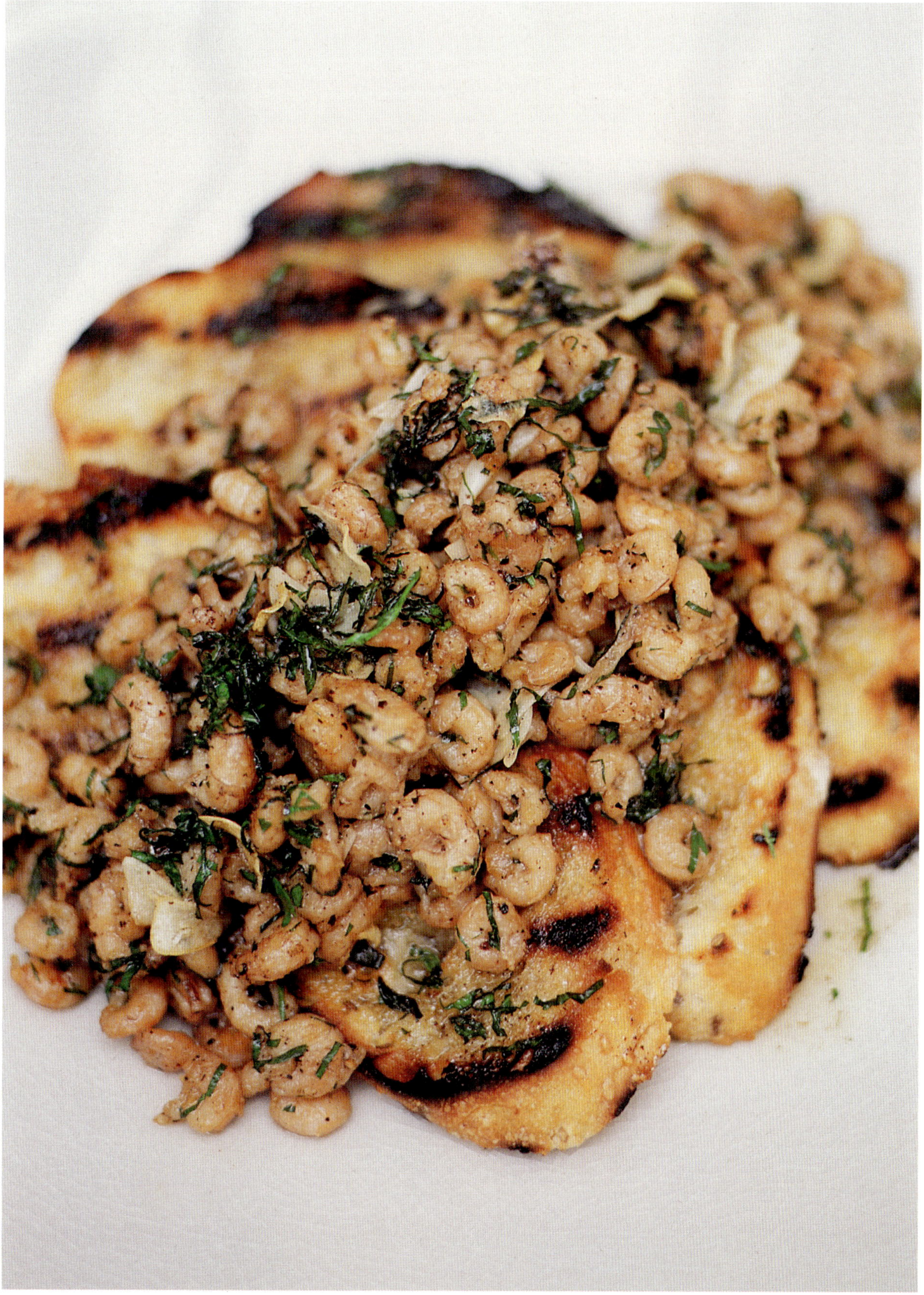

1 manga madura
1 cauda de lagosta cozida, descascada e cortada ao meio
    transversalmente
2 patas de lagosta cozidas
200 g de camarões pré-cozidos descascados
um punhadinho de folhas de rúcula baby
1 noz-moscada inteira para ralar

**PARA O VINAGRETE**
4 colheres (sopa) de azeite extravirgem
1 colher (sopa) de vinagre de vinho de arroz
sal marinho e pimenta-do-reino moída na hora

DUAS PORÇÕES

# SALADA DE CAMARÃO COM MANGA E LAGOSTA

Corte a polpa da manga, separando-a do caroço, e fatie fino. Pique algumas das fatias em quadradinhos e reserve.

Divida as fatias de manga entre dois pratos, sobrepondo-as levemente. Coloque um pedaço de cauda de lagosta no centro de cada porção e espalhe em volta a carne das patas, os camarões, a manga picada e a rúcula.

Bata todos os ingredientes do vinagrete e respingue sobre a salada. Finalize ralando bastante noz-moscada por cima.

Para uma apresentação menos formal... misture todos os ingredientes em uma saladeira grande e rale bastante noz-moscada por cima.

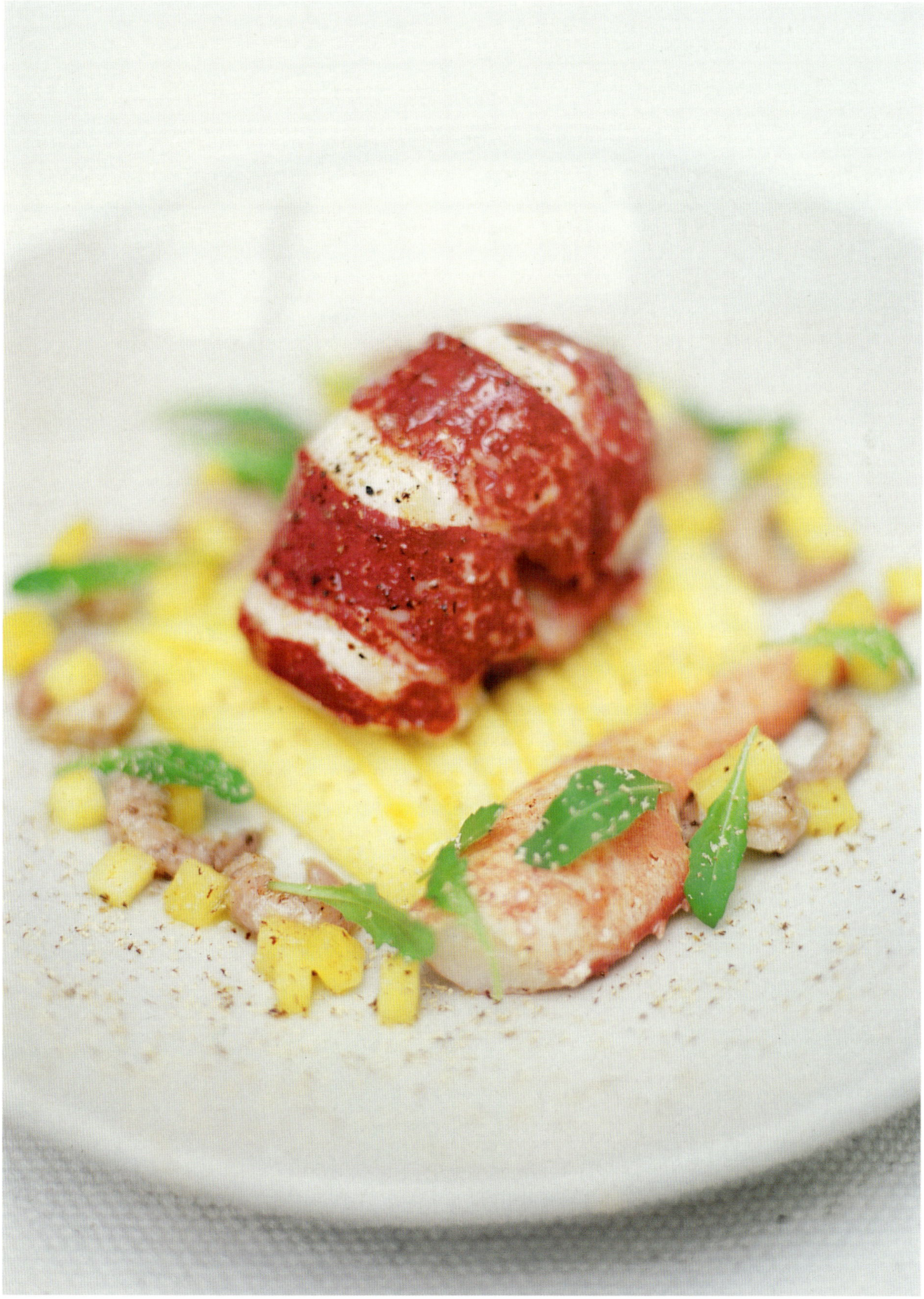

250 g de massa folhada pronta
200 g de camarões pré-cozidos descascados
100 g de carne de caranguejo
3 colheres (sopa) de maionese
2-3 colheres (sopa) de cebolinha picada
suco de ½ limão-siciliano pequeno
1 abacate pequeno maduro
suco de ½ limão
5 colheres (sopa) de crème fraîche (ou creme de leite fresco)
sal marinho e pimenta-do-reino moída na hora

QUATRO PORÇÕES

# TIAN DE CAMARÃO E CARANGUEJO COM ABACATE

Aqueça o forno a 200°C. Forre uma assadeira grande com papel vegetal.

Abra a massa em uma superfície enfarinhada até ficar com 3 mm de espessura; corte um retângulo com 28 cm x 15 cm. Coloque sobre o papel e cubra com outra folha igual. Coloque uma assadeira pesada por cima para manter a massa achatada. Asse por 7-10 minutos.

Tire do forno e retire a assadeira superior e a segunda camada de papel. Corte quatro círculos com 5 cm e quatro com 4 cm, deixando-os sobre o papel do forno. Descarte os restos de massa. Coloque outra folha de papel vegetal sobre os círculos de massa, cubra com uma assadeira e asse por 7-10 minutos, até ficar dourado e crocante. Retire a assadeira superior e deixe esfriar.

Misture o camarão com o caranguejo, a maionese, a cebolinha, o suco de limão-siciliano e sal e pimenta a gosto.

Parta o abacate ao meio, retire o caroço e passe a polpa para uma tigela usando uma colher. Junte o suco de limão e 1 colher (sopa) de crème fraîche. Bata com um batedor manual até uniformizar. Tempere com sal e pimenta a gosto.

Para modelar cada tian, coloque um círculo de massa com 5 cm em um prato. Segure sobre ele um aro de metal com cerca de 5 cm de diâmetro e 7,5 cm de altura. Encha-o com ¼ da mistura de camarão e caranguejo e aperte bem. Erga o aro com cuidado e cubra o tian com 1 colher (sopa) de crème fraîche, espalhando bem. Encaixe por cima um círculo de massa de 4 cm. Decore com uma quenelle de purê de abacate e pimenta moída. Repita o procedimento para os três tians restantes.

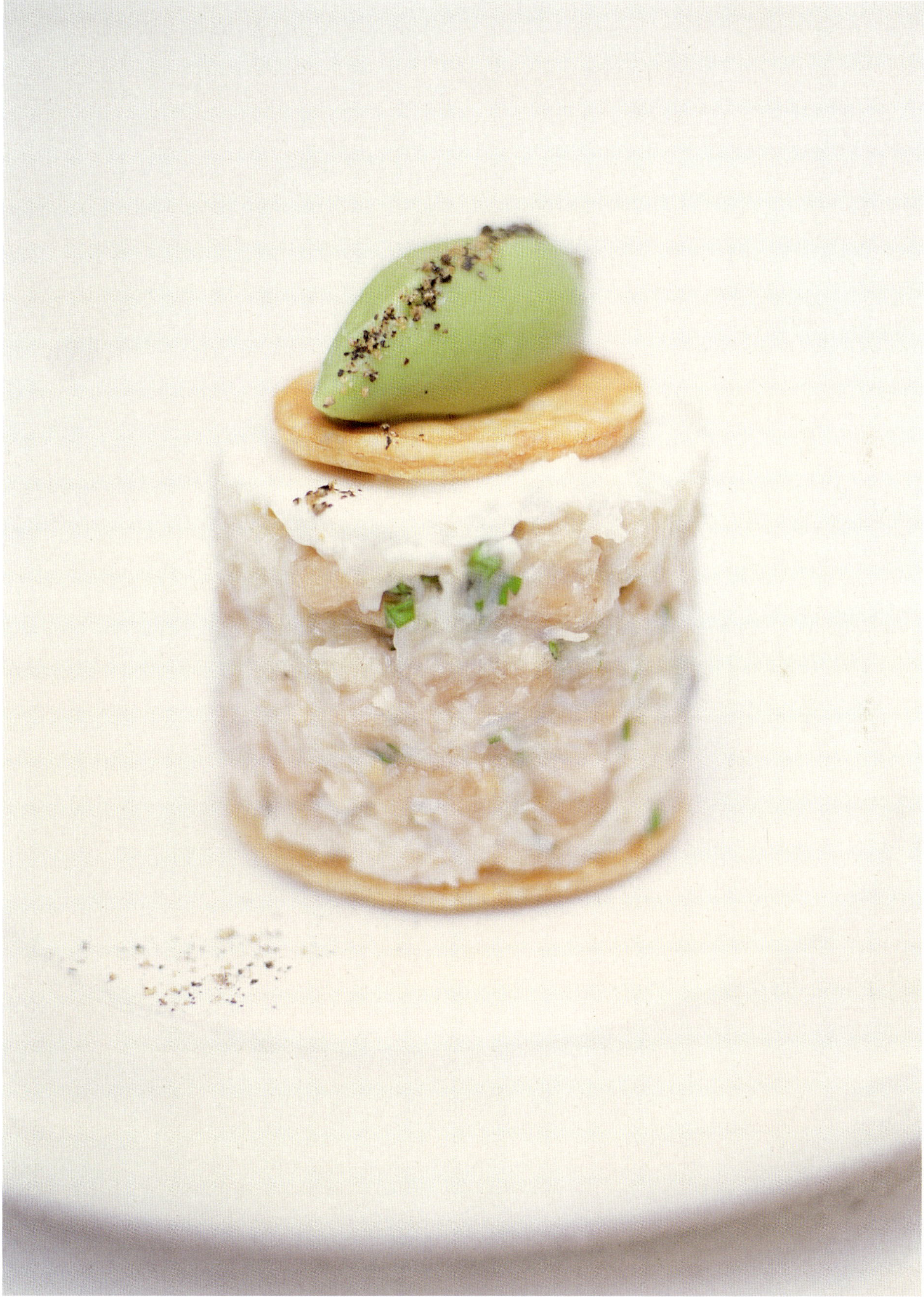

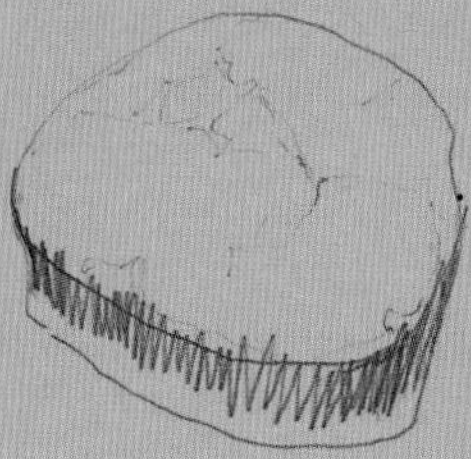

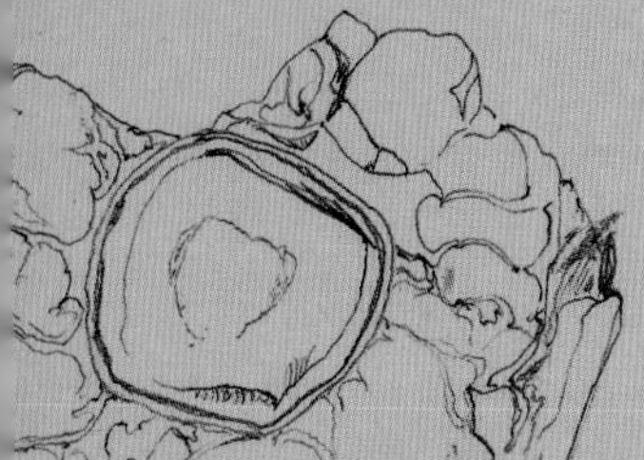

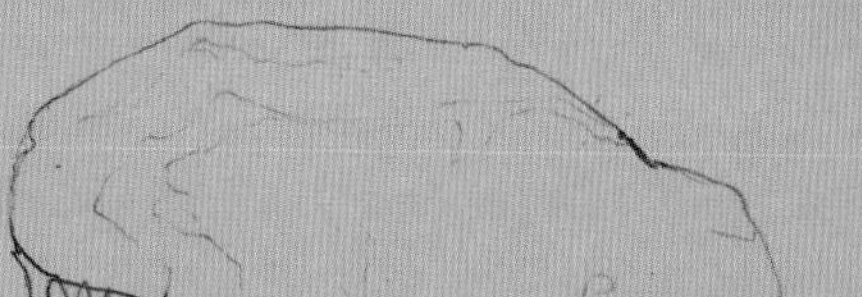

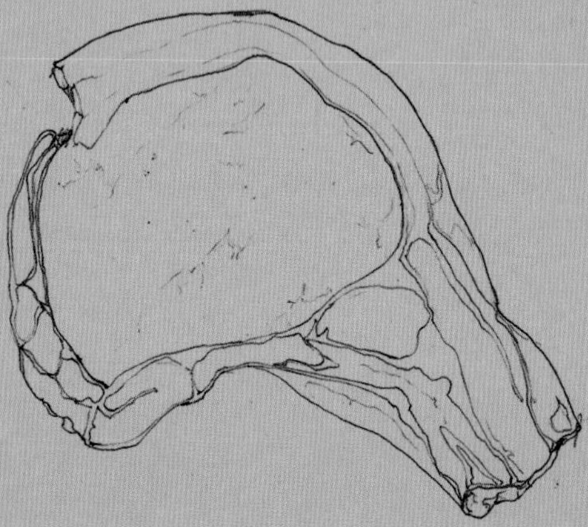

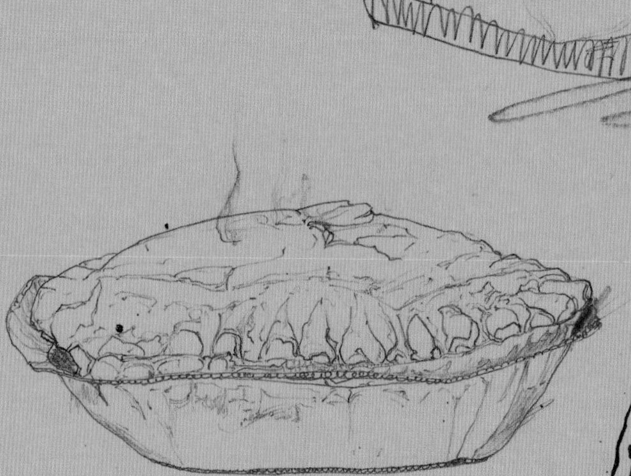

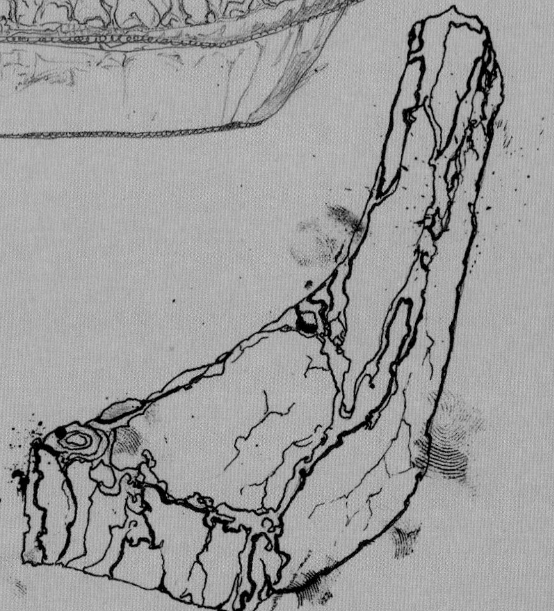

# CARNES

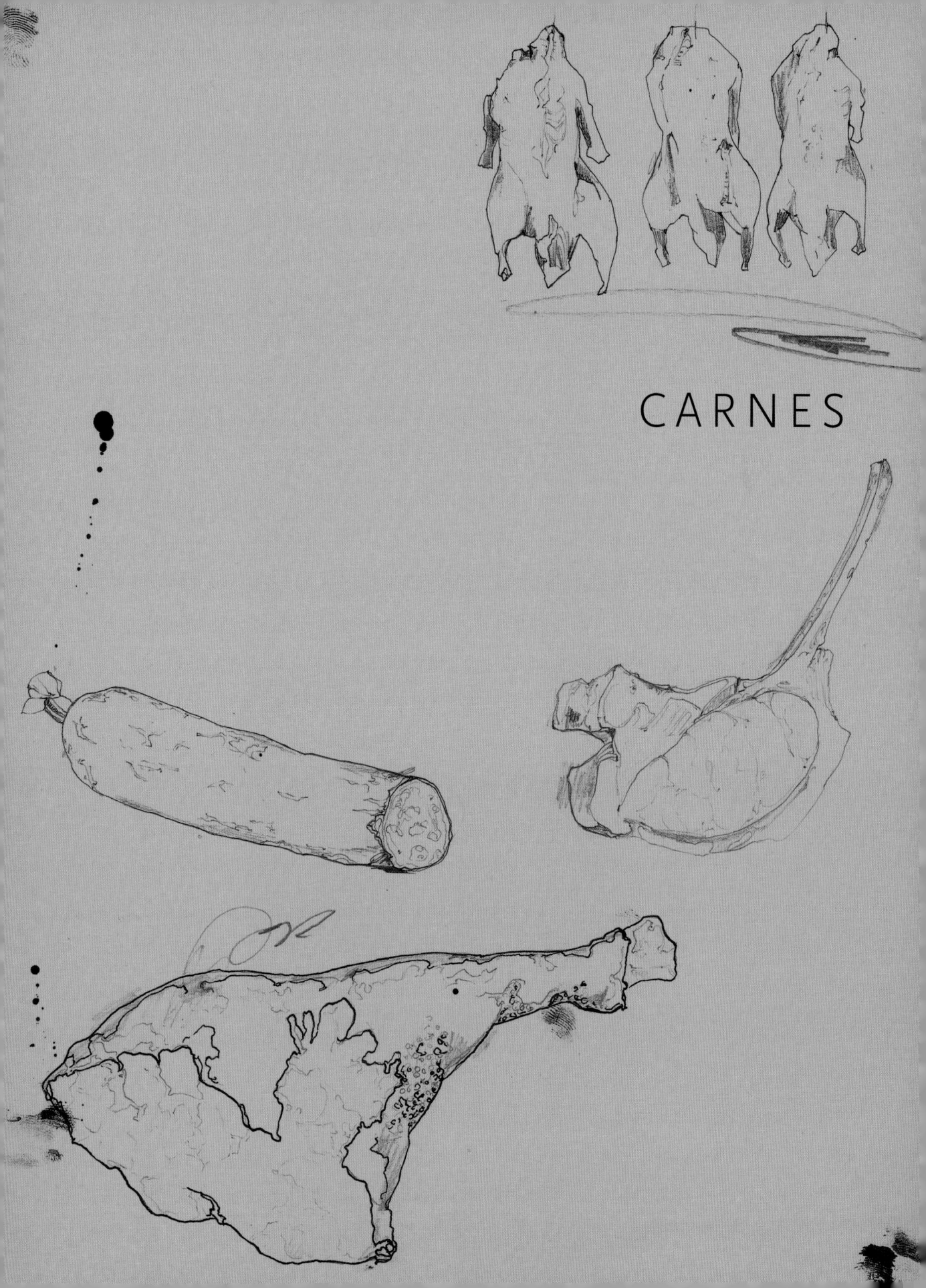

# BOI

Ao comprar carne de boi, escolha um peso com um leve marmorizado de gordura entre as fibras e uma gordura cremosa em volta dos cortes e dos filés. A carne que foi pendurada é mais saborosa e macia e terá uma coloração de vinho tinto, e não vermelho vivo. Um bom açougueiro saberá informar a procedência da carne e aconselhar sobre cortes, métodos e tempo de cozimento – informações vitais para se obter bons resultados.

1 peça de filé de rib eye sem osso (cerca de 1 kg)
100 ml de azeite
um punhadinho de tomilho
um punhadinho de alecrim
1 cabeça de alho cortada ao meio transversalmente
tomates-cereja, de preferência com os ramos, e cebolinha madura para servir

**PARA AS CEBOLAS**
3 colheres (sopa) de óleo vegetal
750 g de cebolas sem casca e com as raízes
2 folhas de louro
alguns ramos de alecrim
200 ml de vinho do Porto
100 ml de caldo quente de carne
sal marinho e pimenta-do-reino

QUATRO PORÇÕES

## CHURRASCO DE RIB EYE

Coloque a carne em um saco plástico com o azeite, as ervas e o alho. Feche bem e deixe marinar na geladeira durante a noite. Retire cerca de 1 hora antes de cozinhar.

Para preparar as cebolas, aqueça o óleo em uma frigideira grande em fogo médio. Adicione as cebolas, o louro, o alecrim, sal e pimenta. Refogue por cerca de 10 minutos, até dourar por igual. Junte o vinho do Porto e espere encorpar. Misture o caldo de carne e ferva até reduzir pela metade. Coloque sobre uma folha dupla e larga de papel-alumínio e feche como se fosse um porta-moedas.

Acenda a churrasqueira. Espere as chamas cessarem, o carvão ficar esbranquiçado e a temperatura estar média.

Retire a carne da marinada e tempere com sal e pimenta. Coloque na grade da churrasqueira junto com as ervas marinadas. Asse por 45-60 minutos se quiser malpassada/ao ponto (o tempo de cozimento depende da sua churrasqueira e da espessura da carne). Vire a cada 15 minutos, inclusive sobre o lado da gordura, e tente manter uma temperatura constante. Se preciso, coloque a grade mais longe do fogo ou arraste a carne para as pontas dela, se o calor estiver intenso demais.

Ponha a trouxinha com as cebolas sobre a grade depois de 30 minutos, e no final do cozimento asse os tomates e as cebolas. Deixe a carne descansar em local aquecido por 5-10 minutos antes de fatiar para servir.

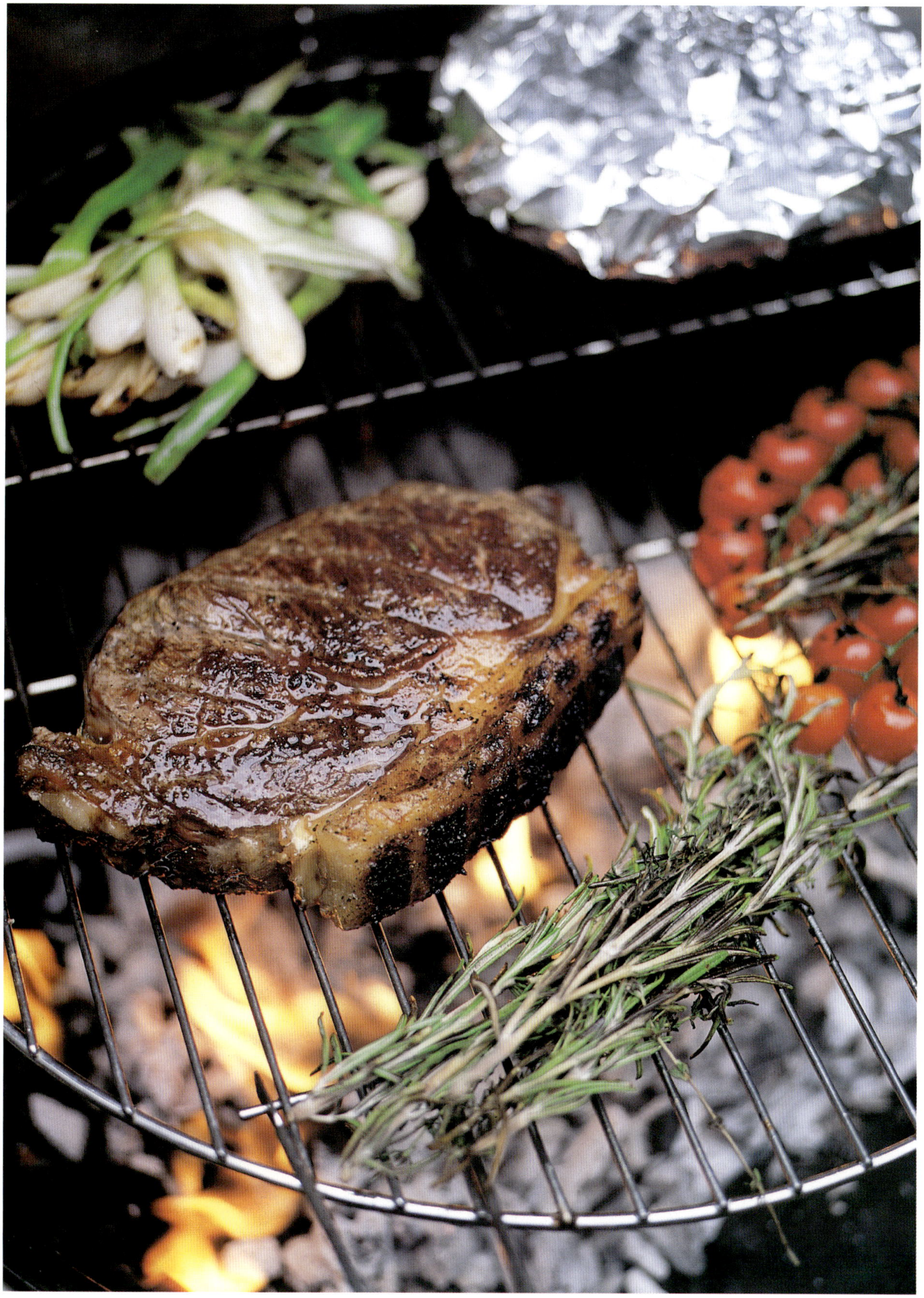

6 colheres (sopa) de óleo vegetal
2 cebolas bem picadas
2 dentes de alho amassados
200 g de cogumelos-de-paris cortados em quartos
500-600 g de alcatra em cubos
farinha de trigo com sal e pimenta-do-reino para empanar
200 ml de vinho tinto seco
600 ml de caldo quente de carne
4 colheres (sopa) de molho barbecue
1 colher (chá) de molho inglês
um punhadinho de tomilho
2 folhas de louro
500 g de batatas redondinhas descascadas e picadas
sal marinho e pimenta-do-reino moída na hora

**PARA A MASSA**
200 g de farinha de trigo
uma pitada de sal refinado
100 g de manteiga sem sal gelada picada

**PARA AS CEBOLAS AO VINAGRETE**
cerca de 400 ml de vinagre de malte
1 cebola grande fatiada fino

QUATRO PORÇÕES

# CAÇAROLA DA MAMÃE

Aqueça o forno a 160°C.

Esquente 2 colheres (sopa) de óleo em uma panela de 2 litros que possa ir ao forno. Refogue a cebola e o alho com um pouco de sal, até dourar levemente. Retire com uma escumadeira e reserve. Adicione 2 colheres (sopa) de óleo e refogue os cogumelos. Retire e junte às cebolas.

Passe pela farinha temperada os cubos de carne. Aqueça o óleo restante e frite a carne em duas porções, até dourar. Retire e reserve. Adicione o vinho à panela e raspe o fundo para soltar os pedacinhos agarrados. Apure até encorpar. Junte o caldo, os molhos e as ervas. Misture e espere ferver. Acrescente a cebola, o alho, os cogumelos e a carne. Tampe e leve ao forno por 2 horas. Adicione as batatas no meio do cozimento.

Faça a massa. Peneire a farinha e o sal em uma tigela. Adicione a manteiga e amasse. Misture aos poucos 3-4 colheres (sopa) de água gelada, até obter uma massa firme. Embrulhe e leve à geladeira ao menos por 1 hora. Retire 15 minutos antes de usar.

Prepare a cebola. Aqueça o vinagre em uma panela, coloque em uma tigela grande e misture a cebola. Cubra e reserve.

Tire a caçarola do forno e deixe esfriar por cerca de 30 minutos. Aumente a temperatura para 200°C.

Abra a massa e corte um círculo 2,5 cm maior que a borda da panela. Retire as ervas da carne e verifique o tempero. Pincele a borda da panela com água. Encaixe a massa e aperte bem para selar. Pincele com água e faça um furo no centro. Recoloque no forno por 25-30 minutos, até dourar bem. Deixe descansar em local aquecido por 10 minutos. Sirva com a cebola.

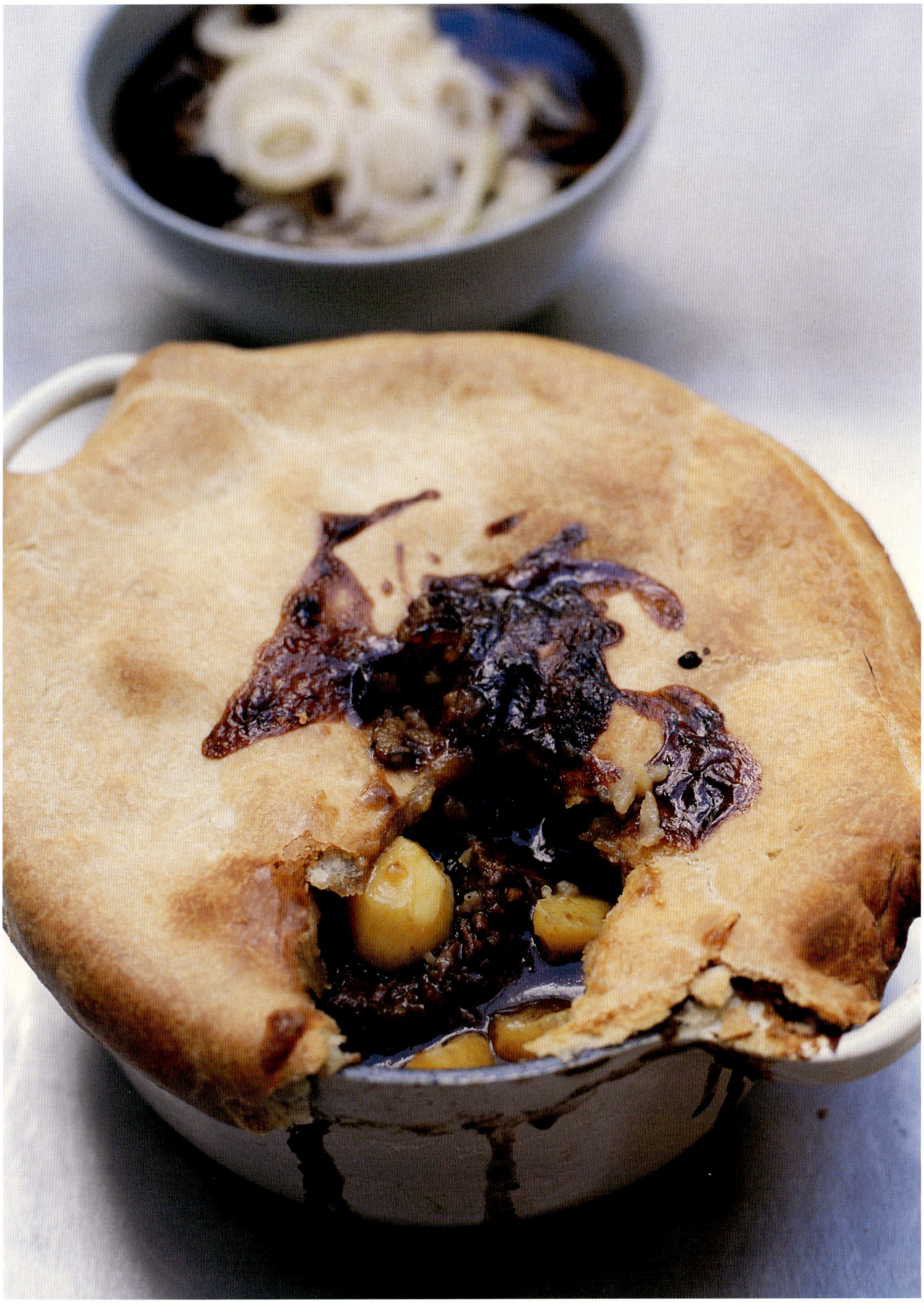

QUATRO PORÇÕES

2 rabos de boi grandes, cada um cortado em 4 juntas
farinha de trigo para cobrir
cerca de 150 ml de óleo vegetal
1 colher (chá) de sal refinado
cerca de 1 litro de caldo quente de carne
3 nabos
3 pastinacas (ou mandioquinhas)
3 cenouras
1 cabeça de alho cortada ao meio transversalmente
um punhadinho de tomilho amarrado
um punhadinho de louro
sal marinho e pimenta-do-reino moída na hora

PARA A MARINADA
um punhadinho de tomilho
2 folhas de louro
2 pauzinhos de canela
2 cebolas picadas grosseiramente
1 cenoura picada grosseiramente
750 ml de vinho tinto encorpado (merlot ou cabernet sauvignon)

# RABADA COM VINHO TINTO

Faça a marinada. Amarre o tomilho com o louro e a canela, formando um buquê garni. Coloque em uma tigela junto com as cebolas e a cenoura. Junte a carne e o vinho. Cubra e leve à geladeira durante a noite.

Erga a carne, escorra sobre papel-toalha e passe pela farinha. Coe o vinho em uma panela (reserve os legumes e o buquê garni) em fogo baixo. Retire a espuma que subir à superfície.

Enquanto isso, aqueça 3 colheres (sopa) de óleo em uma caçarola refratária em fogo médio/alto e sele a carne, em duas porções, até dourar de todos os lados. Se for preciso, adicione mais óleo. Reserve.

Doure os legumes marinados na mesma panela. Adicione o vinho e espere reduzir à metade. Junte o buquê garni, o sal refinado e a carne. Acrescente bastante caldo para cobrir. Encaixe um círculo de papel vegetal sobre o líquido e mantenha em fogo baixo por 2h30-3h, até a carne ficar bem macia. Vá retirando a gordura que subir à superfície de vez em quando.

Enquanto isso, descasque os tubérculos e corte-os ao meio ou em pedaços grandes, dependendo do tamanho. Aqueça 4 colheres (sopa) de óleo em uma frigideira grande de fundo grosso em fogo médio/alto. Adicione os tubérculos, o alho, o tomilho e o louro. Tempere com sal e pimenta e frite até dourar.

Quando a rabada estiver macia, misture os tubérculos cozidos. Cubra com o papel vegetal e cozinhe por 40 minutos, até amaciar. Retire a gordura da superfície e verifique o tempero do caldo antes de servir.

Se preferir... prepare a rabada no forno, a 160°C.

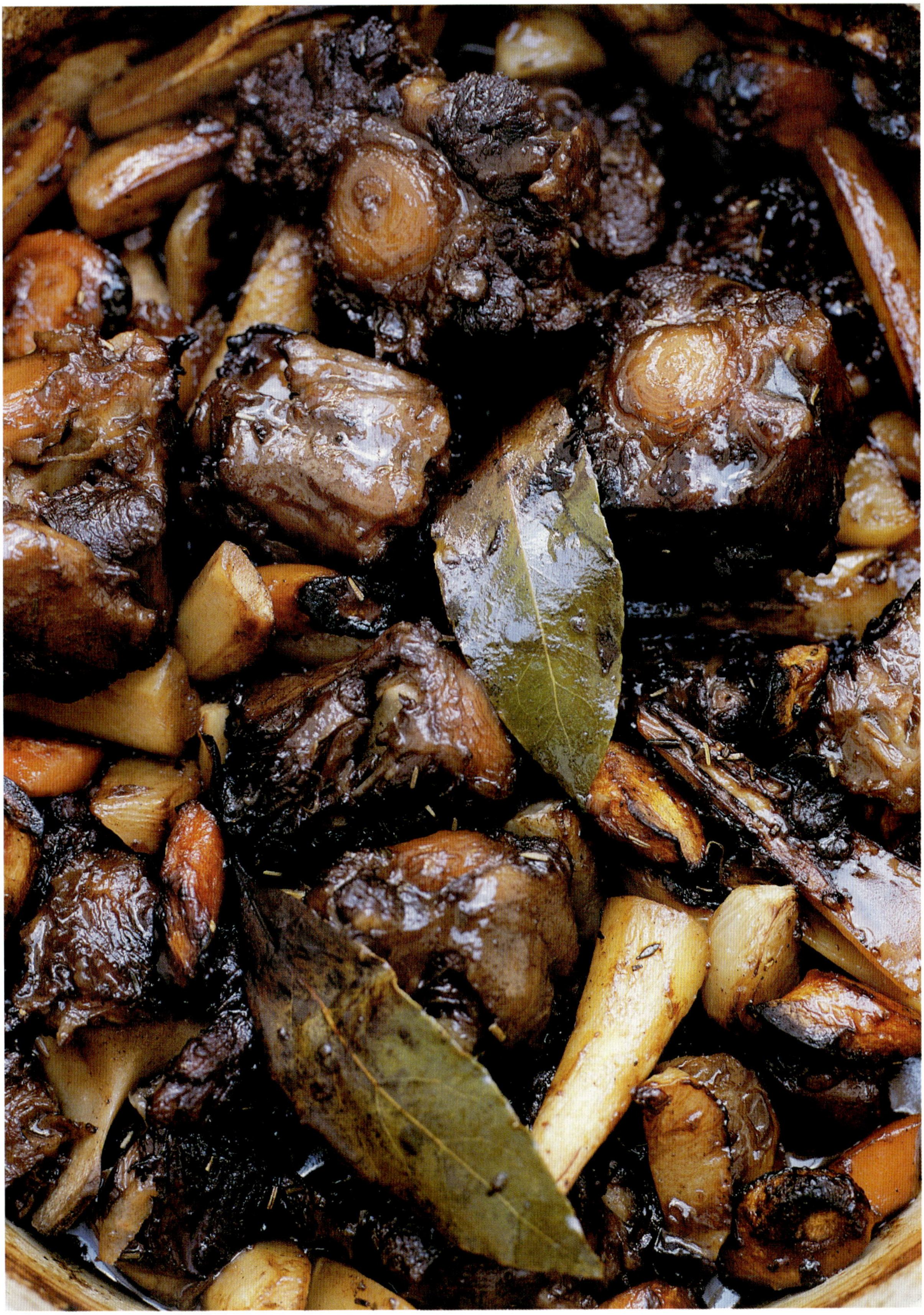

500 g de folhas de espinafre
sal refinado
6 folhas de lasanha seca
50 g de queijo cheddar maturado
 (ou mussarela) ralado

**PARA O MOLHO DE CARNE**
1 cebola bem picada
2 dentes de alho amassados
1 ramo de alecrim
azeite ou óleo vegetal
500 g de carne de boi magra moída
400 g de tomate em lata peneirado
50 g de feijão-preto cozido, salgado
 e escorrido

1 colher (chá) de açúcar (qualquer tipo)
1 colher (chá) de molho agridoce
 de pimenta

**PARA O MOLHO DE QUEIJO**
40 g de manteiga sem sal
40 g de farinha de trigo
500 ml de leite
1 folha de louro
1 noz-moscada inteira para ralar
50 g de queijo cheddar maturado
 (ou mussarela) ralada
sal marinho e pimenta-do-reino
 moída na hora

**SEIS PORÇÕES**

# LASANHA COM ESPINAFRE E FEIJÃO

Mergulhe o espinafre em uma panela grande com água salgada fervente. Espere voltar a ferver e cozinhe por 1 minuto. Despeje em um escorredor de macarrão e esfrie sob água corrente. Aperte para retirar o excesso de água.

Faça o molho de carne. Amacie a cebola com o alho e o alecrim em uma frigideira grande e funda em fogo médio, com um pouco de azeite ou óleo. Junte a carne e doure levemente, desfazendo os pedaços. Misture os tomates, o feijão, o açúcar e o molho de pimenta. Cozinhe em fogo baixo por 15-20 minutos, até obter um molho encorpado. Retire o alecrim.

Preaqueça o forno a 200°C.

Cozinhe as folhas de lasanha, uma por vez, em água fervente salgada por 2 minutos. Escorra. Esfrie sob água corrente.

Para o molho de queijo, derreta a manteiga em uma panela em fogo baixo. Salpique a farinha e misture bem. Toste por alguns minutos e depois adicione o leite aos poucos, batendo até uniformizar. Junte o louro e rale noz-moscada a gosto por cima. Aumente a temperatura e cozinhe por 5 minutos, batendo sem parar. Tire do fogo, descarte o louro e misture o queijo. Tempere com sal e pimenta a gosto.

Monte a lasanha em uma travessa. Comece com 1/3 do molho de carne seguido por 1/3 do espinafre, duas folhas de massa e 1/3 do molho de queijo. Repita as camadas duas vezes e cubra com o queijo ralado. Asse por 35-40 minutos. Deixe descansar em local aquecido por 10 minutos e sirva.

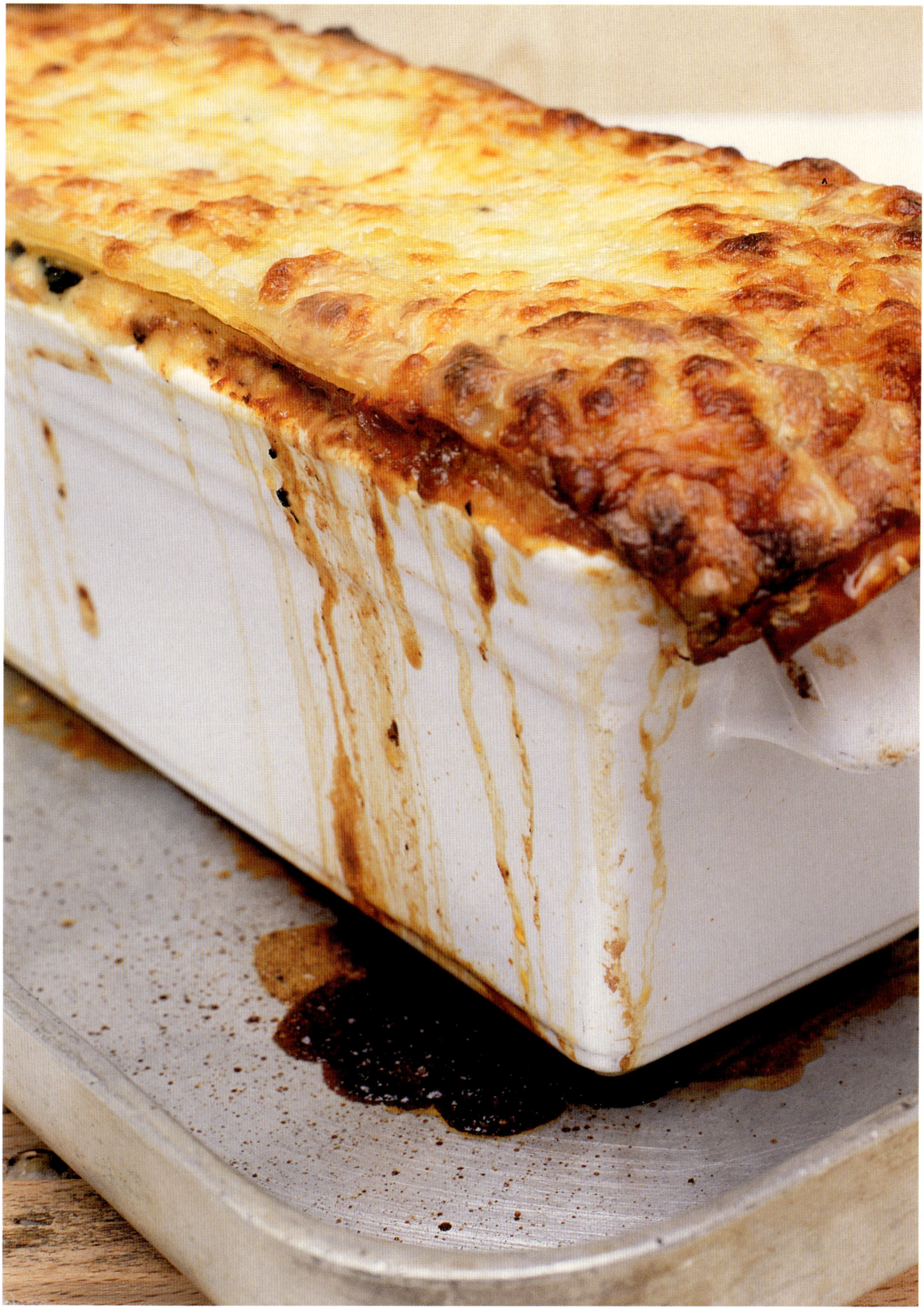

# CORDEIRO

Procure carne de cordeiro de boa qualidade, mais macia e saborosa. As de um vermelho mais intenso parecem pré-temperadas, porém é o seu sabor natural, devido ao tipo de alimentação dos animais em seu habitat.

2 racks de cordeiro com corte francês, cada um com 6 ossos e a camada externa de gordura retirada
2 colheres (sopa) de sementes de erva-doce
1 colher (sopa) de sementes de cominho
1 colher (chá) de pimenta-do-reino moída grosseiramente
100 ml de iogurte natural
folhas de um punhadinho de hortelã
folhas de um punhadinho de coentro
azeite para respingar

TRÊS PORÇÕES

## COSTELETAS DE CORDEIRO EM ESTILO INDIANO

Peça ao seu açougueiro para cortar cada rack em 3 costeletas duplas, com 2 ossos cada, e retire um deles.

Toste as sementes de erva-doce e cominho com a pimenta em uma frigideira sem óleo, em fogo baixo/médio, por alguns minutos. Quando começar a soltar aroma, bata no liquidificador com o iogurte e as ervas, até obter uma pasta encorpada. Ponha as costeletas em um prato e esfregue com o iogurte condimentado. Cubra e deixe marinar na geladeira durante a noite.

No dia seguinte, aqueça o forno a 180°C.

Esquente bem uma panela-grelha. Sele a carne em fogo médio/alto por cerca de 10 minutos, respingando o azeite e virando uma vez. Coloque em uma assadeira, cubra com papel-alumínio e leve ao forno por 20-25 minutos. Deixe descansar em local aquecido por cerca de 5 minutos e sirva.

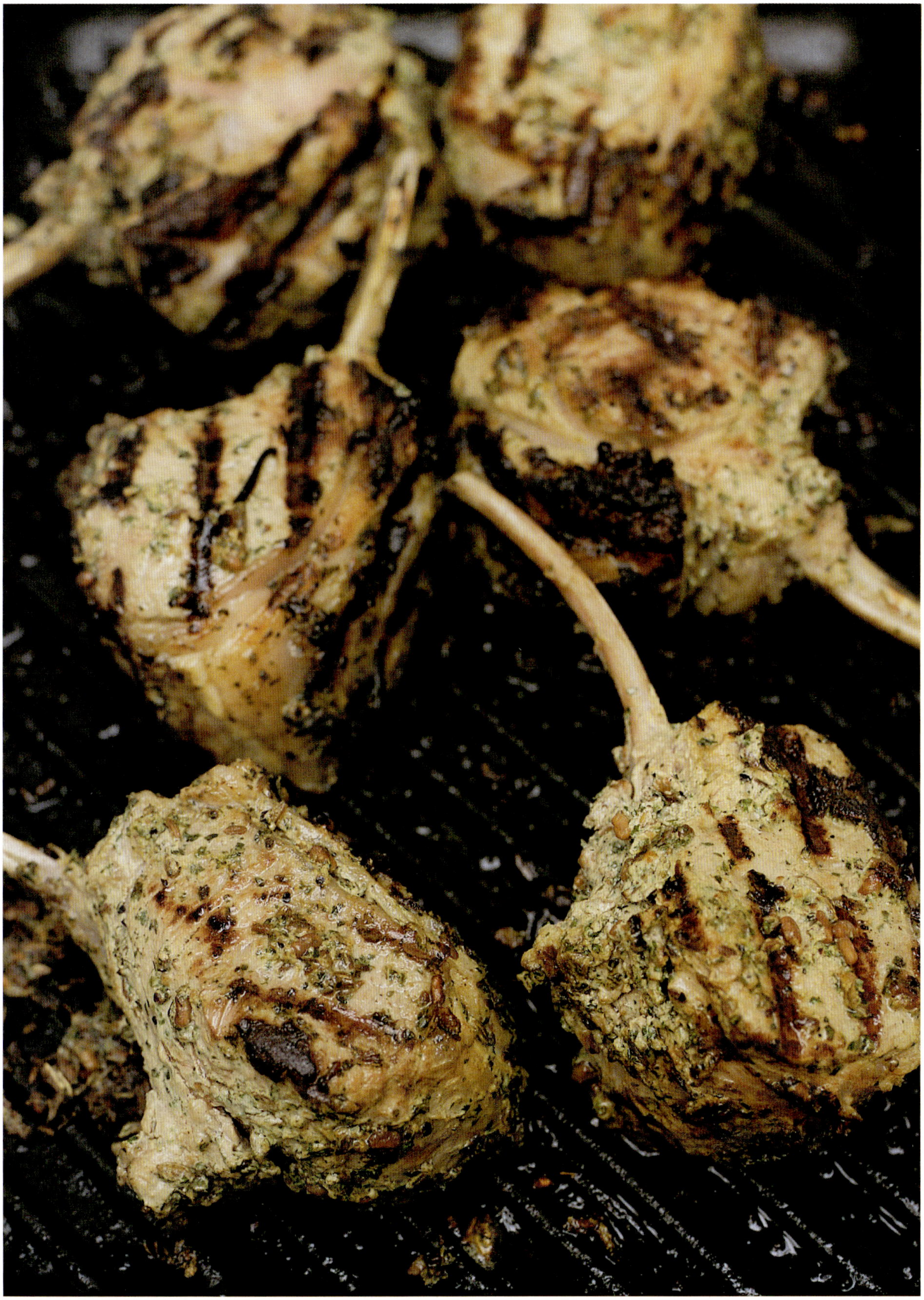

1 colher (chá) de coentro moído
1 colher (chá) de cominho em pó
1 colher (chá) de pimenta-do-reino moída grosseiramente
500 g de carne de cordeiro moída
1 cebola bem picada
2 dentes de alho amassados
folhas de um punhado de salsa bem picadas
folhas de um punhado de hortelã bem picadas
3 colheres (sopa) de shoyu
1 colher (sopa) de molho agridoce de pimenta
½ colher (chá) de sal refinado
óleo vegetal

**PARA A RAITA**
1 colher (sopa) de sementes de cominho
½ pepino
200 g de iogurte natural
sal marinho e pimenta-do-reino moída na hora

QUATRO PORÇÕES

# ESPETINHOS DE CORDEIRO COM RAITA

Faça a raita. Toste as sementes de cominho em uma frigideira sem óleo em fogo baixo/médio por alguns minutos, até soltar aroma. Triture levemente com um pilão ou a ponta de um rolo de macarrão. Descasque o pepino, corte ao meio no sentido do comprimento e retire as sementes. Rale a polpa sobre papel-toalha. Embrulhe e aperte para retirar o excesso de líquido. Misture o cominho, o pepino e o iogurte em uma tigela e tempere com sal e pimenta a gosto. Cubra e leve à geladeira até a hora de servir.

Para os espetinhos, toste o coentro moído, o cominho e a pimenta como indicado acima e coloque em uma tigela. Junte os demais ingredientes, menos o óleo. Trabalhe a mistura com as mãos até dar liga. Divida entre 12 espetos, modelando e apertando a carne firmemente em torno deles. Coloque em uma bandeja.

Aqueça bem uma panela-grelha grande em fogo médio. Pincele os espetinhos com óleo e grelhe por 12-15 minutos, virando sempre, até dourar por igual. Deixe descansar em local aquecido por 5 minutos e sirva com a raita.

Experimente também... modelar a carne em torno de palitos e servir como canapé. Nesse caso, grelhe por apenas 4-5 minutos.

folhas de um punhado de alecrim
12 dentes de alho descascados e cortados em quartos
4 colheres (sopa) de azeite
15 g de sal marinho ou grosso
1 paleta de cordeiro com osso, de cerca de 2 kg
batatas cerosas (baraka ou bintje), cozidas e passadas na manteiga
sal marinho para servir

PARA OS LEGUMES
7 colheres (sopa) de azeite
1-2 punhados de cenourinhas orgânicas e cortadas ao meio no sentido do comprimento
alguns ramos de alecrim e tomilho
2-3 cabeças de alho cortadas ao meio transversalmente
500 g de ervilhas frescas ou congeladas
folhas rasgadas de um punhadinho de hortelã
sal marinho e pimenta-do-reino moída na hora

SEIS PORÇÕES

# PALETA DE CORDEIRO ASSADA COM LEGUMES

Aqueça o forno a 160°C.

Bata o alecrim e o alho no liquidificador com o azeite e o sal até ficar bem picado. Ponha a carne em uma assadeira e besunte por inteiro com a mistura, usando as mãos. Cubra com papel-alumínio e asse por 2 horas. Tire do forno e deixe descansar enquanto cozinha os legumes e o alho.

Aqueça 4 colheres (sopa) de azeite em uma frigideira em fogo médio. Junte as cenouras, o alecrim, o tomilho, sal e pimenta e refogue por cerca de 15 minutos, mexendo sempre, até amaciar.

Enquanto isso, frite o alho – com o lado do corte para baixo – em uma frigideira separada com 1 colher (sopa) de azeite quente por cerca de 5 minutos, até dourar bem. Cozinhe as ervilhas em uma panela com água salgada fervente por 3 minutos, até amaciar. Escorra e amasse levemente junto com a hortelã e cerca de 2 colheres (sopa) de azeite.

Trinche a carne e sirva com o alho, as cenouras, as ervilhas e as batatas.

Esse tempo de cozimento é para carne malpassada... se preferir, mantenha no forno mais um pouco: em apenas 15 minutos, ela ficará ao ponto.

2 filés de cordeiro, da parte baixa do pescoço
óleo vegetal
1 baguete grande cortada ao meio no sentido do comprimento
sal marinho e pimenta-do-reino moída na hora

PARA O MOLHO DE HORTELÃ
50 g de açúcar
50 ml de vinagre de vinho branco
folhas de 1 punhado de hortelã

QUATRO PORÇÕES

# BAGUETE COM CORDEIRO E MOLHO DE HORTELÃ

Primeiro faça o molho de hortelã. Dissolva o açúcar no vinagre em uma panela pequena em fogo baixo. Espere ferver e apure por 5 minutos. Deixe esfriar por 10 minutos. Junte as folhas de hortelã e bata com um mixer, até ficar grosseiramente picado. Reserve.

Corte a carne na diagonal, em fatias com 1 cm de espessura. Tempere com sal e pimenta. Aqueça um pouco de óleo em uma frigideira em fogo médio/alto e frite os filés por 5-9 minutos, até ficarem selados dos dois lados.

Enquanto isso, aqueça uma panela-grelha.

Tire a carne da frigideira (reserve o líquido) e deixe descansar em local aquecido por 5 minutos, com o lado do corte para baixo, enquanto tosta o pão na grelha.

Coloque os filés sobre a metade inferior da baguete. Respingue com o líquido da frigideira e o molho de hortelã. Cubra com a outra metade do pão. Corte em quartos e sirva.

As sobras de carneiro assado... também podem ser servidas assim. Fatie como de costume e sirva frio, ou embrulhe a carne fatiada em papel-alumínio e aqueça no forno, a 190°C, por 10 minutos.

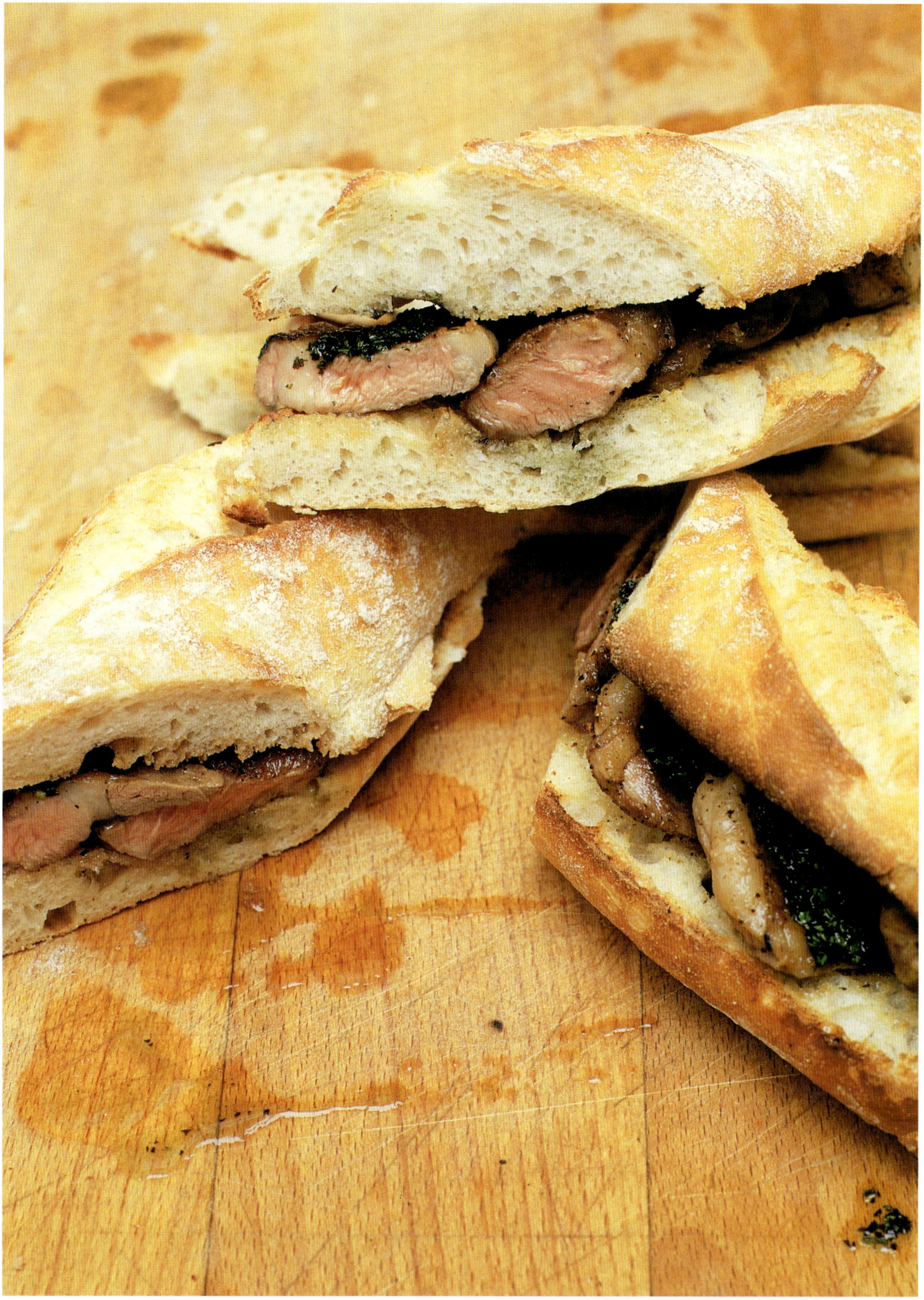

# PORCO

O lombo de porco costumava ser o corte mais usado para assados, mas atualmente se sabe que a barriga, a paleta e o pernil são melhores. O motivo é o seu percentual de gordura, que faz esses cortes praticamente se untarem sozinhos, tornando-os mais saborosos e suculentos. O lombo em geral é muito magro para ser assado, embora as costeletas possam ser boas. O segredo está em não cozinhá-las demais. A carne de porco bem-passada fica seca e dura, não é aconselhável.

1 paleta suína desossada (cerca de 1,5 kg) com a capa sulcada a faca
óleo vegetal
sal marinho e pimenta-do-reino moída na hora

PARA O RECHEIO
200 g de carne de linguiça de porco
100 g de migalhas de pão
2 colheres (chá) de sálvia picada
1 cebola bem picada
raspas de 2 limões
2 colheres (sopa) de manteiga derretida
1 ovo caipira médio batido
½ colher (chá) de sal refinado

SEIS PORÇÕES

## PORCO ASSADO COM RECHEIO DE SÁLVIA, CEBOLA E LIMÃO

Preaqueça o forno a 180°C.

Coloque a paleta aberta sobre uma tábua de picar, com o lado da capa para baixo. Misture os ingredientes do recheio e alinhe no centro da carne. Enrole-a em volta e amarre com um barbante em intervalos regulares. Esfregue toda a peça com óleo, sal e pimenta.

Ponha a paleta em uma assadeira e leve ao forno por cerca de 2 horas, até o líquido sair claro quando você perfurar o centro com um espeto. Deixe descansar por cerca de 10 minutos antes de fatiar.

Se estiver difícil enrolar a paleta... retire um pouco da carne do meio para poder rechear. Se mesmo assim não der, coloque o que restar em uma assadeira e leve ao forno só por 45 minutos.

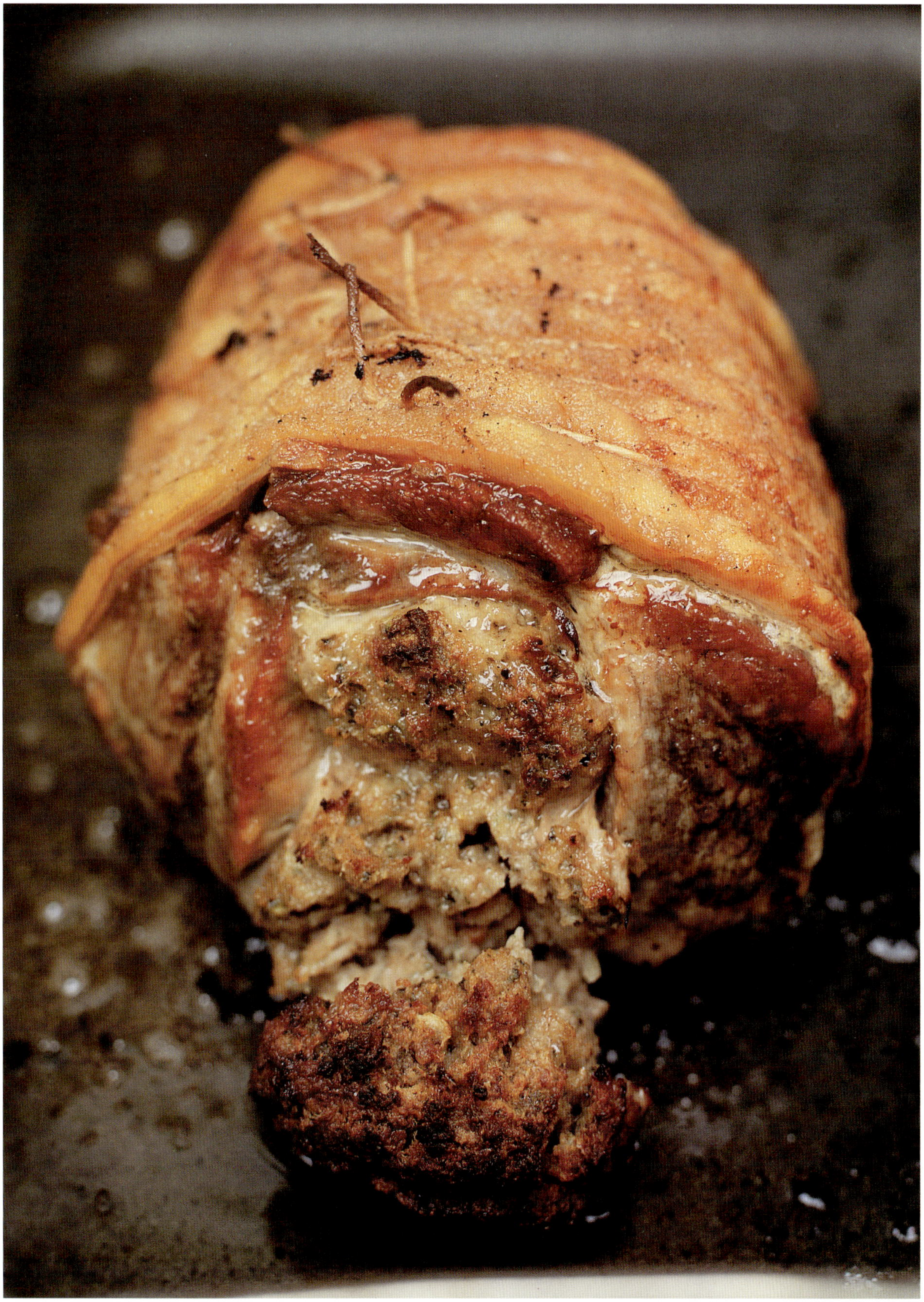

4 costeletas de lombo de porco
azeite
alguns ramos de tomilho
2 maços de alface-romana cortados ao meio no sentido do comprimento
algumas folhas de louro
alguns ramos de alecrim
300 ml de caldo quente de galinha

**PARA A MARINADA**
40 g de gengibre descascado e ralado
2 folhas de capim-cidreira bem picadas
3 colheres (sopa) de molho hoisin
2 colheres (sopa) de óleo de gergelim tostado

QUATRO PORÇÕES

# COSTELETAS DE PORCO EM ESTILO ASIÁTICO

Misture todos os ingredientes da marinada e espalhe uniformemente sobre os dois lados das costeletas. Coloque em um prato, cubra e leve à geladeira por um mínimo de 4 horas, ou durante a noite.

Aqueça o forno a 180°C.

Esquente um pouco de azeite em uma frigideira grande em fogo médio/alto. Junte as costeletas, alguns ramos de tomilho e sele até dourar bem dos dois lados. Retire e reserve.

Aqueça bem uma panela-grelha sem óleo em fogo médio/alto. Pincele o lado cortado dos maços de alface com azeite e coloque na panela, com o corte para baixo. Toste até dourar bem. Coloque em uma travessa refratária grande, com o lado tostado para cima. Salpique o louro e o alecrim. Distribua a carne por cima. Respingue o líquido da marinada e regue o caldo de galinha.

Cubra com papel-alumínio e asse por 15 minutos. Retire o papel e regue as costeletas com o líquido da travessa. Continue assando, sem cobrir, por cerca de 10 minutos. No final do cozimento a carne deve estar macia quando perfurada com um garfo na parte mais grossa. Deixe descansar em local aquecido por 5 minutos e sirva.

SEIS PORÇÕES

1 pedaço de barriga de porco desossada (cerca de 2 kg) com a capa sulcada a faca
óleo vegetal
sal marinho e pimenta-do-reino moída na hora

# CHURRASCO DE BARRIGA DE PORCO

Acenda a churrasqueira. Espere as chamas cessarem, o carvão deve ficar esbranquiçado e a temperatura estar média.

Esfregue toda a peça de carne com óleo, sal e pimenta e coloque sobre a grade da churrasqueira. Asse por cerca de 3 horas, virando de vez em quando. Tente manter a temperatura constante durante o cozimento, e tome cuidado para não deixar a carne escurecer demais ou chamuscar por fora. Talvez você precise mover a grade para mais longe do carvão, empurrar a carne para uma das pontas da grade ou mesmo retirá-la do fogo por alguns minutos – se o calor estiver muito intenso.

Deixe a carne descansar em local aquecido por 10 minutos, fatie em tiras grossas e sirva.

Para fazer churrasco com carne de porco… é importante que ela fique assada por completo, até o centro. Devido ao longo tempo de cozimento desta receita, será preciso reabastecer a churrasqueira com carvão para manter a temperatura constante.

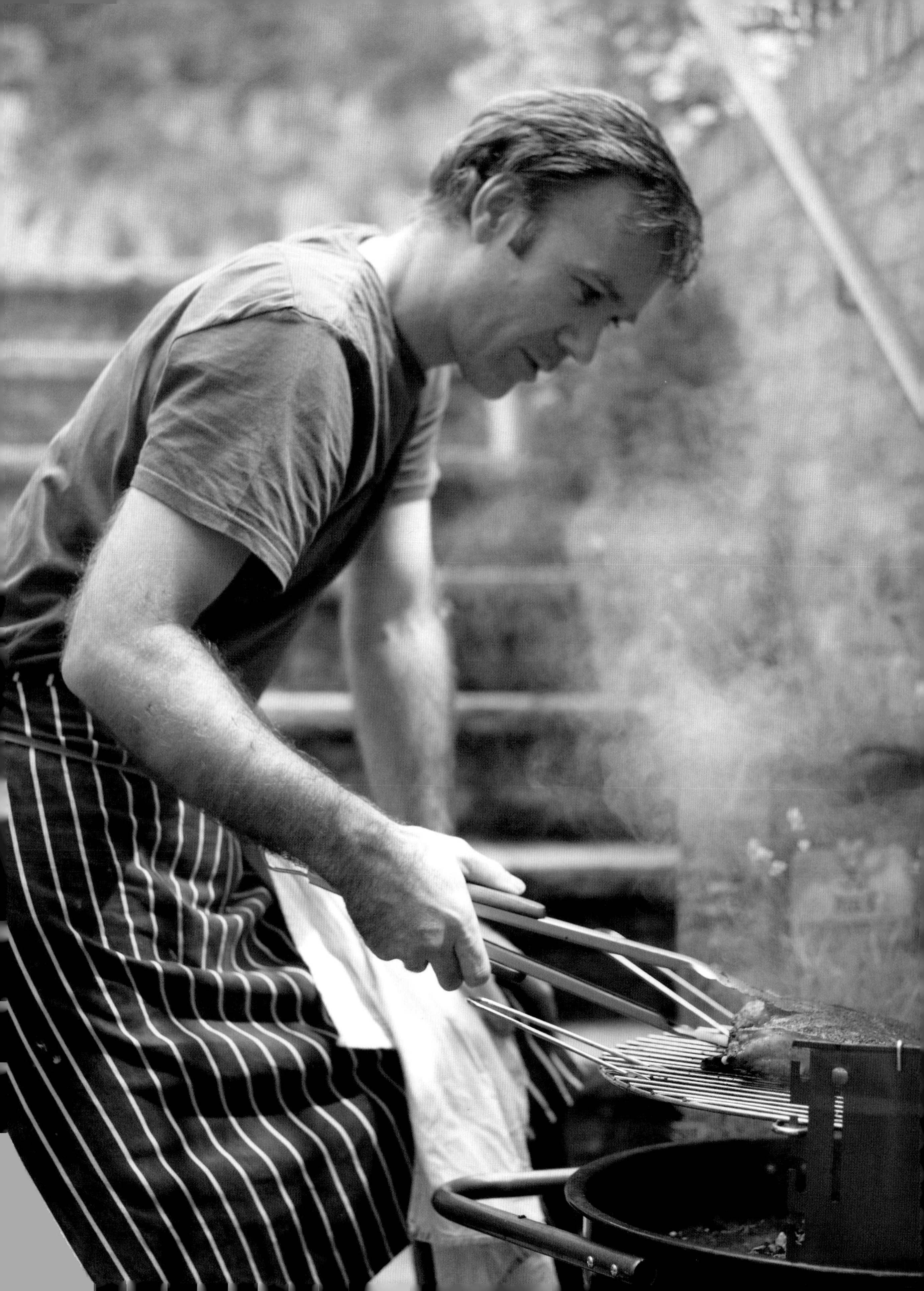

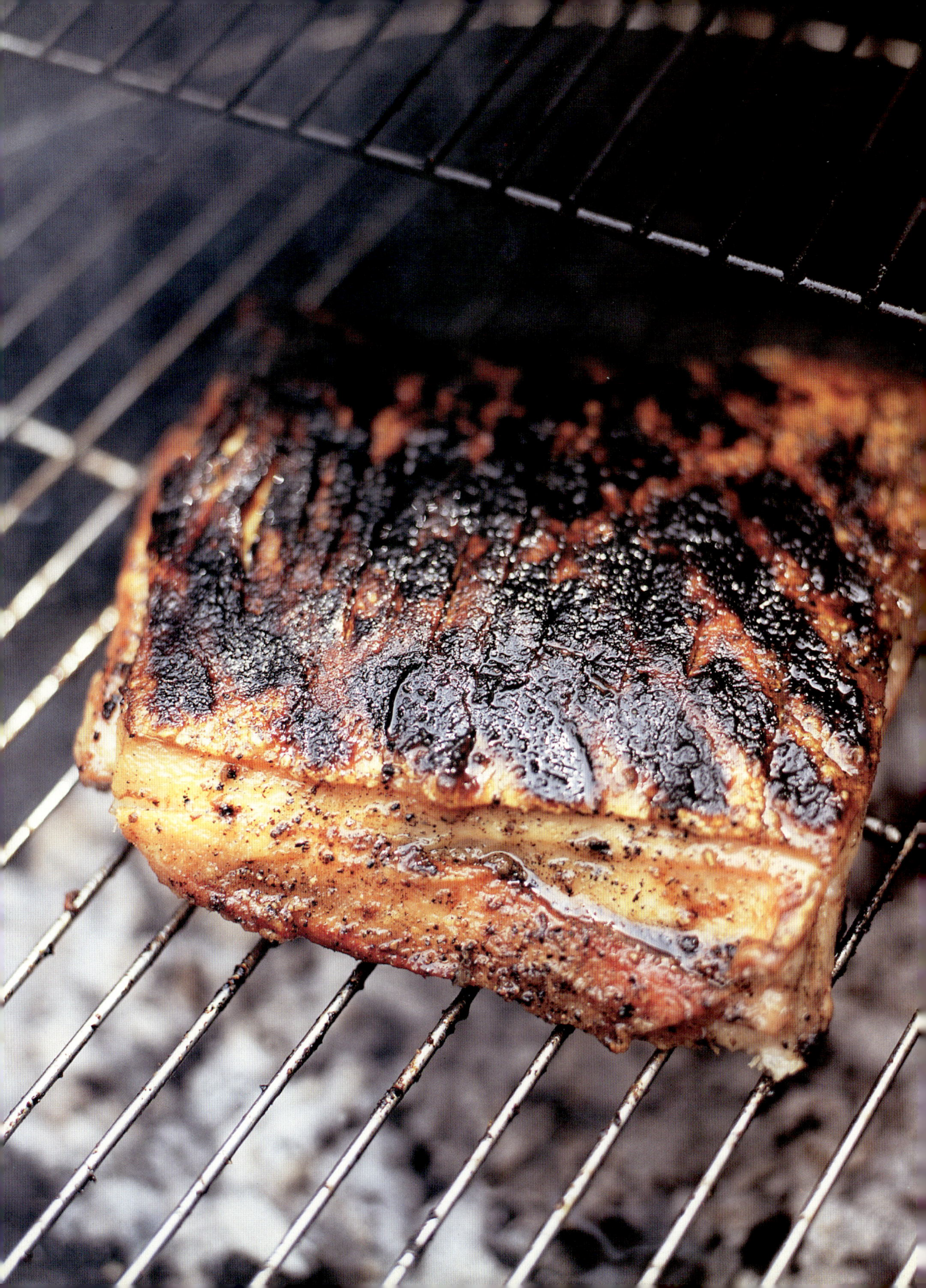

# FRANGO

Como alguém pode não gostar de frango? É uma carne versátil, de uso cotidiano e uma ótima fonte de proteína. O peito de frango, por exemplo: o que poderia ser mais simples e rápido de preparar? Basta cortar ao meio, abrir, temperar e grelhar, com pele, por 4-5 minutos de cada lado. Seja o frango inteiro, assado, ou apenas o peito, vale a pena pagar um pouco mais e adquirir a ave caipira, alimentada com milho, pois terá mais cor e sabor.

1 frango caipira grande, de preferência alimentado com milho (cerca de 1,8 kg)
um punhado de tomilho
um punhado de alecrim
1 cabeça de alho cortada ao meio transversalmente
40 dentes de alho com casca
algumas folhas de louro
azeite
2 maços pequenos de alface-romana cortados ao meio no sentido do comprimento
200 ml de caldo quente de galinha
sal marinho e pimenta-do-reino moída na hora

QUATRO PORÇÕES

## FRANGO ASSADO COM QUARENTA DENTES DE ALHO

Aqueça o forno a 180°C.

Enfie metade dos ramos de tomilho e de alecrim dentro da cavidade do frango. Coloque-o em uma travessa refratária e rodeie com o alho, o louro e o tomilho e alecrim restantes. Respingue o azeite sobre o frango e tempere com sal e pimenta. Asse por 1 hora.

Adicione os maços de alface e o caldo de galinha à travessa e regue bem a carne. Asse por mais 1 hora. Cubra com papel-alumínio e deixe descansar em local aquecido por 15 minutos antes de trinchar.

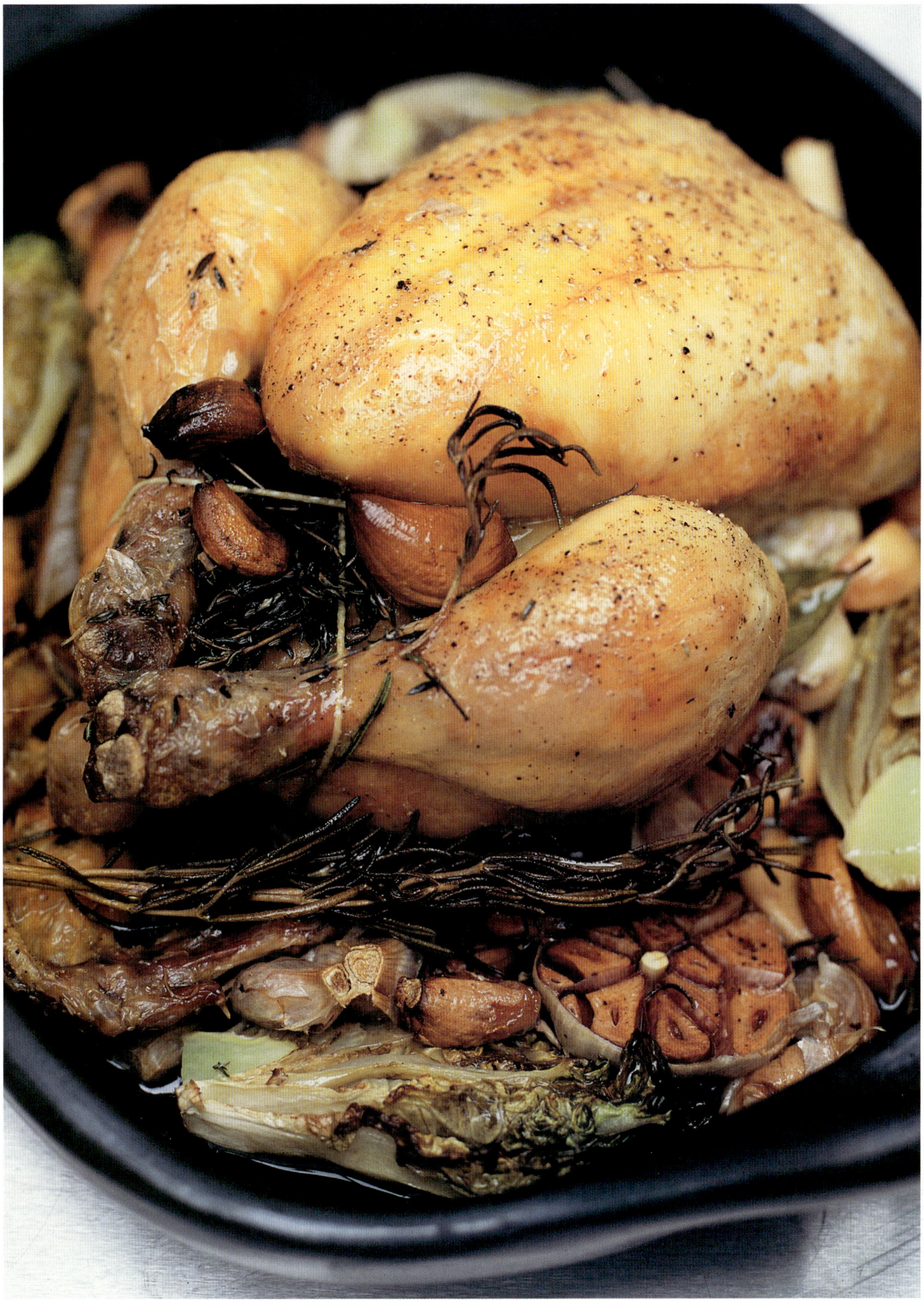

4 peitos de frango caipira sem pele nem osso
8 tiras de toucinho sem casca
2 colheres (sopa) de óleo vegetal

**PARA O PESTO**
folhas de um punhado de manjericão
50 g de pinholes tostados
1 dente de alho pequeno amassado
50 g de parmesão ralado na hora
50 ml de azeite
sal marinho e pimenta-do-reino moída na hora

QUATRO PORÇÕES

# FRANGO COM TOUCINHO E PESTO

Faça o pesto. Bata o manjericão no liquidificador com os pinholes, o alho, o parmesão e o azeite, até ficar quase uniforme. Tempere com sal e pimenta a gosto e reserve.

Aqueça o forno a 200°C.

Crie um nicho nos peitos de frango fazendo um corte em um dos lados. Encha cada buraco com ¼ do pesto e junte as bordas abertas. Embrulhe cada peito com duas tiras de toucinho, apertando bem.

Aqueça o óleo em uma panela refratária em fogo alto. Junte os peitos de frango e doure dos dois lados. Leve a panela ao forno e asse por 10 minutos, virando a carne uma ou duas vezes. Tire do forno e deixe descansar em local aquecido por cerca de 5 minutos. Fatie cada peito ao meio, na diagonal. Sirva quente, respingado com o líquido que restar na panela.

óleo vegetal
400 ml de leite de coco
2 cenouras descascadas e cortadas em pedaços na diagonal
250 g de brócolis
200 g de ervilhas-tortas cortadas ao meio na diagonal
6 peitos de frango caipira sem pele nem osso
150 g de brotos de feijão
folhas picadas de um punhadinho de coentro
sal marinho

**PARA O MOLHO PICANTE**
2 pimentas verdes com sementes, picadas grosseiramente
1 folha de capim-cidreira fatiada fino
um punhado de coentro fresco
80 g de gengibre descascado e picado
2 dentes de alho cortados em quartos
1 cebola cortada em oito partes
5 colheres (sopa) de molho de peixe
50 g de açúcar
1 colher (chá) de sal refinado

QUATRO PORÇÕES

# CURRY TAILANDÊS DE FRANGO

Para fazer o molho picante, coloque todos os ingredientes no liquidificador ou processador e bata até obter um purê com pedaços. Aqueça um pouco de óleo em uma frigideira grande e refogue a pasta por 5 minutos. Misture 200 ml de água fria e espere ferver. Cozinhe por 15 minutos. Adicione o leite de coco, deixe voltar a ferver e coe em uma panela grande em fogo baixo. Verifique o tempero – se quiser, use mais molho de peixe, açúcar ou sal. Mantenha a panela no fogo.

Escalde os legumes separadamente em uma panela grande com água fervente salgada. Ferva as cenouras por 3 minutos, os floretes de brócolis por 2 minutos e as ervilhas-tortas por 1 minuto. Retire com uma escumadeira e esfrie sob água corrente. Reserve.

Aqueça um pouco de óleo em uma frigideira em fogo médio/alto e sele o frango por cerca de 10 minutos, até dourar por igual. Junte ao molho e cozinhe por cerca de 10 minutos, até ficar quase macio. Adicione os legumes e mantenha no fogo por 4 minutos.

Enquanto isso, ponha os brotos de feijão em uma frigideira sem óleo, em fogo médio, e misture até aquecer. Junte o coentro, o sal marinho, respingue óleo e mexa bem.

Retire o frango do molho e fatie em tiras de 1 cm, na diagonal. Sirva os legumes e o frango cobertos pelos brotos de feijão e regados com o molho.

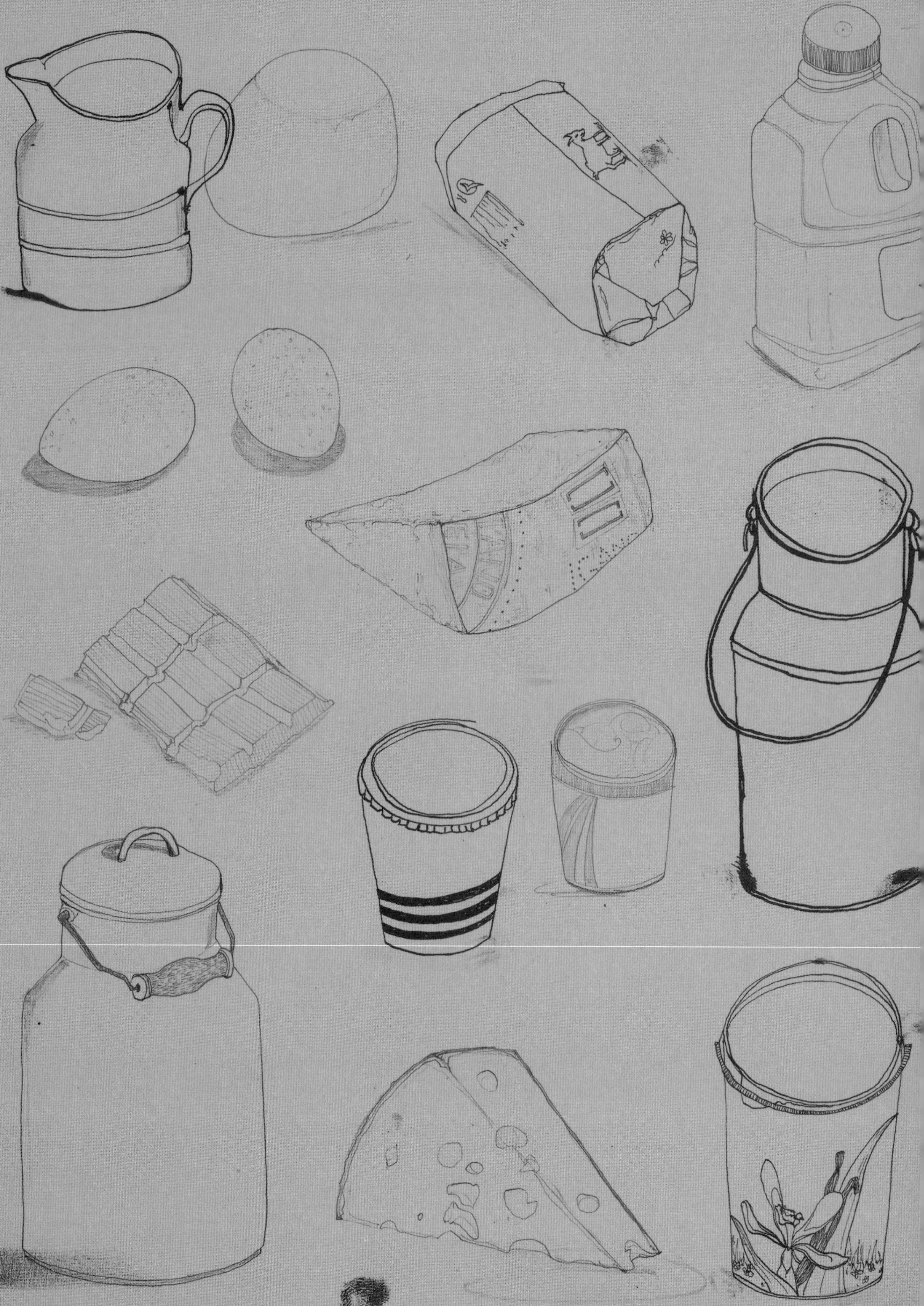

# LATICÍNIOS E OVOS

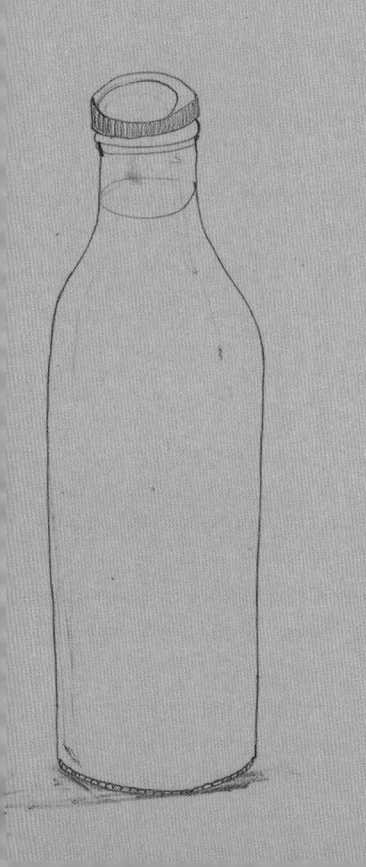

# QUEIJO

Para mim, o cheddar maturado é um dos melhores queijos ingleses. E é ótimo para uso culinário, pois tem um sabor acentuado e derrete muito bem. O cheddar é fácil de conservar, diferentemente dos queijos macios, que precisam da temperatura certa para alcançar o ponto perfeito de maturação – o que é quase impossível de se conseguir em casa. O queijo de cabra também é muito bom para derreter. Mais macio e cremoso que o cheddar, quando aquecido amolece bastante, mas sem perder a forma.

125 g de manteiga sem sal gelada picada
250 g de farinha de trigo
80 g de cheddar maturado (ou parmesão fresco) ralado
½ colher (chá) de pimenta-do-reino triturada
sal marinho
um pouco de leite

QUINZE UNIDADES

## GRISSINIS DE QUEIJO

Preaqueça o forno a 210°C. Forre uma assadeira com papel vegetal.

Amasse a manteiga com a farinha usando as mãos, até ficar parecendo migalhas de pão. Misture 60 g de queijo, a pimenta e 1 colher (chá) de sal. Adicione leite suficiente para dar liga – cerca de 1 colher (sopa) – e obtenha uma massa firme.

Abra a massa em uma superfície enfarinhada, até ficar com 1 cm de espessura. Corte em 15 tiras com 20 cm de comprimento e 1 cm de largura. Coloque na assadeira e pincele com leite. Salpique o queijo restante e sal marinho a gosto. Asse por 15 minutos, até ficar dourado e crocante. Deixe esfriar na assadeira e sirva.

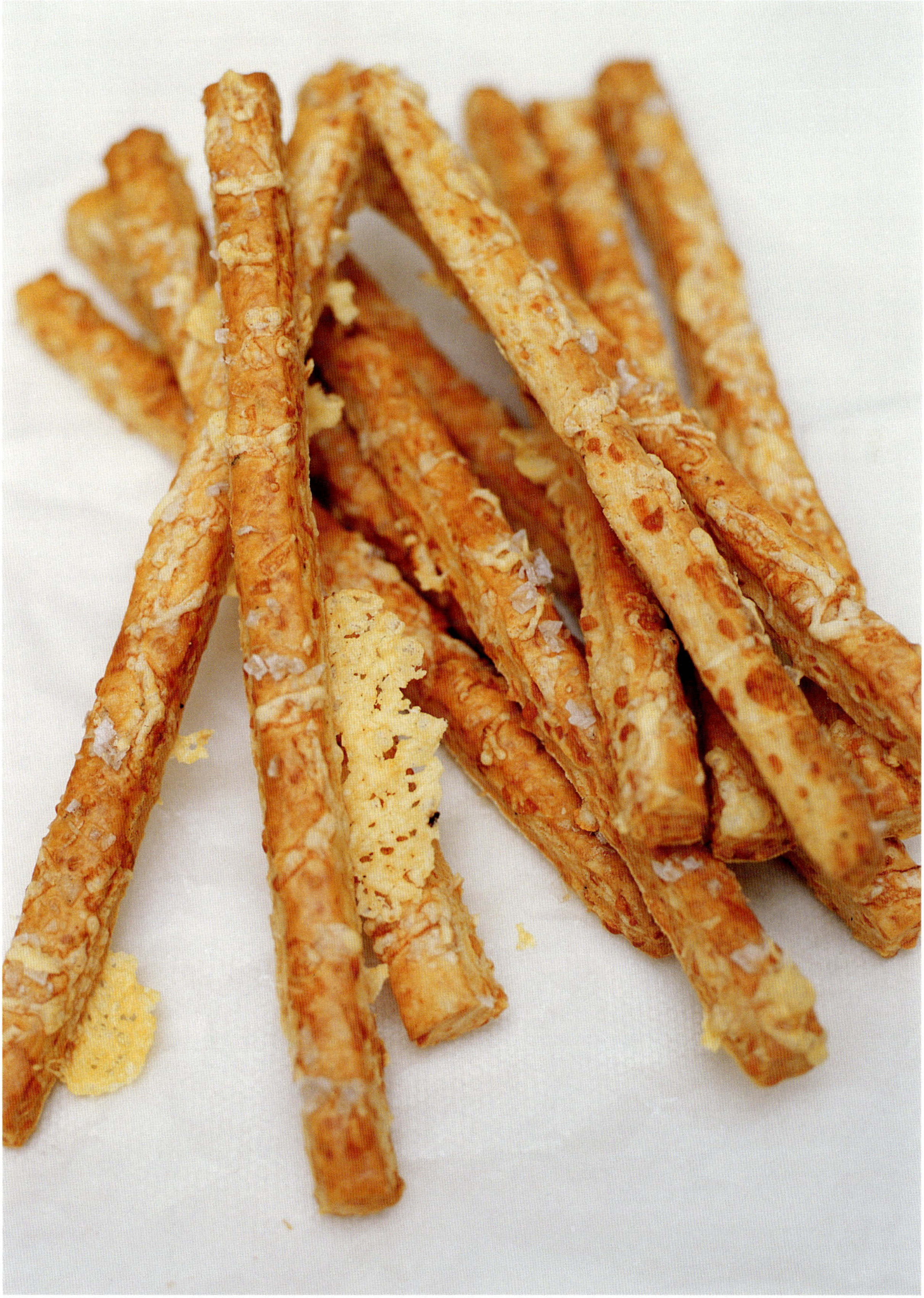

55 g de manteiga sem sal
2 cebolas fatiadas
folhas de um punhadinho de tomilho
100 g de cheddar maturado (ou parmesão fresco) ralado
150 g de presunto cozido fatiado picado
2 colheres (sopa) de picles (ou molho agridoce)
sal marinho e pimenta-do-reino moída na hora

**PARA A MASSA**
100 g de manteiga sem sal gelada picada
225 g de farinha de trigo
1 ovo caipira médio batido

CINCO PORÇÕES um pouco de leite

# EMPANADAS DE QUEIJO, PRESUNTO E PICLES

Faça a massa primeiro. Amasse a manteiga com a farinha usando as mãos, até ficar parecendo migalhas de pão. Junte o ovo e misture bem. Adicione leite suficiente para obter uma massa firme. Embrulhe em filme de PVC e deixe descansar na geladeira enquanto prepara o recheio.

Derreta a manteiga em uma panela em fogo baixo. Refogue a cebola com o tomilho até ela esmigalhar e dourar bem. Isso levará cerca de 20 minutos. Tempere com sal e pimenta e deixe esfriar.

Divida a massa em cinco porções iguais e abra cada uma em um círculo com 15 cm. Empilhe entre pedaços de papel vegetal e leve à geladeira até a hora de usar.

Aqueça o forno a 200°C. Forre uma assadeira com papel vegetal.

Misture o queijo, o presunto e o picles à cebola refogada. Divida igualmente entre as massas e nivele, deixando a borda livre. Pincele-a com leite, dobre a empanada e pressione para selar.

Coloque na assadeira com a junção para cima. Pressione-a com dois dedos para fechar bem e ondular. Pincele as empanadas inteiras com leite. Asse por 15 minutos, até dourar. Sirva quentes ou frias.

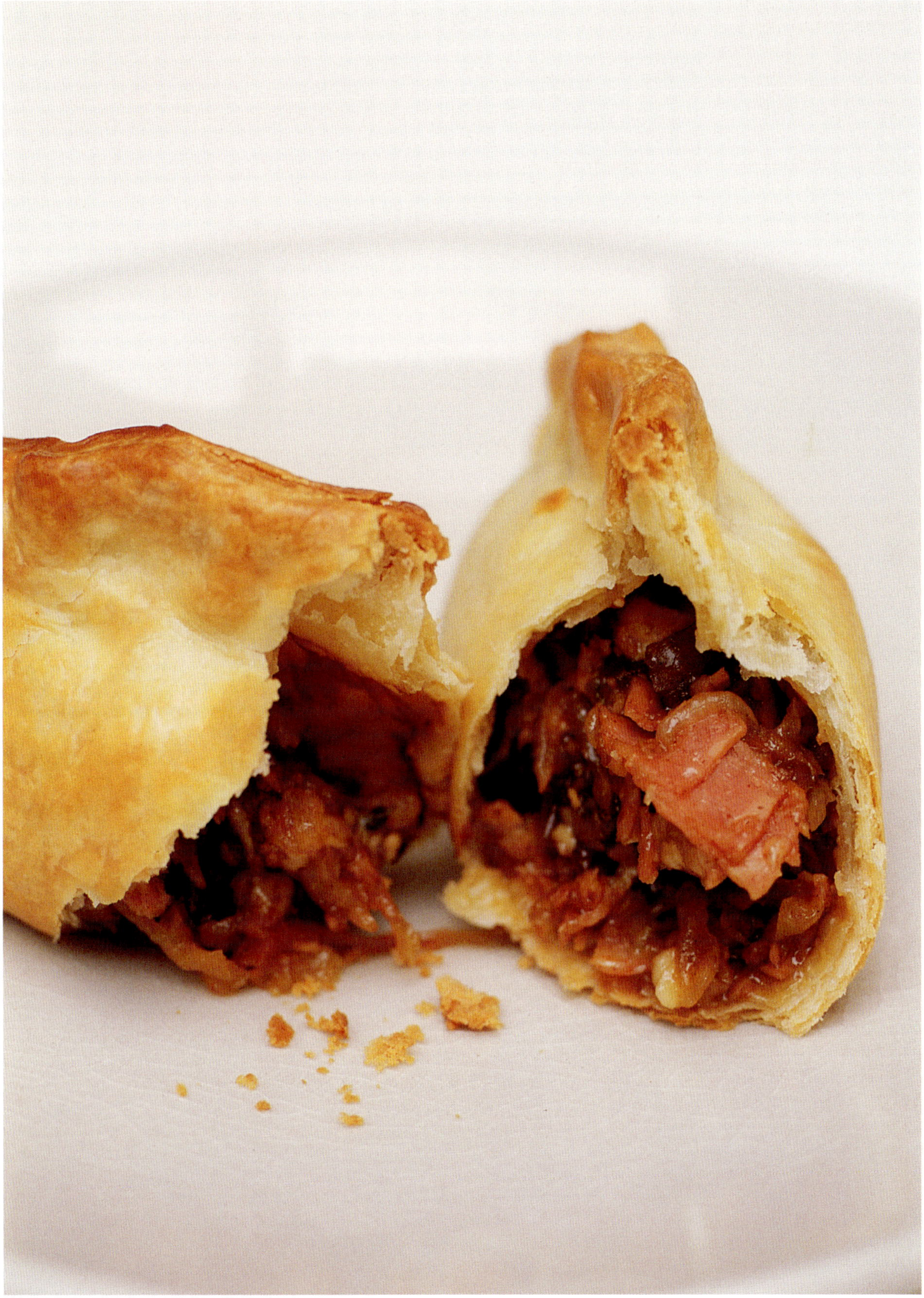

DUAS PORÇÕES

1 queijo de cabra redondo (cerca de 100 g)
25 g de nozes
50 g de figos secos picados
3 colheres (sopa) de vinagre balsâmico
1 colher (sopa) de mel para servir

## QUEIJO DE CABRA ASSADO COM NOZES E FIGOS

Aqueça o forno a 200°C.

Coloque o queijo em uma travessa refratária e asse por 10 minutos. Enquanto isso, espalhe as nozes em uma assadeira e toste por 5 minutos. Pique grosseiramente e reserve.

Ponha os figos em uma panela pequena com o vinagre e misture, em fogo médio/alto, por 1-2 minutos, até o líquido evaporar um pouco e encorpar.

Sirva o queijo de cabra coberto com os figos e as nozes e respingado com o mel.

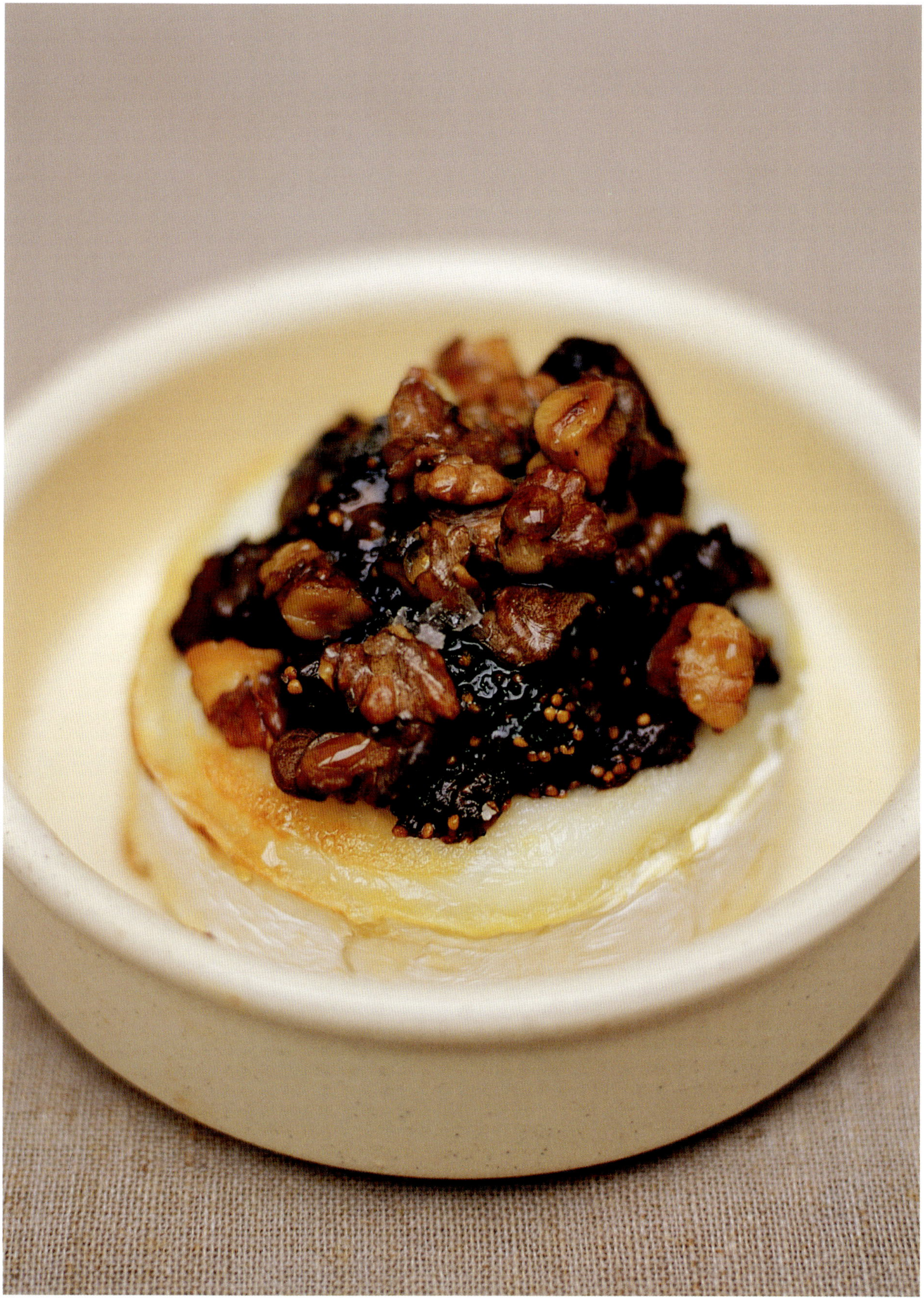

250 g de queijo de cabra em formato de tubo, fatiado
250 g de beterrabas em conserva suave cortadas ao meio
150 g de rúcula
azeite extravirgem
sal marinho e pimenta-do-reino moída na hora

**PARA O PRALINÉ**
75 g de avelãs
azeite
60 g de açúcar
uma pitada de sal refinado

QUATRO PORÇÕES

# SALADA DE QUEIJO DE CABRA E BETERRABA COM PRALINÉ

Aqueça o forno a 200°C.

Faça o praliné. Coloque as avelãs em uma assadeira e leve ao forno por 6-8 minutos. Passe para uma tigela e reserve. Pincele a assadeira com azeite e reserve. Derreta o açúcar com 1½ colher (sopa) de água em uma frigideira pequena em fogo alto. Espere ferver e cozinhe por alguns minutos, até ficar cor de caramelo. Gire a panela de vez em quando (não misture). Adicione as avelãs e o sal e misture bem. Despeje na assadeira untada, sem espalhar, e deixe esfriar.

Quando o praliné esfriar e firmar, tire da assadeira e pique grosseiramente com uma faca afiada.

Distribua o queijo, a beterraba e a rúcula em uma travessa. Respingue o azeite e salpique o praliné e um pouco de sal marinho e pimenta.

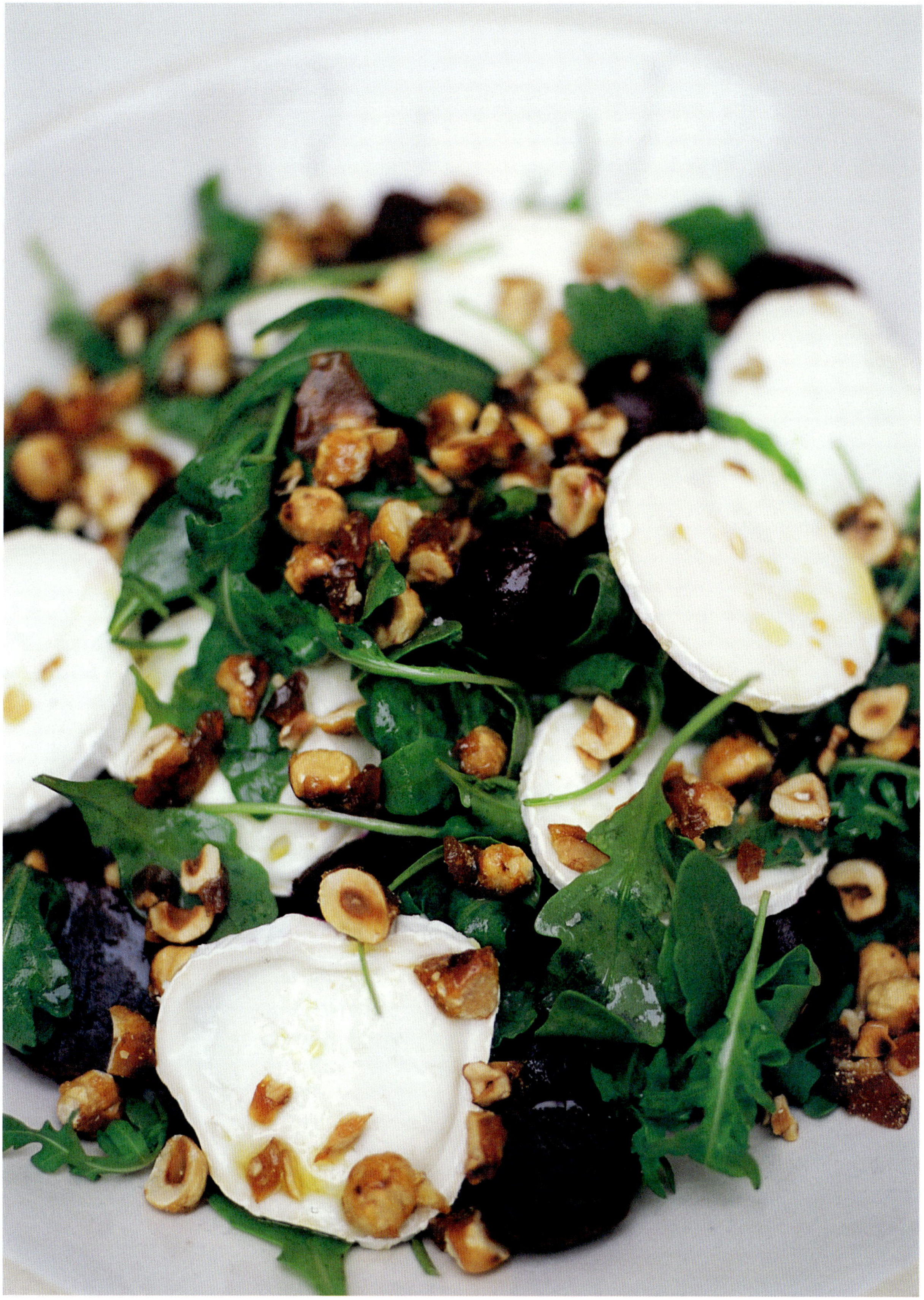

# CREME DE LEITE

Na Europa há vários tipos de creme de leite, como o double, o single, o whipping, o heavy etc. No Brasil as opções se reduzem ao creme de leite fresco e às versões tradicional ou light em lata ou caixinha. Dê preferência ao creme fresco, com percentual de gordura mais alto (30%-35%, ao passo que os tradicionais em caixinha ou lata têm 20%-25% e os do tipo light, 15%-18%). Ele é bem mais saboroso e adequado para cozinhar, e mesmo uma pequena quantidade deixará seus pratos deliciosos.

SEIS PORÇÕES

250 ml de creme de leite fresco
4 colheres (sopa) de mel
500 g de iogurte natural
200-250 g de minimarshmallows
300 g de framboesas (ou morangos)

## AMBROSIA INGLESA

Bata o creme de leite em ponto firme em uma tigela grande. Aqueça o mel no micro-ondas (ou em uma panela pequena em fogo baixo) para afiná-lo. Bata com o iogurte até uniformizar por completo. Misture o creme de leite ao iogurte, com cuidado. Adicione os marshmallows e 250 g de framboesas e incorpore suavemente ao creme.

Cubra e leve à geladeira por ao menos 4 horas. Sirva gelado, com as framboesas restantes espalhadas por cima.

Os minimarshmallows… são perfeitos para esta receita. Mas se você só encontrar os de tamanho normal, corte-os ao meio com uma tesoura de cozinha.

375 ml de creme de leite fresco
200 ml de leite
20 g de manjericão picado (com os talos)
75 g de açúcar
8 gemas de ovo caipira médio
açúcar demerara para salpicar

OITO PORÇÕES

# CRÈME BRÛLÉE
# DE MANJERICÃO

Coloque o creme de leite, o leite e o manjericão em uma panela, espere ferver e tire do fogo. Bata o açúcar com as gemas em uma tigela. Junte um pouco do creme quente e misture. Despeje na panela, mexa bem e recoloque na tigela. Deixe esse custard descansar por 30 minutos e coe em uma jarra.

Aqueça o forno a 150°C. Coloque oito forminhas de 125 ml em uma assadeira.

Divida o custard igualmente entre as fôrmas. Despeje água fervente na assadeira, chegando até metade da altura das forminhas. Cubra tudo com papel-alumínio e leve ao forno com cuidado. Asse por 40-50 minutos, até ficar firme – com exceção da parte central. Se for preciso, deixe no forno por mais alguns minutos. Retire as fôrmas da assadeira e espere esfriar por cerca de 1 hora. Leve à geladeira por ao menos 2-3 horas.

Para servir, salpique bastante açúcar demerara e queime com um maçarico até caramelizar.

O manjericão é melhor... no verão. No inverno, substitua-o por 3 pauzinhos de canela.

200 g de cream cheese light
60 g de açúcar
400 ml de crème fraîche (ou 200 ml de creme de leite fresco
    e 200 ml de iogurte natural)
1 limão
3 folhas de gelatina incolor
4 colheres (sopa) de leite

**PARA A BASE**
200 g de biscoitos de gengibre ou de canela
40 g de manteiga sem sal derretida

OITO PORÇÕES

# CHEESECAKE DE CRÈME FRAÎCHE

Para fazer a base, coloque os biscoitos em um saco plástico e triture com um rolo de macarrão. Ponha em uma tigela e misture com a manteiga. Aperte bem na base de uma fôrma redonda de 20 cm, com fundo removível. Leve à geladeira enquanto prepara o recheio.

Bata o cream cheese com o açúcar em uma tigela grande até ficar cremoso. Junte o crème fraîche e misture até uniformizar. Raspe a casca do limão e esprema o suco de metade dele. Junte ao creme e misture bem.

Deixe a gelatina de molho em água fria por 5 minutos. Aqueça o leite em uma panela pequena até quase ferver e retire do fogo. Tire a gelatina da água, aperte bem e coloque no leite quente. Mexa até dissolver.

Coloque ¼ do creme em uma tigela média. Coe sobre o leite com gelatina, batendo sem parar. Misture ao creme restante, mexendo até uniformizar. Despeje na fôrma e bata-a suavemente na superfície de trabalho para nivelar e desfazer bolhas de ar. Leve à geladeira por 1h30-2h, até firmar.

Para servir, passe uma faca quente em torno da borda interna da fôrma, solte o fecho e retire o aro. Usando uma espátula, desgrude a massa de biscoito da base da fôrma e deslize a torta para uma travessa. Sirva gelada.

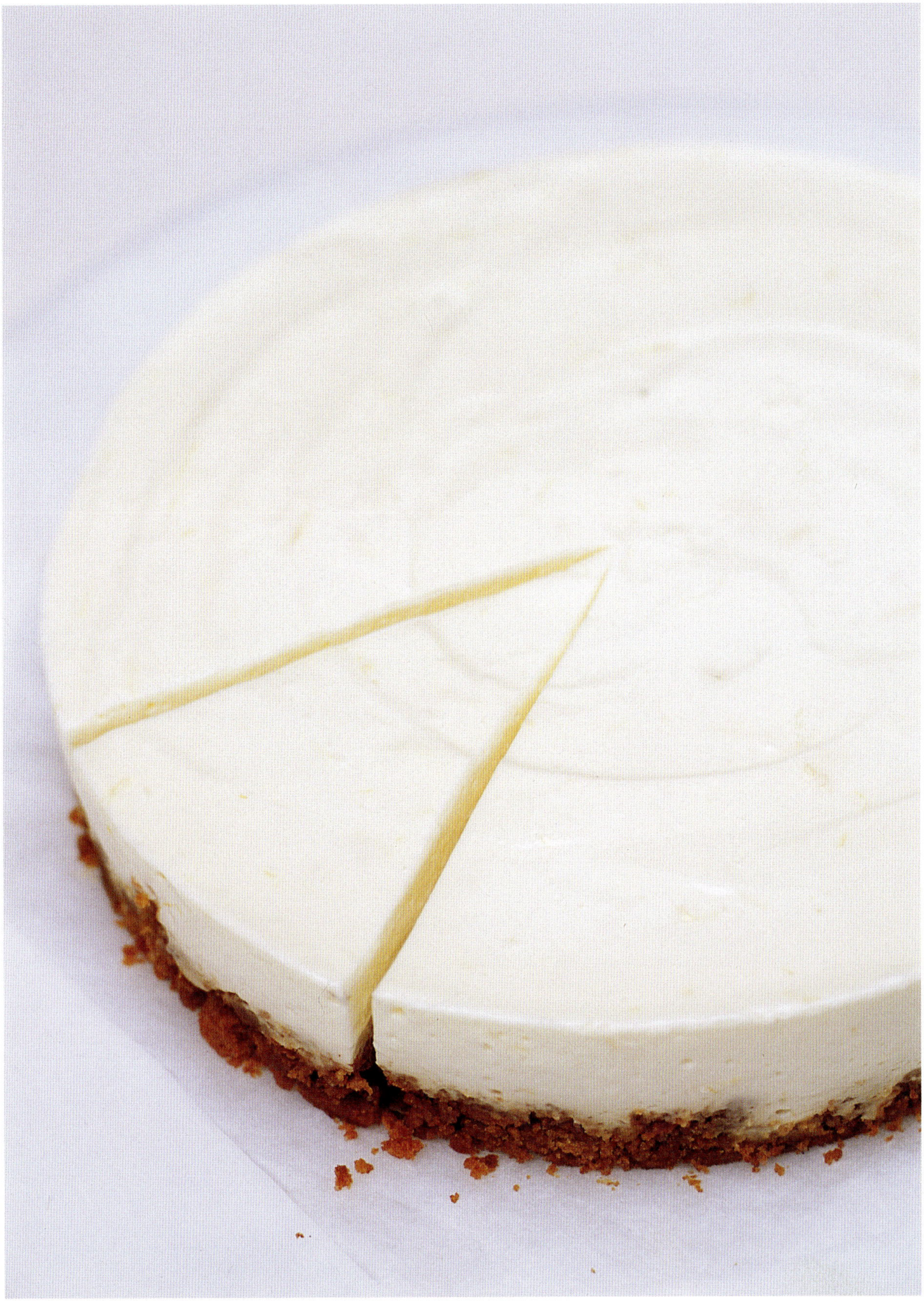

# OVOS

Quanto mais frescos forem os ovos, melhor. Assim eles ajudarão os bolos a crescer, os cremes a firmar mais rapidamente e as claras em neve a ter mais volume. Para verificar se eles estão frescos, quebre-os em um prato: a clara precisa cobrir a gema, que deve ter um formato abaulado, e não achatado. Eu sempre prefiro ovos caipiras – eles têm a gema mais amarela e um sabor mais gostoso.

**QUATRO PORÇÕES**

9 gemas de ovo caipira grande
90 g de açúcar
600 ml de creme de leite fresco
1 noz-moscada inteira para ralar

## CUSTARD ASSADO DE OVO

Aqueça o forno a 150°C.

Bata as gemas com o açúcar em uma tigela, até uniformizar. Aqueça o creme de leite em uma panela até quase ferver; misture às gemas. Passe por uma peneira fina colocada sobre uma tigela refratária de 1 litro. Rale bastante noz-moscada por cima, cobrindo toda a superfície.

Asse por 25-35 minutos, até o custard firmar – com exceção da parte central, que tremulará quando você chacoalhar suavemente a tigela. Deixe descansar em temperatura ambiente por 20 minutos antes de servir – ou espere esfriar por completo, resfrie e sirva gelado.

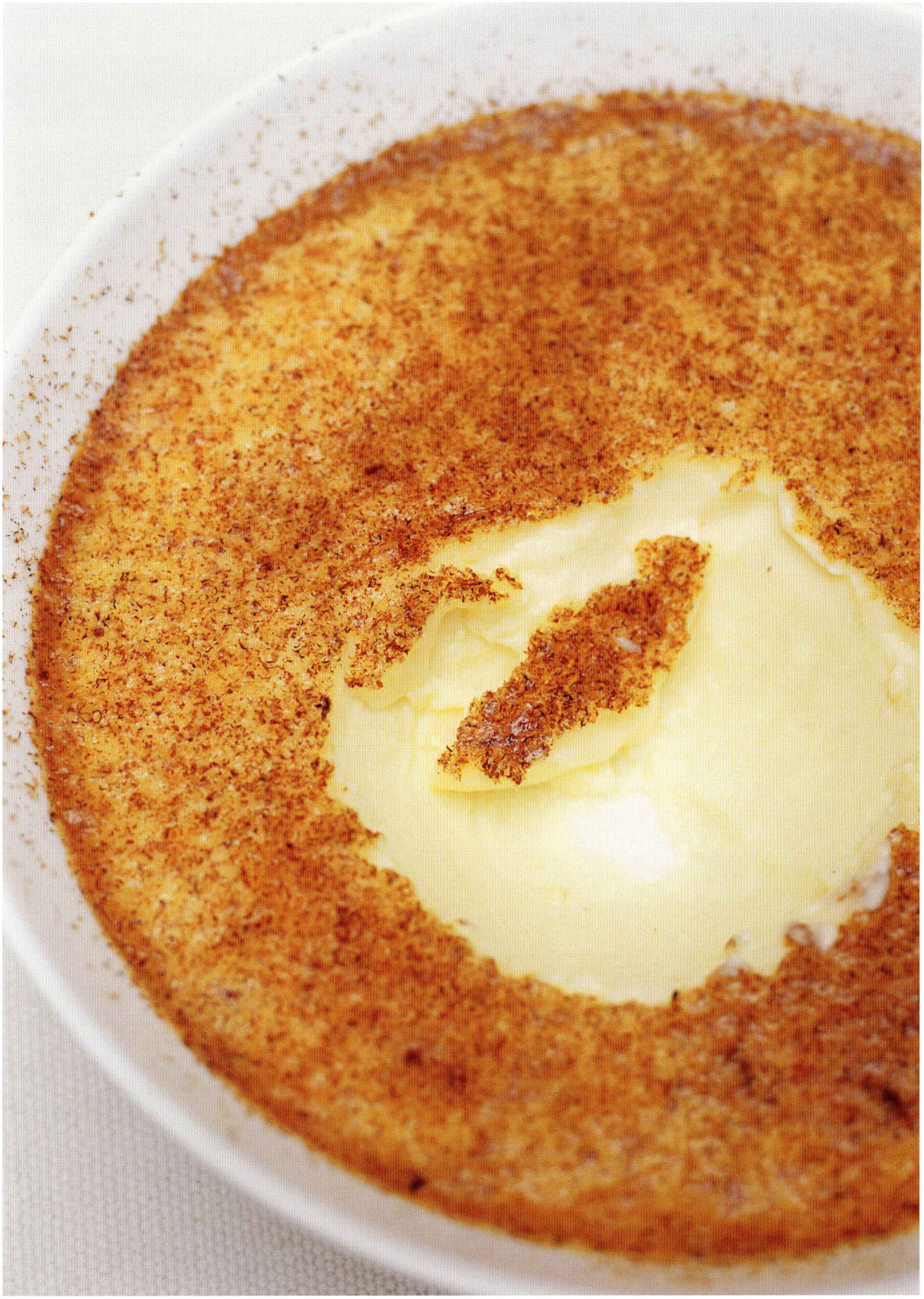

QUATRO PORÇÕES

1 ovo caipira médio na casca
200 ml de azeite extravirgem
sal refinado
cerca de 20 aspargos verdes limpos
(aparados, se necessário)

## MOUSSELINE COM ASPARGOS

Aqueça água em uma panela pequena, até ferver. Adicione o ovo e cozinhe por 5 minutos. Retire e esfrie sob água corrente. Descasque o ovo, coloque em uma tigela e despedace-o com um batedor manual (deverá estar bem líquido no centro).

Adicione o azeite aos poucos – em um fio bem fino –, batendo bastante depois de cada adição, até a mousseline encorpar e uniformizar. Misture sal a gosto. Coloque em uma tigela, cubra e leve à geladeira até a hora de servir.

Ferva água salgada em uma panela grande. Adicione os aspargos e cozinhe por 2-3 minutos, até amaciar. Retire da panela e esfrie sob água corrente.

Sirva os aspargos imersos na mousseline gelada.

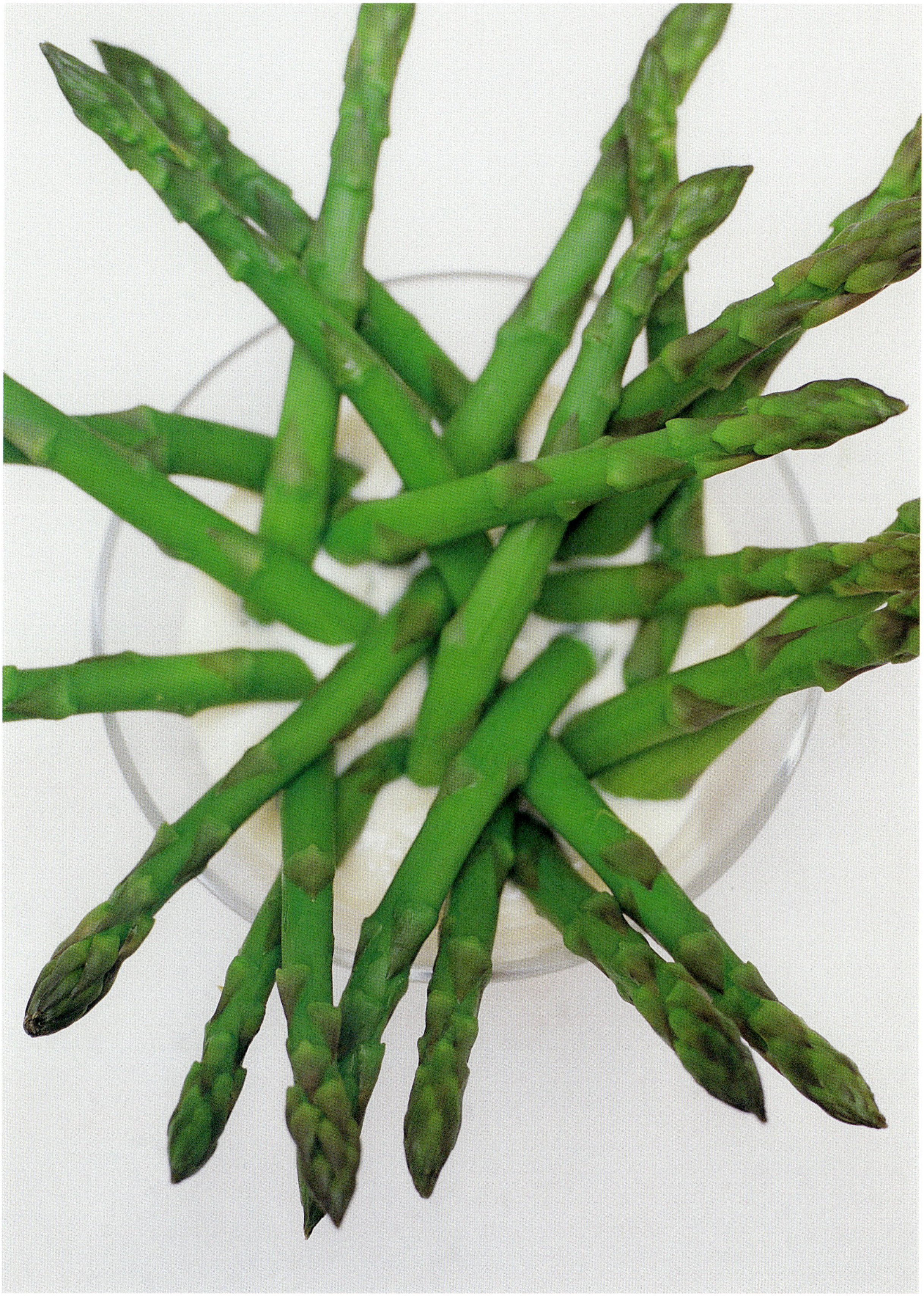

**VINTE E CINCO UNIDADES**

350 g de açúcar glacê
200 g de amêndoas moídas
40 g de farinha de trigo
7 claras de ovo caipira médio
90 g de açúcar refinado
1 fava de baunilha partida ao meio no sentido do comprimento, ou algumas gotas de essência de baunilha
100 g de chocolate branco derretido e amornado

## MACARONS

Forre três assadeiras com papel vegetal. Encaixe um bico liso em um saco de confeitar – ou faça um corte diagonal pequeno em uma das pontas de um saco de plástico grosso.

Peneire o açúcar glacê, as amêndoas e a farinha em uma tigela. Reserve. Bata as claras em neve com um batedeira em velocidade máxima. Adicione o açúcar refinado e bata por mais 4 minutos. Raspe as sementes da fava de baunilha por cima – ou adicione as gotas da essência – e bata rapidamente.

Usando um pão-duro, misture ⅓ dos ingredientes secos às claras. Incorpore os ⅔ restantes com a espátula, misturando até uniformizar.

Coloque a mistura no saco de confeitar. Esprema alguns pontinhos por baixo do papel vegetal para que ele grude nas assadeiras. Faça 50 círculos de massa com 3,5 cm de diâmetro, espaçando bem. Quando terminar, bata as assadeiras levemente na superfície de trabalho, para achatar um pouco os biscoitos.

Deixe as assadeiras em local aquecido e seco por 15-20 minutos, para que os macarons sequem um pouco – deve ser possível passar o dedo pela superfície sem grudar. Enquanto isso, aqueça o forno a 130°C.

Asse os macarons por 20 minutos, até que descolem facilmente do papel vegetal. Deixe esfriar nas assadeiras e junte-os em pares, com o chocolate derretido no meio.

Para fazer macarons cor-de-rosa... substitua a baunilha por uma gota ou duas de corante alimentício vermelho. Recheie com geleia de morango ou framboesa em vez de chocolate.

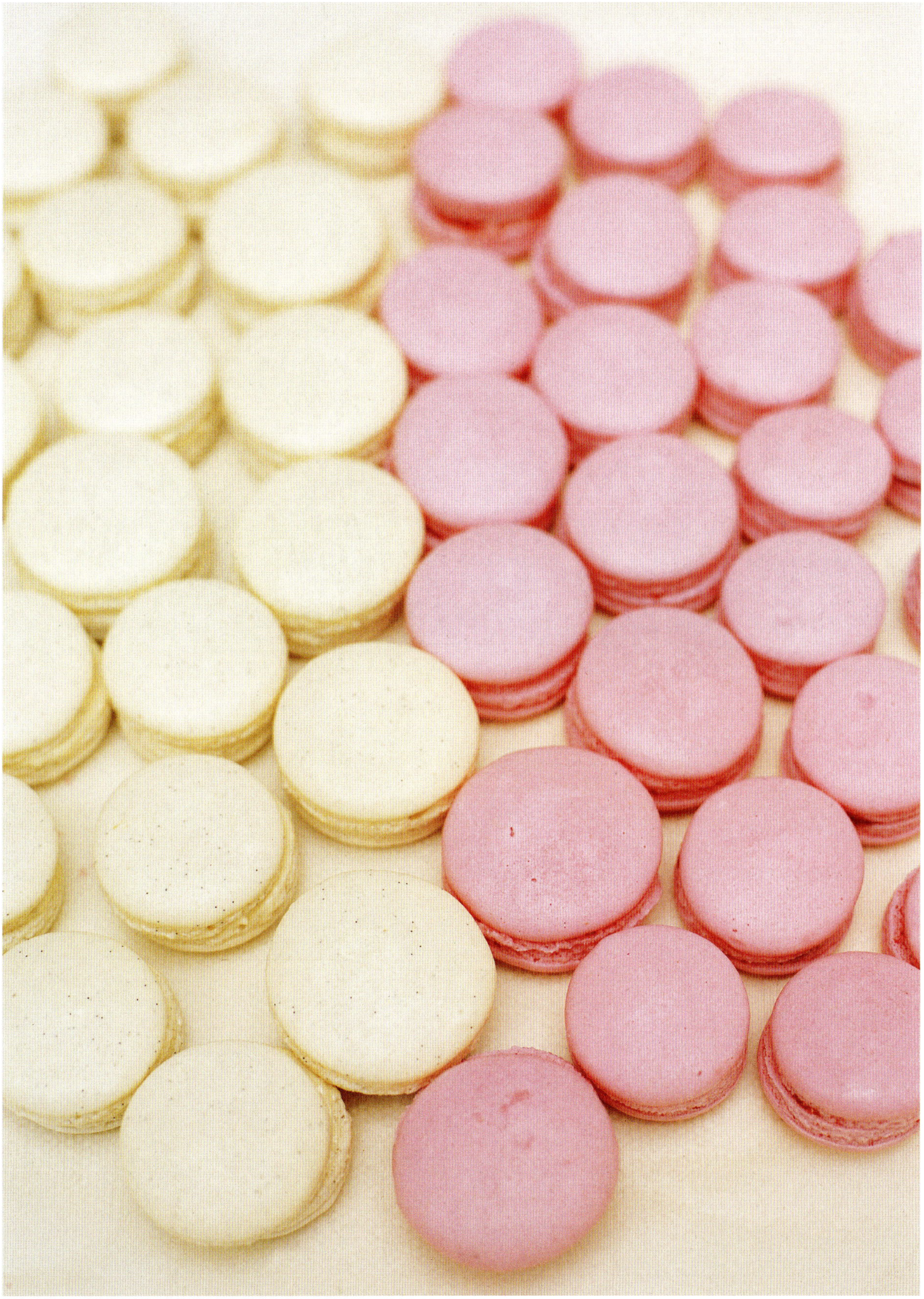

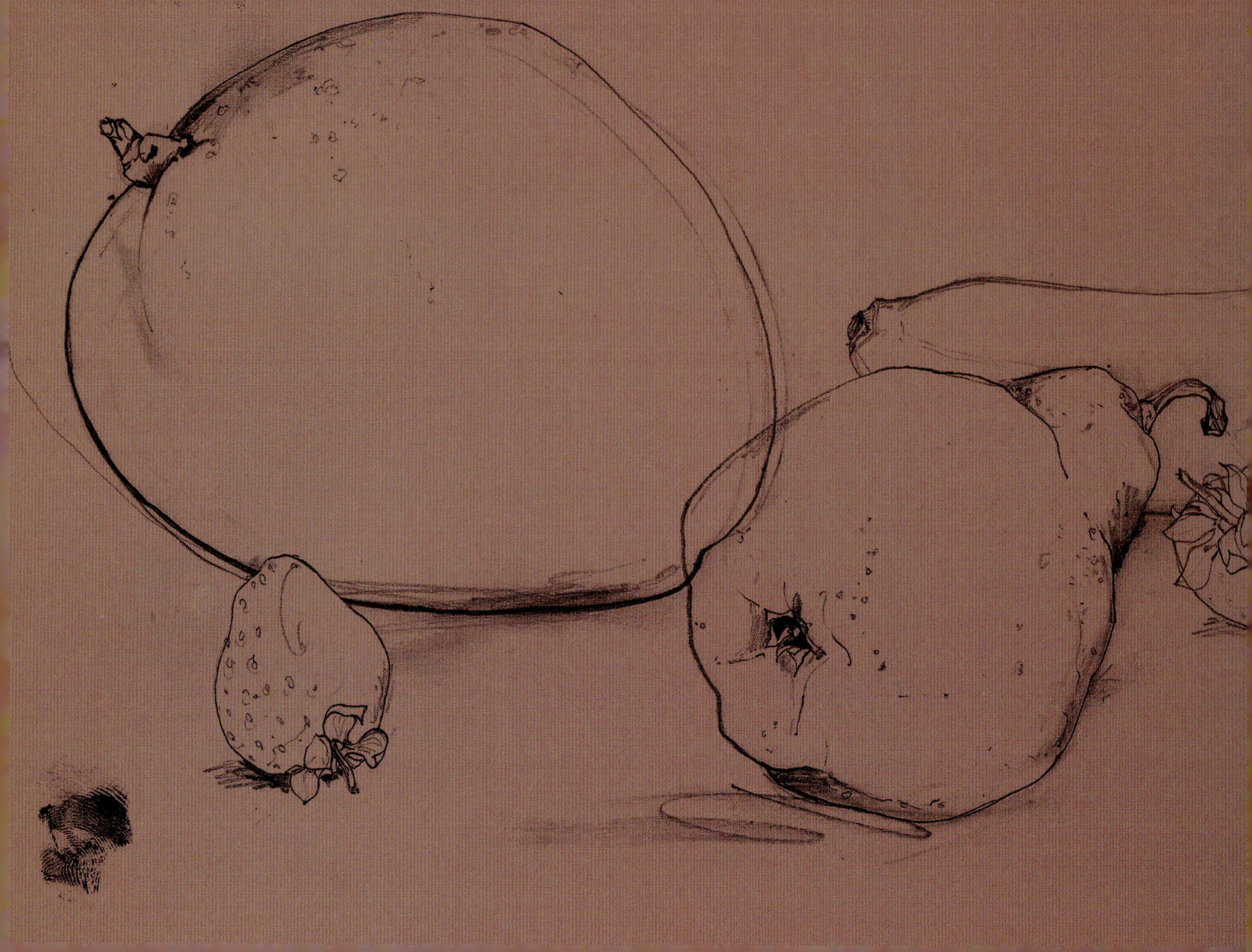

FRUTAS

# MAÇÃ

É muito importante escolher a variedade correta de maçã para a receita que fizer. A doçura e a textura de uma maçã variam de acordo com o seu percentual de açúcar e de água, por isso você deve usar a fruta indicada na receita. Recomendo que tente comprar maçãs inglesas – elas são as melhores. A maçã gala é indicada para bolos, tortas e recheios e a fuji para cozinhar e assar.

SEIS PORÇÕES

**PARA A GRANITA**
40 g de açúcar
600 g de maçãs verdes
uma pitada generosa de ácido ascórbico (vitamina C)
suco de ½ limão

**PARA A GELEIA**
4 folhas de gelatina sem sabor
100 ml de mel
300 ml de vinho branco doce (sauternes ou moscatel)

**PARA SERVIR**
200 g de iogurte natural
2 colheres (chá) de açúcar ou a gosto

## GRANITA DE MAÇÃ COM GELEIA DE VINHO

Primeiro faça a granita: dissolva o açúcar em 2½ colheres (chá) de água em uma panela e espere ferver. Tire do fogo e deixe esfriar.

Pique as maçãs grosseiramente e misture ao ácido ascórbico para não escurecer. Centrifugue para obter um suco (ou bata no liquidificador com 100 ml de água). Misture com o suco de limão e coe em uma peneira fina colocada sobre uma tigela. Adicione a calda de açúcar.

Coloque em uma bandeja de plástico grande e congele – isso deve demorar cerca de 4 horas. Bata bem depois de 1 hora para evitar a formação de cristais grandes de gelo. Quando congelar por completo, raspe com um garfo até ficar parecendo neve. Conserve no congelador, em um recipiente duro, por até uma semana.

Para fazer a geleia, deixe a gelatina de molho em água fria por 5 minutos. Aqueça o mel em uma panela em fogo médio e deixe borbulhar por 3 minutos. Escorra a gelatina, aperte bem e misture ao mel. Junte o vinho e aqueça em fogo baixo, mexendo, por 2 minutos, até a gelatina derreter. Coe em 6 copos pequenos (cerca de 150 ml) e deixe esfriar. Leve à geladeira por 2 horas, até firmar.

Para servir, adoce o iogurte a gosto, coloque sobre a geleia e cubra com a granita.

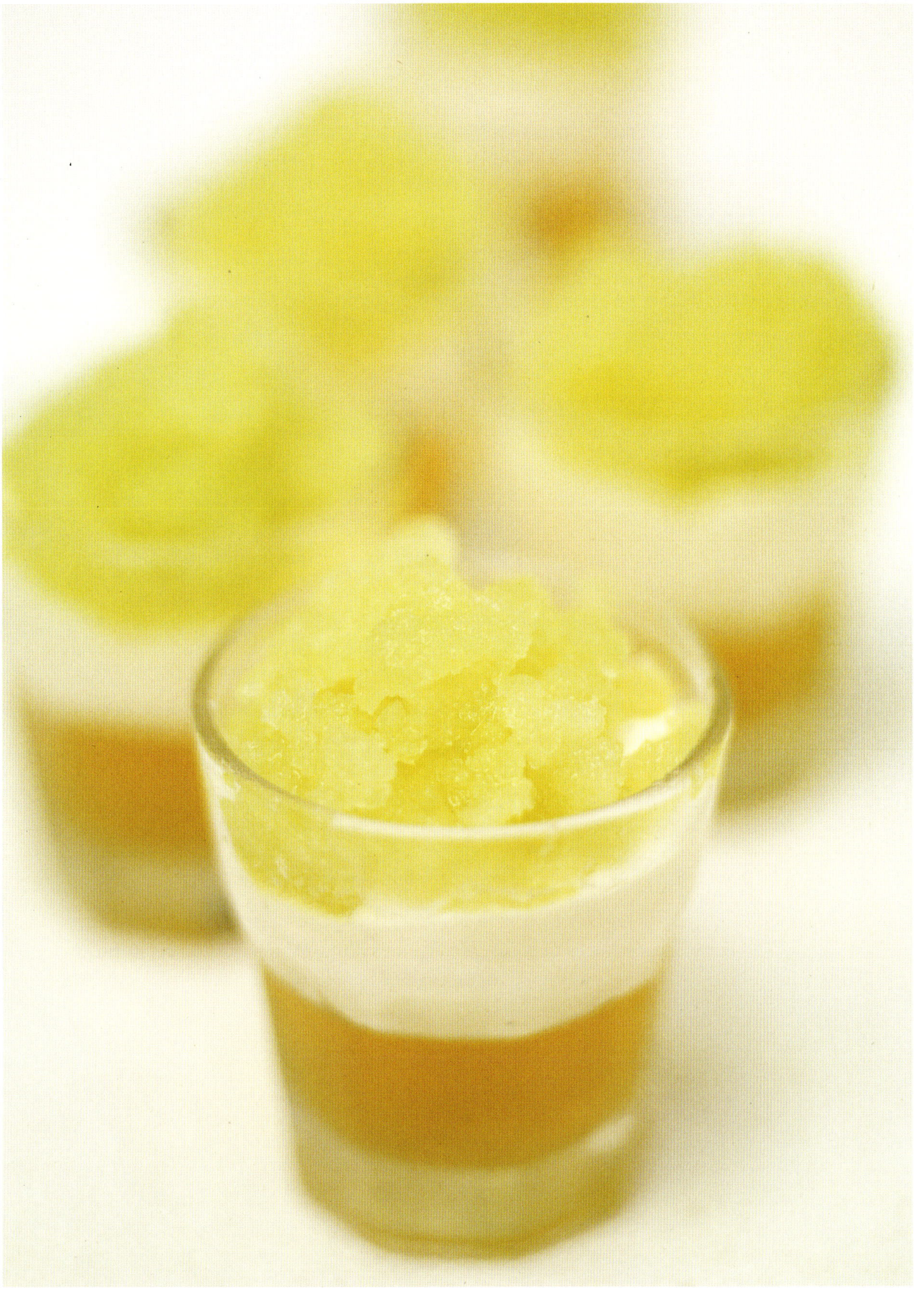

**DEZ PORÇÕES**

3 maçãs verdes (cerca de 375 g)
1 colher (chá) de canela em pó
1 colher (chá) de mistura de especiarias moídas
1 colher (chá) de gengibre em pó
175 g de açúcar
350 g de farinha de trigo com fermento
125 g de manteiga sem sal picada
2 ovos caipiras médios batidos
125 ml de leite

**PARA A COBERTURA CROCANTE**

50 g de amêndoas moídas
25 g de açúcar
25 g de farinha de trigo
2 colheres (chá) de canela em pó
1 colher (chá) de mistura de especiarias moídas
1 colher (chá) de gengibre em pó
25 g de manteiga sem sal derretida

# BOLO DE MAÇÃ COM CROCANTE DE ESPECIARIAS

Aqueça o forno a 190°C. Unte uma fôrma redonda antiaderente de 24 cm, com fundo removível.

Primeiro faça a cobertura crocante. Ponha todos os ingredientes, menos a manteiga, em uma tigela e mexa bem. Misture a manteiga e reserve.

Descasque as maçãs, corte em quartos, descaroce e fatie fino. Misture em uma tigela as especiarias e 50 g de açúcar, junte as frutas e mexa até cobrir bem. Coloque a farinha e o açúcar restante em uma vasilha grande. Adicione a manteiga e amasse até ficar parecendo migalhas de pão. Junte os ovos e o leite e misture, até uniformizar. Incorpore as maçãs cuidadosamente. Despeje a massa na fôrma e nivele a superfície.

Salpique a cobertura por cima e aperte suavemente com os dedos para que uma parte dela afunde na massa. Asse por 30-35 minutos, até um palito enfiado no centro do bolo sair limpo. Deixe esfriar na fôrma antes de servir.

4 maçãs bramley (ou outra verde ácida), totalizando 1 kg
60 g de manteiga sem sal
2 pauzinhos de canela quebrados ao meio
cerca de 50 g de açúcar

RENDE 500 ML

## PURÊ DE MAÇÃ

Descasque as maçãs, corte em quartos, descaroce e fatie fino. Aqueça a manteiga com a canela em uma panela grande, até começar a espumar. Junte as frutas e o açúcar. Cozinhe em fogo médio por cerca de 15 minutos, até as maçãs despedaçarem, mexendo frequentemente para que elas não grudem no fundo da panela.

Retire a canela e bata as frutas no liquidificador até obter um purê. Verifique o sabor e, se preciso, adicione mais açúcar. Passe por uma peneira fina colocada sobre uma tigela. Cubra e leve à geladeira.

Sirva quente ou frio, com carne de porco ou pato... ou aumente a quantidade de açúcar para 150 g e use como sobremesa, com sorvete ou creme de leite, ou para rechear tortas.

# BANANA

À medida que as bananas amadurecem, o amido se converte em açúcar e o seu sabor e doçura se aprimoram. Então, para cozinhá-las, escolha as mais maduras que encontrar: as que já passaram do ponto são ideais. Se não tiver tempo para prepará-las, embrulhe bem e congele. Dessa forma elas durarão meses.

---

80 g de açúcar
2 bananas bem maduras amassadas em purê
200 ml de leite
375 ml de creme de leite fresco
5 gemas de ovo caipira médio
4 folhas de gelatina sem sabor
25 ml de rum escuro
sorvete de baunilha (ou de creme)
chocolate meio amargo derretido para servir

**SEIS PORÇÕES**

## BAVAROIS DE BANANA CARAMELADA

Aqueça uma frigideira de fundo grosso em fogo alto. Junte o açúcar e espalhe bem. Deixe em fogo baixo/médio, sem mexer, até derreter e ficar cor de caramelo claro. Isso levará cerca de 5-8 minutos. Antes que o caramelo escureça, junte as bananas e bata bem. Adicione o leite e 75 ml de creme de leite. Retire do fogo.

Coloque as gemas em uma tigela, acrescente um pouco do creme de banana e bata. Despeje na panela e misture bem com uma colher de pau. Continue mexendo em fogo baixo até encorpar o suficiente para cobrir as costas da colher. Ponha em uma tigela.

Deixe a gelatina de molho em uma vasilha com água fria por 5 minutos. Levante as folhas, aperte para retirar o excesso de água, coloque na tigela com o creme e misture até derreter. Adicione o rum. Cubra com filme de PVC para evitar que se forme uma camada mais grossa na superfície e leve à geladeira.

Quando estiver quase frio, bata até uniformizar. Bata o creme de leite restante em ponto firme e incorpore ao creme de banana. Divida a bavarois entre seis taças ou pratos, cubra e leve à geladeira por 1-2 horas, até firmar.

Para servir, decore com quenelles ou bolas de sorvete e respingue o chocolate derretido.

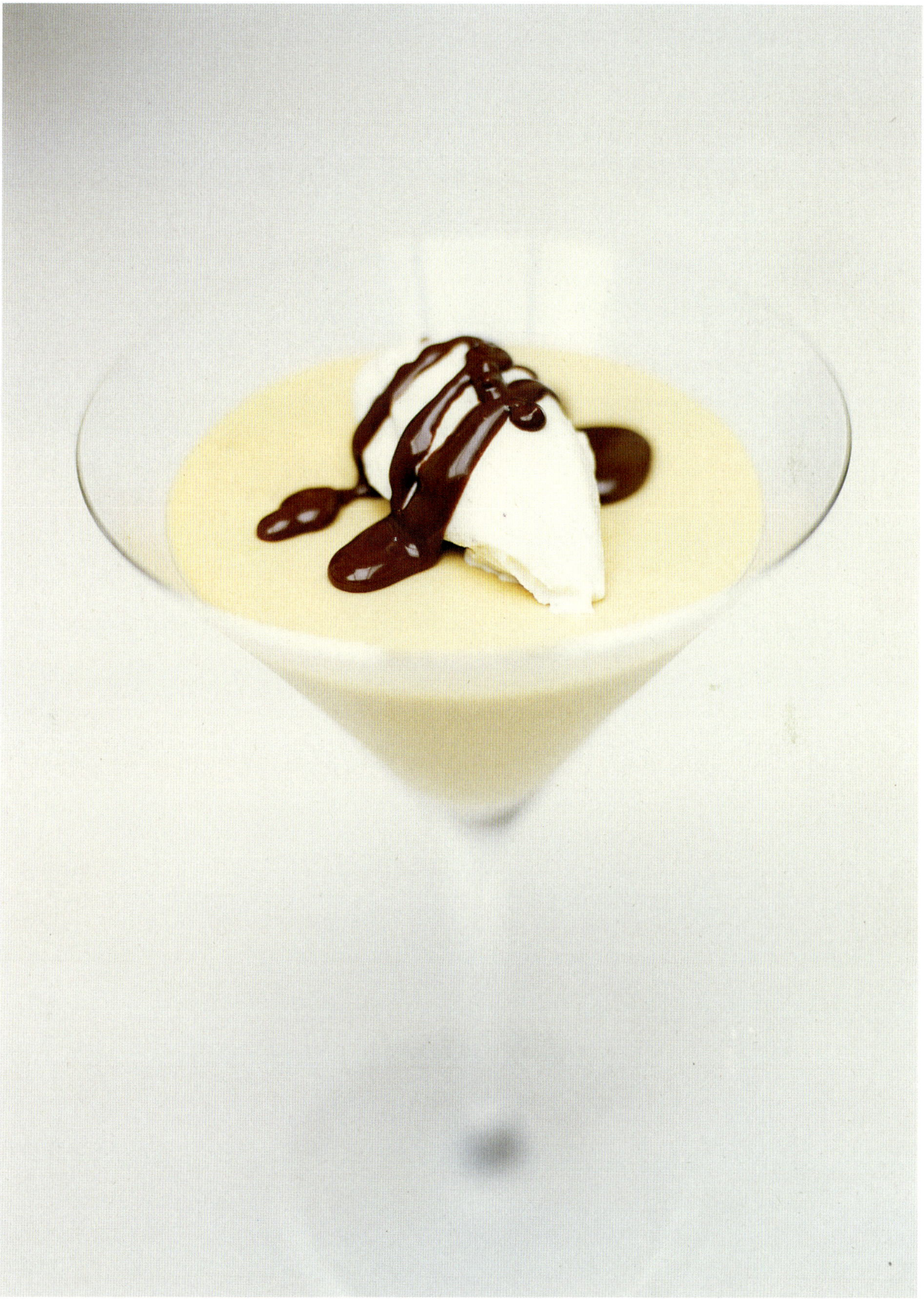

DUAS PORÇÕES

75 g de farinha crocante japonesa (panko) para empanar
1 colher (chá) de canela em pó
25 g de farinha de trigo
2 claras de ovo caipira médio
2 bananas maduras firmes
óleo vegetal para fritar
açúcar para salpicar

PARA O CREME DE ESPECIARIAS

100 g de crème fraîche (ou creme de leite fresco batido)
raspas de 1 limão
½ colher (chá) de mistura de especiarias moídas

# BANANA EMPANADA COM CREME DE ESPECIARIAS

Faça o creme de especiarias misturando todos os ingredientes. Leve à geladeira até a hora de servir.

Misture a farinha crocante com a canela em uma tigela. Ponha a farinha de trigo e as claras em duas outras tigelas. Bata um pouco as claras para que fiquem mais leves. Corte as pontas das bananas e pique-as em três pedaços iguais.

Passe as frutas pela farinha, depois pelas claras e por último pela farinha crocante, cobrindo-as por completo. Chacoalhe para retirar excessos e passe novamente pelas claras e pela farinha crocante. Leve à geladeira até a hora de fritar.

Aqueça o óleo vegetal numa frigideira funda a 165°C. Frite as bananas por alguns minutos, em porções, até ficarem douradas e crocantes. Escorra em papel-toalha. Salpique açúcar e sirva imediatamente, com o creme de especiarias.

150 g de manteiga sem sal em temperatura ambiente
150 g de açúcar demerara
3 ovos médios batidos
2 bananas bem maduras amassadas
150 g de farinha de trigo
1 colher (chá) de fermento em pó

**PARA A CALDA TOFFEE**
50 g de manteiga sem sal picada
50 g de açúcar demerara
3 colheres (sopa) de glicose de milho
125 ml de creme de leite fresco

SEIS PORÇÕES

# PUDINS DE BANANA ASSADOS

Aqueça o forno a 200°C. Unte seis fôrmas de pudim de 200 ml.

Primeiro faça a calda. Derreta a manteiga em uma panela com o açúcar, mexendo até dissolver. Junte a glicose de milho e o creme de leite e cozinhe em fogo baixo, misturando, por 1 minuto. Retire do fogo.

Para fazer os pudins, bata a manteiga com o açúcar em uma tigela, até ficar aerado. Adicione os ovos e as bananas e bata bem. Peneire por cima a farinha e o fermento e incorpore ao creme.

Ponha 1 colher (sopa) de calda toffee no fundo de cada fôrma e cubra com metade da massa dos pudins. Repita as camadas, finalizando com uma de calda. Asse por 20-25 minutos, até os pudins estarem dourados e voltarem ao lugar quando pressionados levemente. Tire do forno e deixe descansar por alguns minutos. Desenforme e sirva morno.

Para fazer um pudim grande... use uma fôrma de 1,5 litro com três camadas iguais de calda toffee e duas de massa. Asse por 50-60 minutos.

# FRUTAS VERMELHAS

Consuma as frutas frescas da estação. Somente nessa época elas estarão maduras e suculentas, cheias de doçura e sabor. Compre as frutas vermelhas em pequena quantidade, escolhendo as mais maduras e firmes que encontrar. Conserve na geladeira até a hora de usar.

1 caixinha de morangos (cerca de 400 g) limpos cortados em quartos
3 colheres (sopa) de azeite extravirgem
2 colheres (sopa) de vinagre balsâmico envelhecido
4 merengues pequenos (ninhos ou conchas) levemente quebrados
cerca de 5 colheres (sopa) de sorvete de creme
algumas folhas de manjericão fatiadas fino

QUATRO PORÇÕES

## MORANGOS BALSÂMICOS COM MERENGUE

Coloque os morangos em uma tigela grande. Misture o azeite com o vinagre em uma jarra e despeje sobre eles, até cobrir levemente. Distribua as frutas em uma travessa e coloque os pedaços de merengue entre elas. Decore com sorvete de creme e com o manjericão. Respingue o molho restante em torno da borda da travessa. Sirva imediatamente.

Em vez de vinagre balsâmico envelhecido... use 60 ml do comum, fervido até reduzir pela metade. Espere esfriar antes de usar.

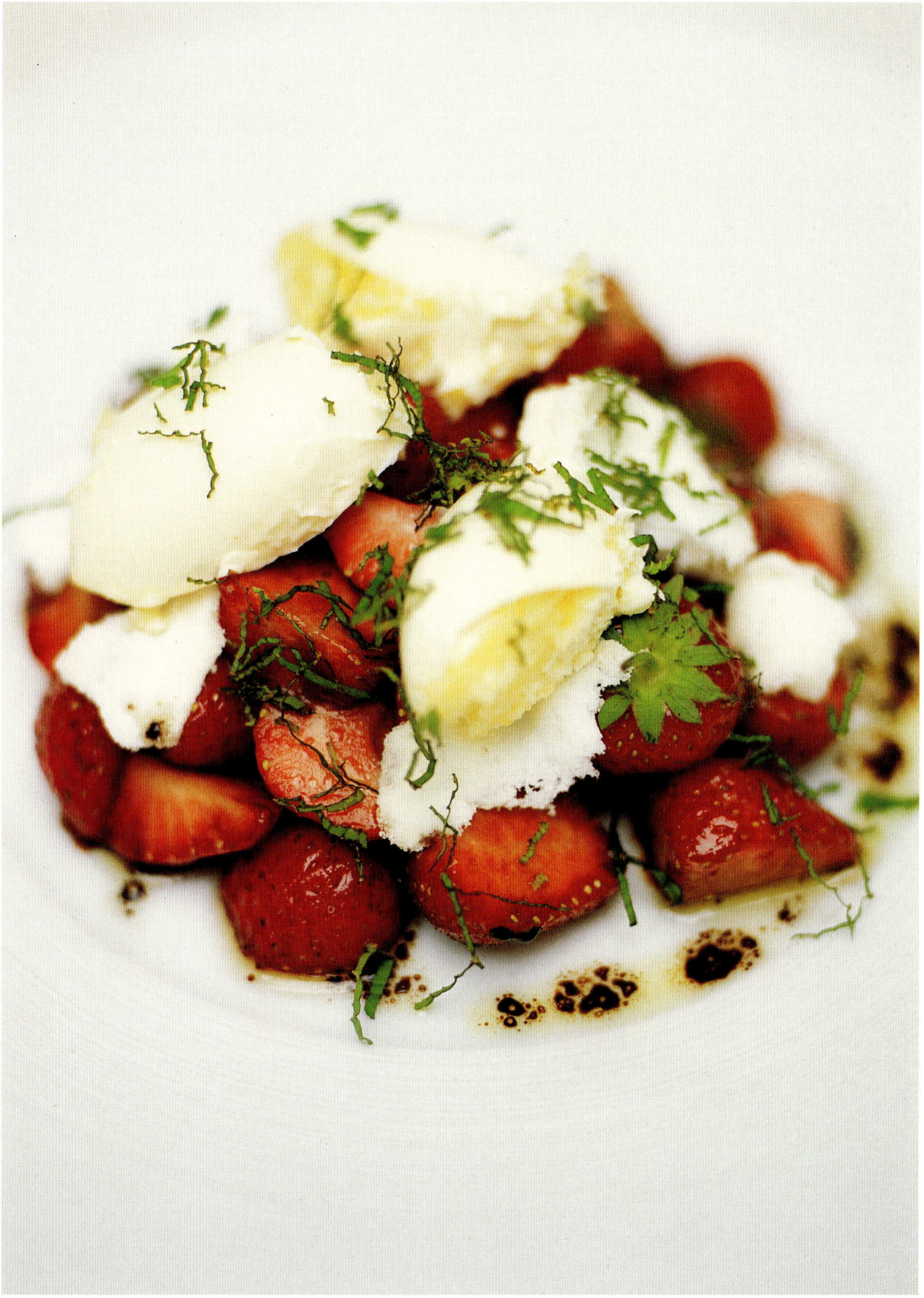

SEIS PORÇÕES

4 folhas de gelatina
400 g de amoras-pretas ou outras frutas vermelhas
100 g de açúcar
100 ml de crème de mûre (licor de amoras-pretas) ou de seu licor de frutas preferido
175 g de biscoito champagne
1 caixinha grande de amoras-pretas (cerca de 300 g)

PARA O CUSTARD

4 folhas de gelatina
250 ml de leite
250 ml de creme de leite fresco
1 fava de baunilha cortada ao meio no sentido do comprimento
5 gemas de ovo caipira médio
75 g de açúcar

PARA SERVIR

75 g de crème fraîche ou creme de leite fresco
80 g de mascarpone
30 g de açúcar

# DOCE DE AMORAS-PRETAS

Ponha a gelatina de molho em uma tigela com água fria. Enquanto isso, bata as amoras-pretas no liquidificador com um pouco de água para emulsificar, até uniformizar. Passe por uma peneira fina colocada sobre uma panela. Adicione o açúcar, dissolva em fogo baixo e espere ferver. Levante a gelatina, aperte para retirar o excesso de água, ponha na panela e misture até derreter. Acrescente o licor e reserve.

Quebre os biscoitos champagne em pedaços de 2 cm. Misture às frutas frescas em uma travessa. Despeje a calda de amoras-pretas por cima e leve à geladeira até ficar quase firme.

Enquanto isso, faça o custard. Ponha as folhas de gelatina de molho em uma tigela com água fria. Misture o leite, o creme de leite e a fava de baunilha em uma panela e espere ferver. Bata as gemas de ovo com o açúcar em uma tigela até uniformizar. Adicione um pouco do creme quente e bata. Despeje na panela e misture bem com uma colher de pau. Mantenha em fogo baixo, mexendo, até o custard encorpar o suficiente para cobrir a colher. Retire do fogo.

Levante a gelatina, aperte para retirar o excesso de água, coloque na panela e misture até derreter. Passe por uma peneira fina colocada sobre uma tigela limpa. Cubra com filme de PVC para evitar que se forme uma camada mais grossa na superfície e leve à geladeira. Quando esfriar, bata bem e espalhe sobre a geleia de amoras-pretas.

Para servir, bata o crème fraîche com o mascarpone e o açúcar e espalhe sobre o custard. Leve à geladeira por ao menos uma hora e sirva.

Para um toque final... salpique o doce com praliné triturado antes de servir. A receita está na página 118.

SEIS PORÇÕES

200 g de chocolate branco
325 ml de creme de leite fresco
1 caixinha grande de framboesas (cerca de 250 g)
100 ml de crème de framboise (licor de framboesa)

# FRAMBOESAS COM MUSSE DE CHOCOLATE BRANCO

Pique o chocolate grosseiramente e coloque em uma tigela grande. Aqueça 200 ml de creme de leite em uma panela, até levantar fervura. Despeje sobre o chocolate, deixe descansar por 5 minutos e bata até uniformizar. Cubra com filme de PVC para evitar que se forme uma camada mais grossa na superfície e deixe esfriar.

Bata o creme de leite restante em ponto firme. Incorpore ao creme de chocolate frio, em duas etapas, e leve à geladeira no mínimo por 2 horas. Enquanto isso, misture cuidadosamente as framboesas com o licor em outra tigela, cubra e reserve.

Para servir, aqueça uma colher e coloque bolas de musse de chocolate nos pratos. Arrume as frutas ao lado e respingue um pouco de licor de framboesas.

# LIMÃO

Compre sempre os limões-sicilianos cuja casca amarela seja fina e opaca – são os mais suculentos. Em alguns locais você os encontrará ainda com os talos e as folhas. Amadurecidos sob o sol italiano, valem o preço que custam. Já os limões verdes comuns têm sabor menos áspero que os sicilianos, mas podem ser duros e secos, quase sem sumo. A melhor forma de verificar isso é apertá-los rapidamente: sob pressão, o limão que estiver suculento e maduro parecerá macio e cederá um pouco.

**DEZ PORÇÕES**

150 g de manteiga sem sal em temperatura ambiente
125 g de açúcar
1 ovo caipira médio batido
250 g de farinha de trigo
1 colher (chá) de fermento em pó

PARA O RECHEIO
1 lata de leite condensado
suco de 4 limões-sicilianos grandes (cerca de 200 ml)
4 gemas de ovo caipira médio
125 g de açúcar

PARA O MERENGUE
3 claras de ovo caipira médio
150 g de açúcar

## TORTA-MERENGUE DE LIMÃO

Aqueça o forno a 200°C. Unte uma assadeira com 30 cm x 20 cm x 5 cm e forre com papel vegetal.

Bata a manteiga com o açúcar em uma tigela, até ficar cremosa. Adicione o ovo, bata e incorpore a farinha peneirada com o fermento. Despeje na assadeira, nivele e asse por 10-15 minutos, até dourar levemente. Retire do forno e reduza a temperatura para 180°C.

Misture os ingredientes do recheio e despeje na assadeira, sobre a massa. Asse por cerca de 5 minutos, até firmar – mas ainda parecer um pouco mole. Tire do forno e reserve enquanto faz o merengue.

Bata as claras em neve e depois acrescente o açúcar aos poucos, batendo sem parar. Espalhe sobre o recheio formando ondulados. Asse por 10-15 minutos, até ficar crocante e dourado. Espere esfriar para fatiar.

Para uma alternativa doce e exótica... no recheio, use a polpa peneirada de 12 maracujás em vez do suco de limão, e metade da quantidade de açúcar.

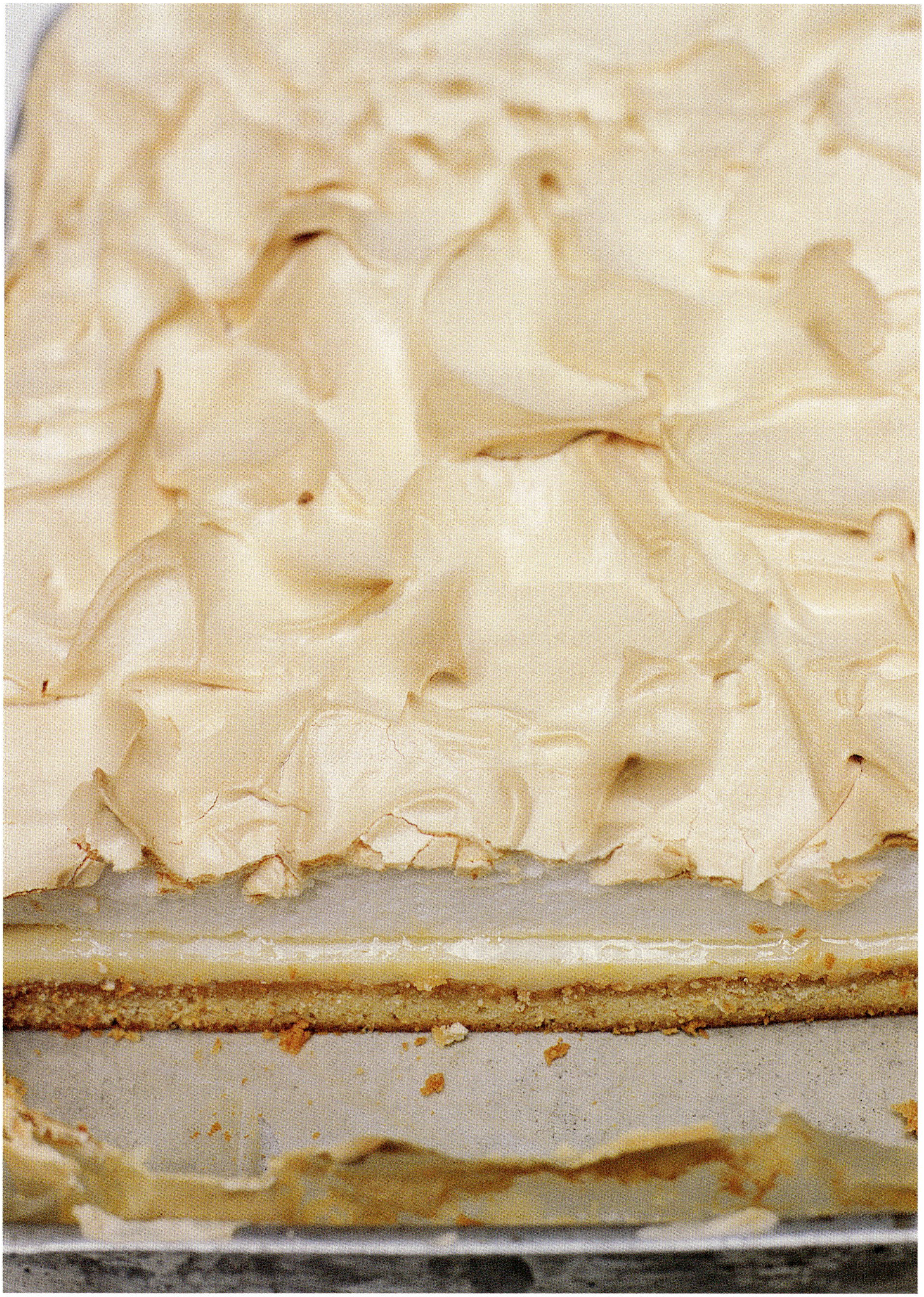

250 g de farinha de trigo
2 colheres (chá) de fermento em pó
200 g de açúcar
150 ml de azeite
3 ovos caipiras médios
raspas de 2 limões-sicilianos

**PARA A COBERTURA**
raspas de 1 limão-siciliano
2 colheres (sopa) de azeite extravirgem
50 g de açúcar

DEZ PORÇÕES

# BOLO DE LIMÃO COM AZEITE

Aqueça o forno a 200°C. Unte uma fôrma redonda de 22 cm, com fundo removível.

Misture as raspas de limão e o azeite da cobertura em uma tigela pequena e reserve.

Peneire a farinha e o fermento em uma tigela e misture o açúcar. Em outra tigela, bata o azeite com os ovos e as raspas de limão, até uniformizar. Incorpore suavemente aos ingredientes secos. Despeje a massa na fôrma e dê batidinhas na lateral para nivelar. Asse por 25 minutos, até que um palito enfiado no centro do bolo saia limpo.

Tire do forno e perfure o bolo várias vezes com um palito. Pincele a superfície com o azeite com limão e salpique o açúcar. Recoloque no forno por 3 minutos para que o açúcar fique brilhante. Espere esfriar para desenformar.

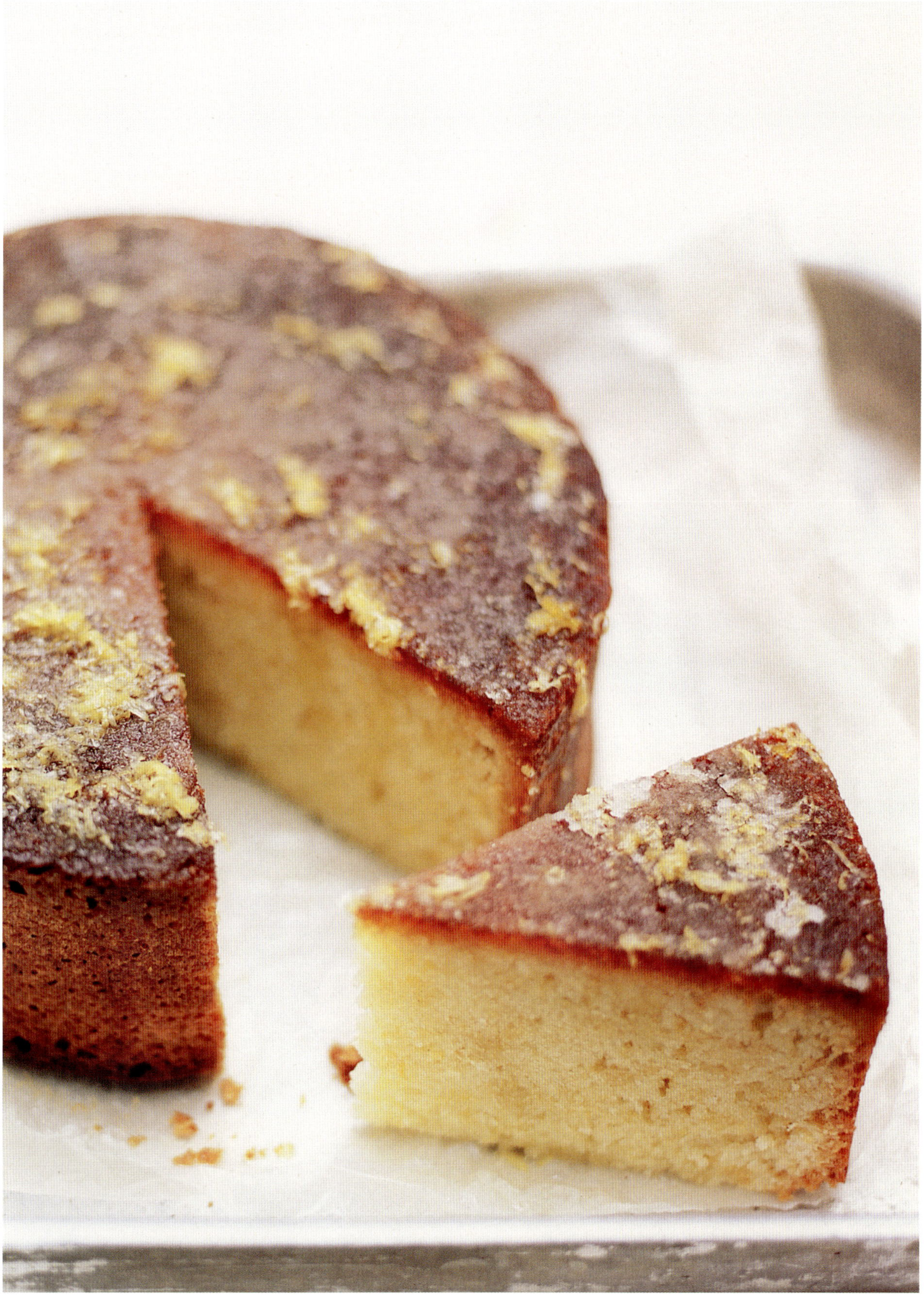

RENDE 300 ML

650 g de açúcar cristal
350 g de limões (cerca de 7 unidades)

## GELEIA DE LIMÃO

Espalhe o açúcar em uma assadeira e aqueça no forno em temperatura mínima enquanto prepara os limões.

Amacie um pouco as frutas fervendo-as em uma panela com água por cerca de 3 minutos. Escorra e deixe esfriar um pouco. Retire a casca com um descascador de legumes e corte em tiras finas. Retire o miolo dos limões e amarre em um saco de musselina (tecido fino). Pique a polpa (tirando as sementes e pedaços fibrosos). Ponha em uma panela junto com as raspas e 850 ml de água fria e espere ferver. Junte o saco de musselina e cozinhe por 15 minutos.

Erga o saquinho e aperte bem contra a parede interna da panela para extrair todo o líquido (ele contém pectina, que ajuda a dar consistência à geleia). Descarte o conteúdo do saco. Abaixe o fogo, adicione o açúcar aquecido à geleia e misture até dissolver. Aumente o fogo e ferva por 15 minutos, mexendo de vez em quando.

Para verificar se a geleia está pronta, coloque uma colherada em um pires gelado e passe a ponta da colher pelo centro, dividindo em duas porções. Se a geleia voltar ao lugar, continue fervendo e refazendo o teste.

Deixe descansar fora do fogo por 20 minutos. Decante em um pote com tampa, esterilizado, e sele ainda quente. Espere esfriar e conserve na geladeira.

Para um sabor diferente... use grapefruit em vez de limão.

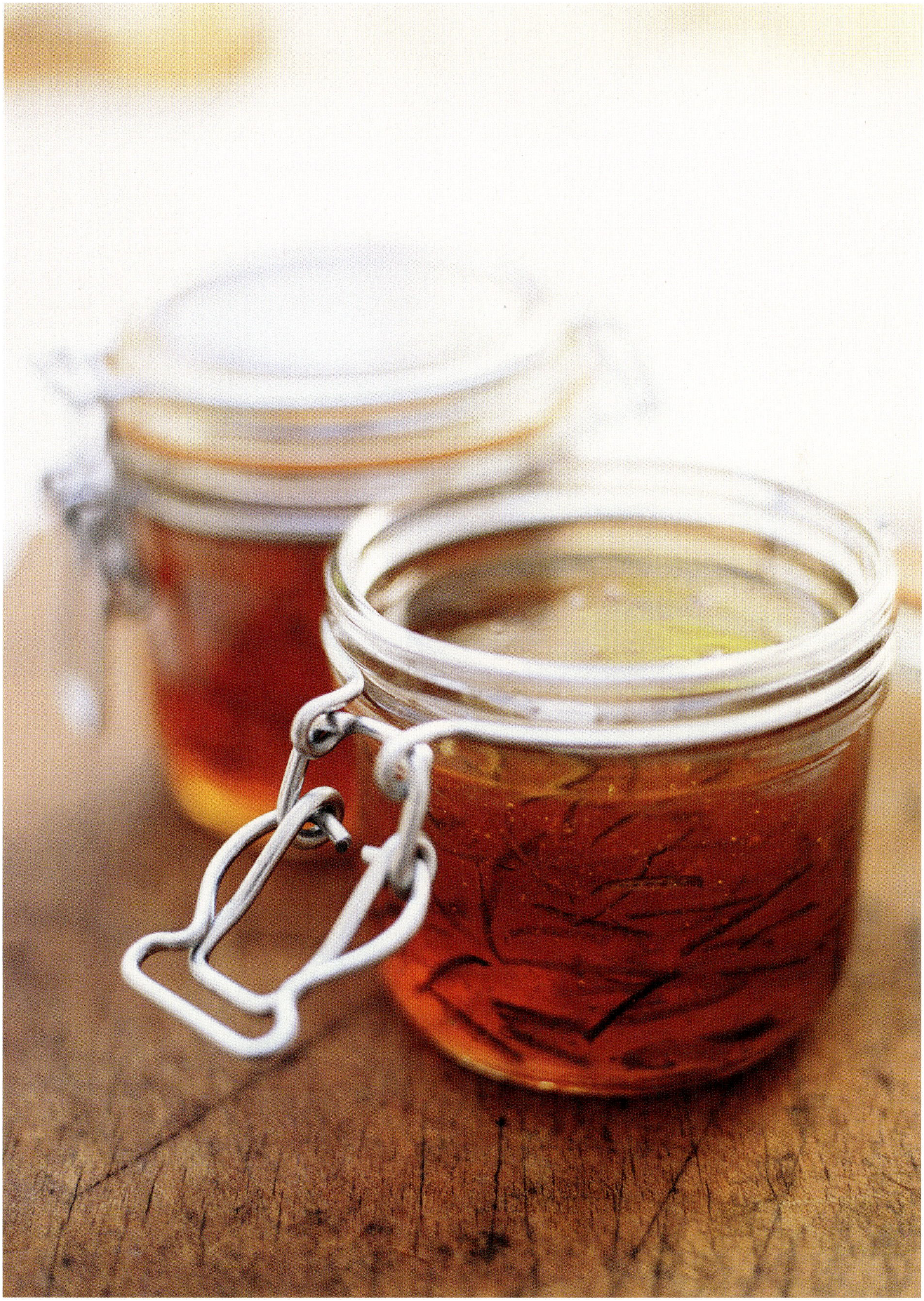

# MANGA

A melhor forma de dizer se uma manga é suculenta e saborosa é cheirando-a. A coloração não serve como guia, uma vez que mangas maduras podem ter a casca verde, amarela, carmim ou âmbar, dependendo da variedade. A minha favorita é a indian alfonso. É uma das melhores quanto ao aroma, ao sabor e à textura – lisa como seda. Algumas mangas são cheirosas e saborosas, mas a polpa pode ser desagradavelmente fibrosa quando mordida.

1 manga madura
200 g de iogurte natural
3 colheres (sopa) de leite
4 colheres (sopa) de mel ou a gosto
folhas de 2 ramos de hortelã
½ colher (chá) de cardamomo moído ou em sementes trituradas

DUAS PORÇÕES

## LASSI DE MANGA

Descasque a manga e retire toda a polpa. Bata no liquidificador até obter um purê sem grumos. Junte os demais ingredientes e bata novamente, até ficar uniforme. Verifique a doçura e, se desejar, adicione mais mel. Despeje em duas taças e sirva.

Para um lassi de manga com sabor mais acentuado... adicione algumas gotas de suco de limão comum ou limão-siciliano.

OITO PORÇÕES

2 mangas maduras grandes
5 gemas de ovo caipira médio
4 folhas de gelatina
550 ml de creme de leite fresco

## PARFAIT DE MANGA

Forre uma fôrma de pão de 900 g (23 cm x 13 cm) com filme de PVC.
    Retire a polpa das mangas e bata no liquidificador até obter um purê. Passe por uma peneira colocada sobre uma panela. Cozinhe em fogo médio até reduzir pela metade. Deixe esfriar.
    Ponha as gemas em uma tigela e bata com uma batedeira em velocidade média, até elas ficarem claras e aumentarem de volume. Ao mesmo tempo, dissolva o açúcar em 6 colheres (sopa) de água em uma panela. Aumente o fogo e ferva por 1 minuto. Coloque a batedeira em velocidade máxima e respingue lentamente a calda quente de açúcar na tigela. Continue batendo o zabaione até a tigela ficar fria. Reserve.
    Ponha a gelatina de molho em uma tigela com água fria por 5 minutos. Enquanto isso, aqueça 50 ml de creme de leite em uma panela em fogo médio. Levante a gelatina, aperte para retirar o excesso de água, coloque na panela e misture até derreter.
    Bata o creme de leite restante em ponto firme e incorpore ao purê de manga. Passe o creme com gelatina por uma peneira colocada sobre o purê, misture bem e depois incorpore suavemente o zabaione. Despeje o parfait na fôrma. Cubra e leve à geladeira até firmar – isso levará ao menos 4 horas. Para servir, aqueça uma faca e fatie.

12 wonton wrappers (ou massa de pastel bem fina) com cerca de 10 cm x 9 cm
óleo vegetal para pincelar
sal marinho e pimenta-do-reino moída na hora

**PARA A SALSA**
1 manga madura e firme
raspas e suco de 1 limão
folhas picadas de 3 ramos de hortelã
folhas picadas de 6 ramos de coentro
½ echalota (ou 1 cebola redondinha) bem picada
½ pimentão vermelho bem picado
um pedaço de gengibre descascado e ralado fino
pasta wasabi a gosto

**VINTE E QUATRO UNIDADES**

# WONTON COM SALSA DE MANGA E WASABI

Aqueça o forno a 200°C. Unte uma fôrma de minimuffins antiaderente, com 24 canecos (ou duas fôrmas de 12 canecos).

Para fazer a salsa, pique a manga em quadrados de 5 mm. Coloque em uma tigela com o suco e as raspas de limão e mexa bem. Junte os demais ingredientes da salsa – use wasabi, sal e pimenta a gosto. Misture bem. Cubra e leve à geladeira enquanto prepara a massa.

Corte os wonton wrappers ao meio, na diagonal, para obter 24 triângulos. Encaixe um em cada caneco da fôrma, de maneira que duas pontas ultrapassem a borda. Pincele os triângulos com óleo e asse por 5 minutos. Erga da fôrma, espere esfriar e recheie com a salsa.

Sirva também com... peixe defumado esfacelado ou frango desfiado na base da massa, coberto pela salsa. Ou use a salsa (sem a massa) como acompanhamento para peixe ou frango.

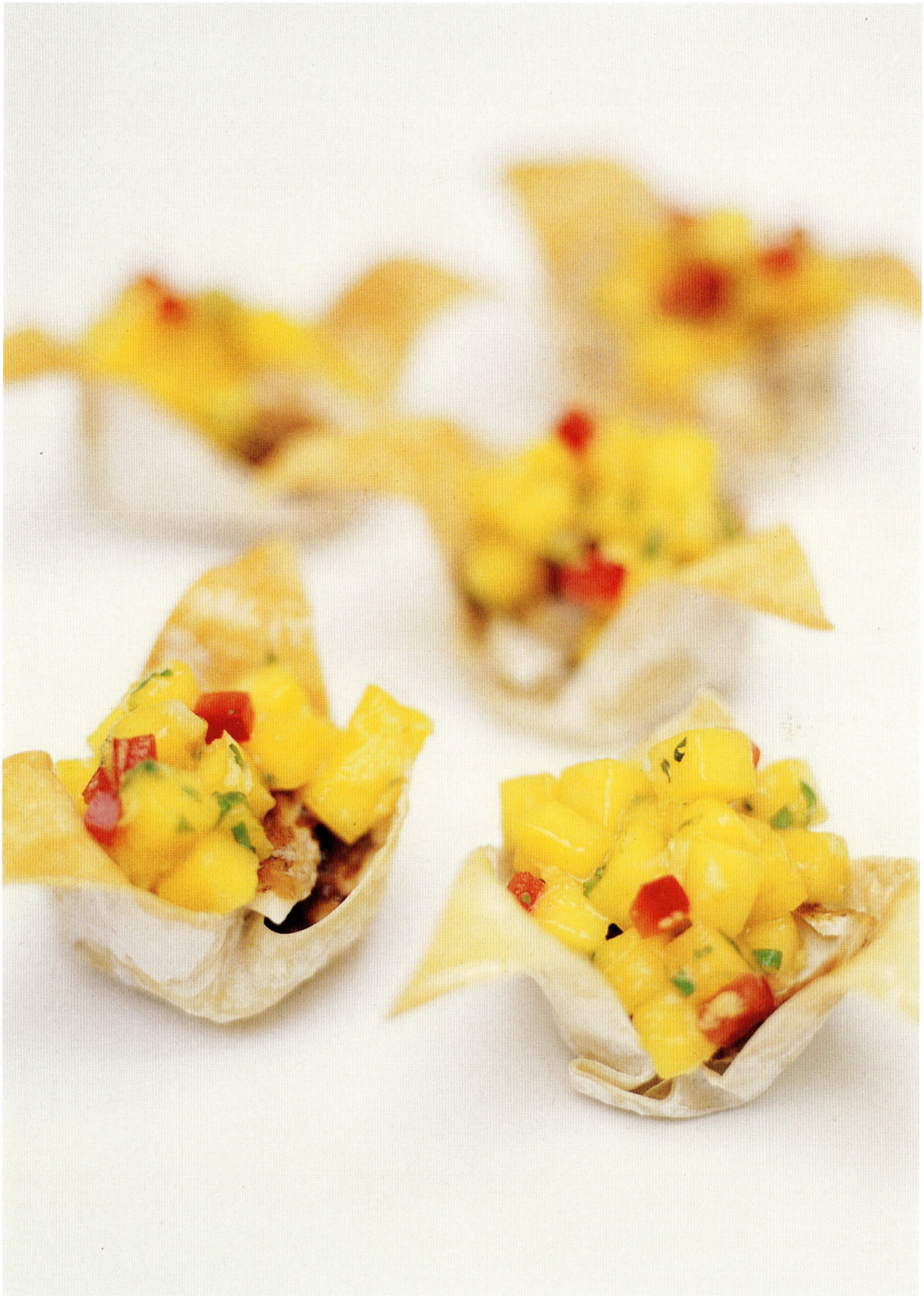

# PERA

Só use as peras quando estiverem na estação, entre fevereiro e maio no Brasil. Nessa época elas estarão maduras, suculentas e doces – e não secas e insossas como podem ser em outras épocas do ano. Algumas das variedades usadas nestas receitas são a conference, a comice, a william e a bosc. Todas podem ser cozidas. Procure também pelas variedades locais nos mercados e feiras, e aproveite-as da melhor forma que puder.

RENDE 400 ML

6 peras conference (ou outra firme) maduras
200 g de açúcar cristal
suco de 2 limões
25 g de sementes de mostarda amarela
25 ml de vinagre de vinho branco

## COMPOTA DE PERA E MOSTARDA

Descasque e descaroce as peras. Corte em cubos pequenos e coloque em uma panela com os demais ingredientes e 50 ml de água fria. Espere o açúcar dissolver em fogo baixo, misturando uma ou duas vezes. Aumente o fogo e cozinhe, mexendo sempre, por cerca de 1 hora. Ao final desse tempo a calda deve estar encorpada e aparentando um dourado-claro.

Decante em potes com tampa, esterilizados, e sele ainda quente. Espere esfriar e conserve na geladeira por até 6 semanas. Sirva com queijo ou carne fria.

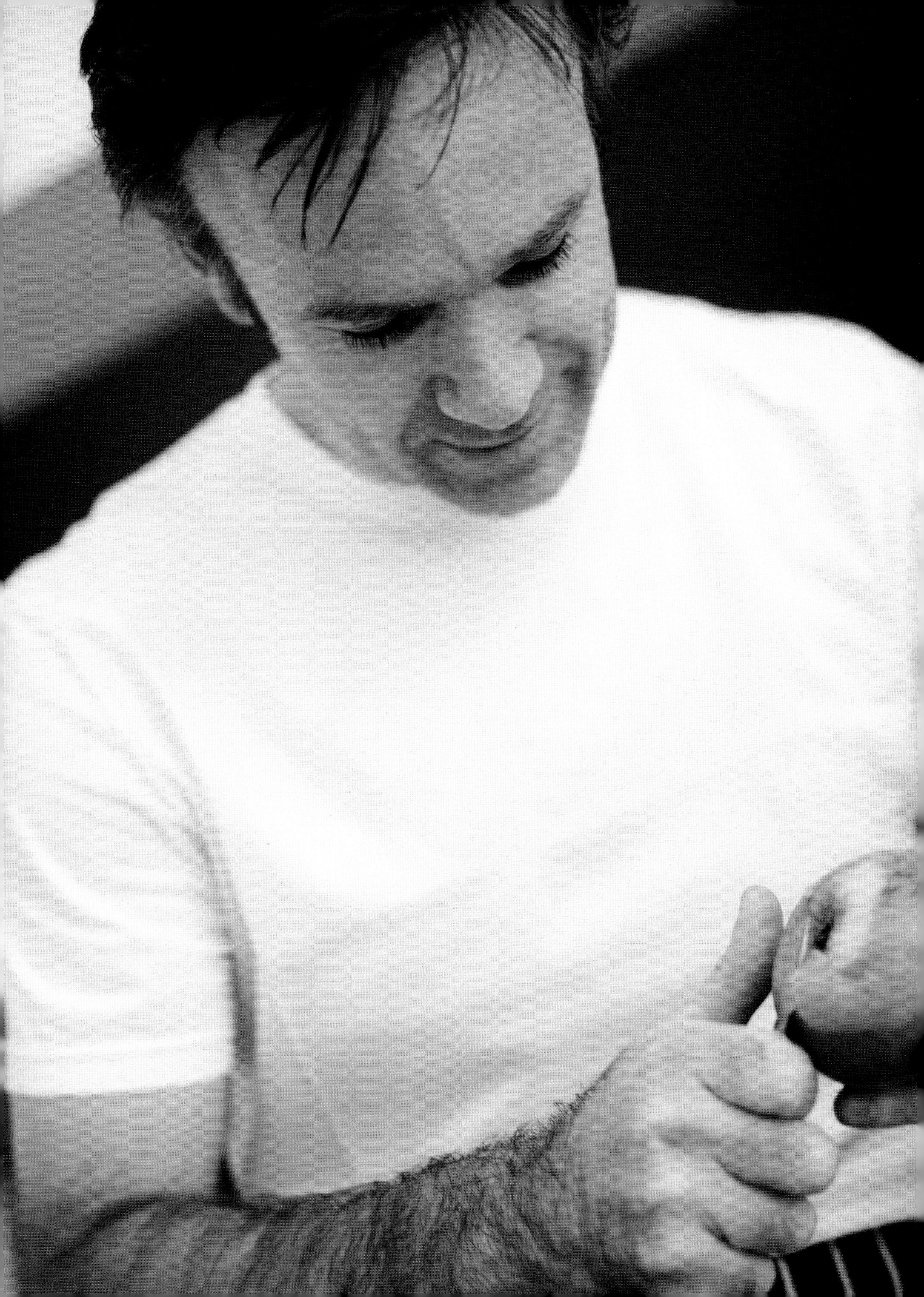

400 g de açúcar refinado ou cristal
4 anises-estrelados
6 peras comice maduras

**PARA A MASSA**
150 g de manteiga sem sal em temperatura ambiente
75 g de açúcar glacê peneirado
uma pitada de sal refinado
1 ovo caipira médio batido
250 g de farinha de trigo

**PARA O RECHEIO**
125 g de nozes
125 g de manteiga sem sal em temperatura ambiente
125 g de açúcar
3 ovos caipiras médios batidos
60 g de farinha de trigo

SEIS PORÇÕES

# TORTA DE PERA E NOZES

Faça a massa. Bata a manteiga com o açúcar na batedeira. Junte o sal e o ovo, mexa bem e vá misturando a farinha até a massa dar liga. Modele-a sobre uma superfície enfarinhada, formando um quadrado, embrulhe em filme de PVC e leve à geladeira por 30-45 minutos.

Coloque um aro de metal de 20 cm de diâmetro por 5-7 cm de altura em uma assadeira forrada com papel vegetal. Abra a massa até ficar com cerca de 4 mm de espessura. Corte um círculo de 30-32 cm e forre o aro com ele, deixando passar da borda. Se a massa rachar, aperte para fechar. Leve à geladeira por ao menos 30 minutos.

Aqueça o forno a 200°C.

Forre a base de massa com papel vegetal e cubra com grãos de feijão, para a massa não crescer e depois quebrar. Asse por 25 minutos. Retire o papel e os grãos e asse por mais 5 minutos. Deixe esfriar e apare os excessos de massa.

Misture o açúcar, os anises e 1,5 litro de água em uma panela grande. Espere o açúcar dissolver e deixe ferver. Enquanto isso, descasque as peras. Corte um círculo na base de cada fruta e retire o miolo, mantendo a camada externa intacta. Coloque na água fervente, cubra com papel vegetal e escalde por 10-15 minutos, até amaciar. Retire e leve à geladeira. Reduza 300 ml do líquido, até virar uma calda.

Para o recheio, passe as nozes no processador, até ficarem em migalhas grossas. Bata a manteiga com o açúcar, adicione os ovos aos poucos e incorpore a farinha e as nozes. Espalhe uma camada de 2 cm de recheio sobre a base da torta. Encaixe as peras por cima, em círculo e com uma ao centro. Despeje o recheio restante em volta e entre as frutas. Asse por 30-40 minutos, até as peras e o recheio dourarem. Tire do fogo e pincele a calda quente. Espere esfriar, desenforme e sirva.

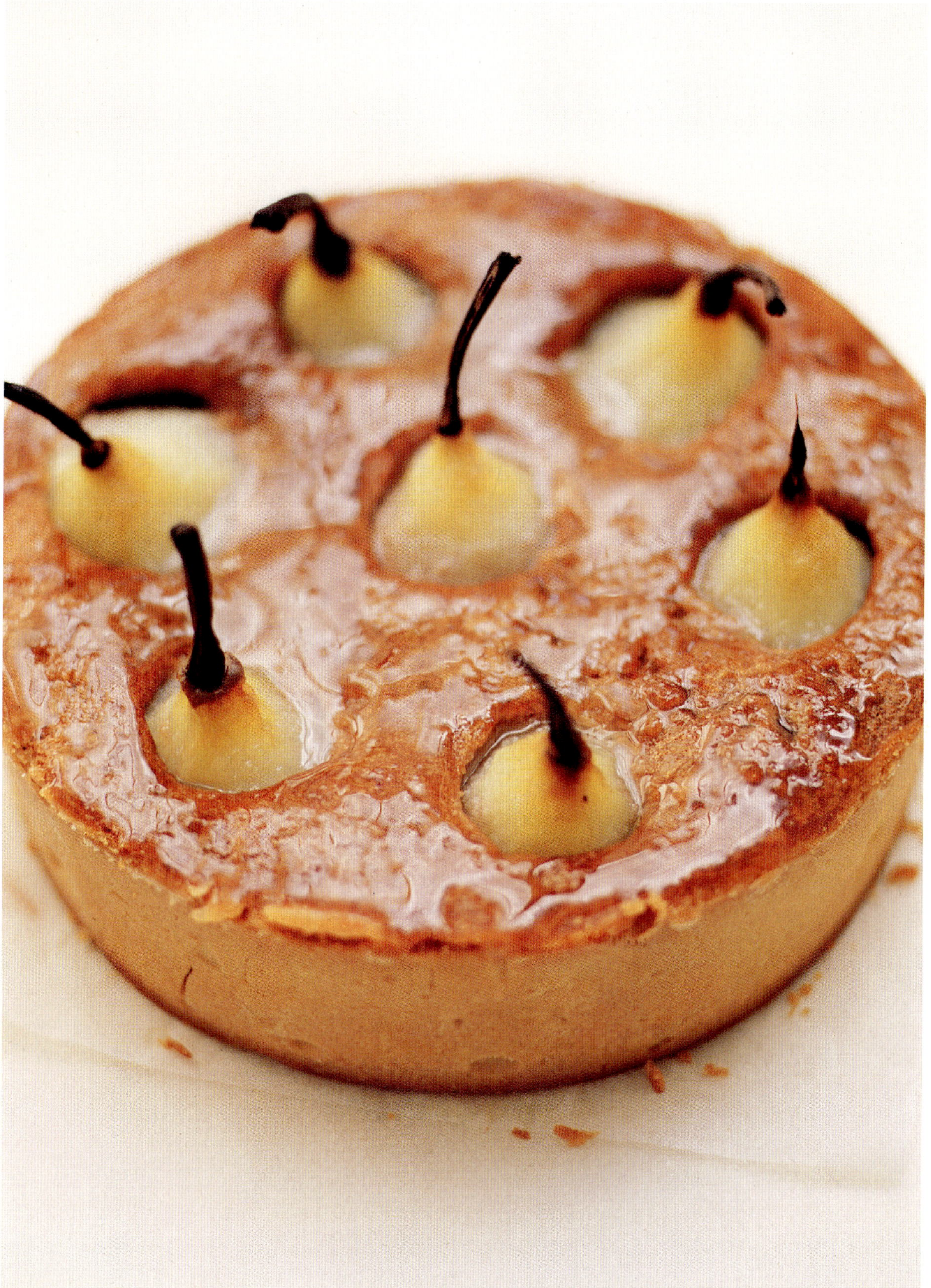

6 peras comice maduras
75 g de açúcar
3 ramos de alecrim quebrados em pedaços
50 g de manteiga sem sal picada

**PARA SERVIR**
100 g de parmesão cortado em lascas com um descascador de legumes
500 g de amêndoas frescas sem pele picadas (opcional)
sal marinho

QUATRO PORÇÕES

## PERAS ASSADAS COM ALECRIM

Descasque as peras, retire o talo e corte cada uma em quartos, no sentido do comprimento. Se quiser, descaroce.

Aqueça uma panela refratária pesada, em fogo alto. Adicione o açúcar, o alecrim e um pouco de água. Mantenha em fogo baixo/médio até o açúcar dissolver. Aumente o fogo e cozinhe, girando a panela de vez em quando, até obter um caramelo fino. Não misture.

Adicione a manteiga, gire a panela para misturar e junte as peras. Abaixe o fogo e cozinhe por 10-15 minutos, movendo as frutas suavemente e cobrindo-as com a calda, até ficarem bem douradas.

Enquanto isso, aqueça o forno a 200°C.

Se for preciso, acrescente 50 ml de água fria à calda para afiná-la e coloque a panela no forno. Asse por 5 minutos, até sentir as peras macias quando perfurá-las com um palito.

Sirva morno ou em temperatura ambiente, cobertas com as lascas de parmesão, as amêndoas (opcional) e salpicadas com sal marinho.

Esta receita é versátil... pode ser servida como entrada ou como acompanhamento para frango ou porco assado. Sem o parmesão e o sal transforma-se em uma sobremesa, com mascarpone ou clotted cream.

As amêndoas frescas só são encontradas na estação adequada... o inverno. Durante o resto do ano, use amêndoas tostadas ou peladas.

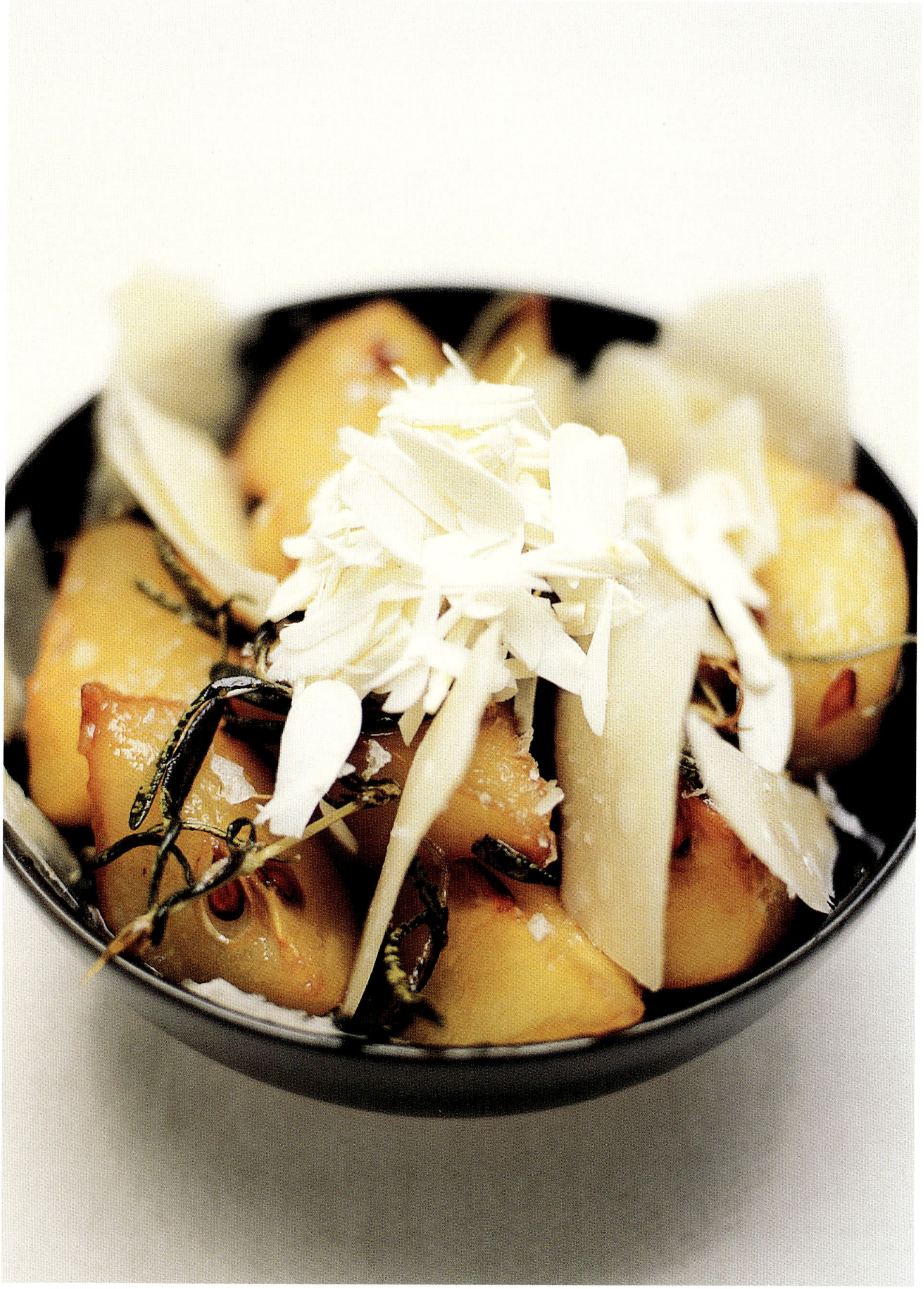

# ABACAXI

Os melhores abacaxis são os pequenos e dulcíssimos que vêm do Havaí, da Flórida e da Costa Rica. Eles podem ser mais caros, mas valem a pena. O preparo é sempre muito importante, não importa qual seja o tamanho, então sempre retire todos os "olhos" com a ponta de uma faquinha afiada. Isso consome tempo, mas o resultado é excelente. Se você tiver uma centrífuga, prepare seu próprio suco de abacaxi, mesmo que as versões industrializadas – que contêm a fruta prensada, sem adição de água e açúcar – também sejam boas.

**QUATRO PORÇÕES**

1 abacaxi maduro
300 g de açúcar refinado ou cristal
4 anises-estrelados
50 ml de rum escuro
6 grãos de pimenta-do-reino

## CARPACCIO DE ABACAXI

Corte as pontas do abacaxi, descasque e retire os "olhos". Fatie em rodelas bem finas. Coloque em um recipiente raso de plástico, sobrepondo as fatias em uma camada única.

Ponha os demais ingredientes em uma panela com 400 ml de água fria. Dissolva o açúcar em fogo baixo, misturando uma ou duas vezes, e depois deixe ferver. Despeje a calda sobre o abacaxi, cobrindo bem todas as rodelas. Espere esfriar, cubra e deixe descansar na geladeira durante a noite. Escorra o líquido antes de servir, acompanhando frango, porco ou peixe ou como uma sobremesa refrescante, com sorvete.

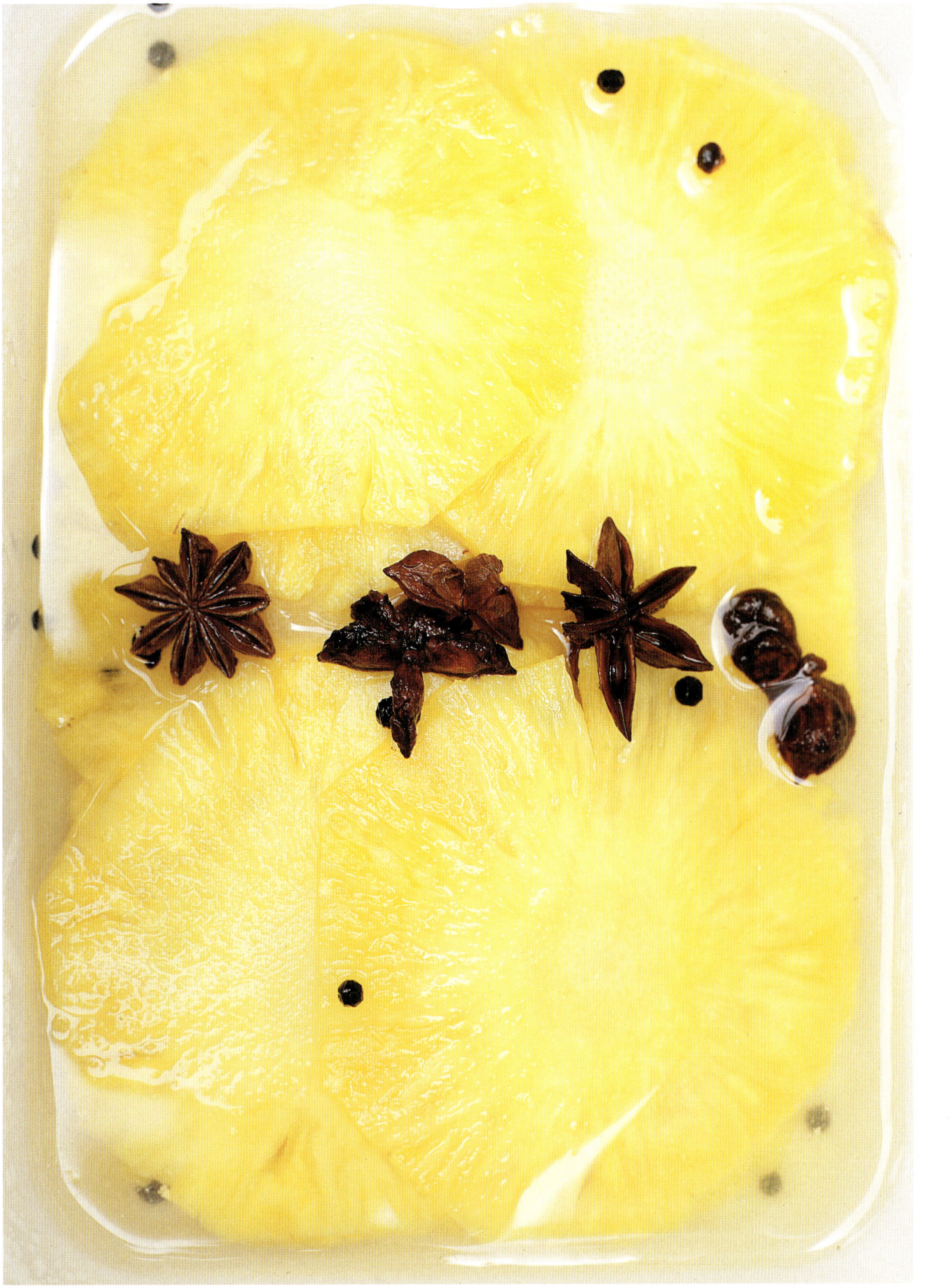

½ abacaxi maduro
150 g de mascarpone
50 g de açúcar glacê peneirado
sementes amassadas de ¼ de fava de baunilha
1 colher (sopa) cheia de hortelã fatiada fino
50 g de merengues (ninhos ou conchas) quebrados

QUATRO PORÇÕES

## TIANS DE ABACAXI COM MASCARPONE E HORTELÃ

Corte as pontas do abacaxi, descasque e retire os "olhos". Descarte o miolo e corte a polpa em quadrados de 5 mm. Coloque sobre papel-toalha para absorver o excesso de líquido – é preciso que o abacaxi esteja bem seco.

Na hora de servir, bata o mascarpone com o açúcar glacê e a baunilha em uma tigela, até encorpar. Adicione a hortelã e a maior parte do abacaxi e dos merengues quebrados.

Para fazer cada tian, segure um aro de metal com cerca de 5 cm de diâmetro e 7,5 cm de altura sobre um prato. Encha com ¼ do abacaxi com merengue e aperte bem. Erga o aro e salpique o tian com ¼ do merengue restante. Repita para fazer as três outras porções. Decore as bordas dos pratos com os cubos de abacaxi restantes e sirva imediatamente.

**RENDE**
**1,25 LITRO**

100 g de açúcar
1 litro de suco de abacaxi sem açúcar
100 ml de malibu

# GRANITA DE ABACAXI E MALIBU

Coloque o açúcar em uma panela com 100 ml de água fria. Aqueça em fogo baixo até dissolver, mexendo uma ou duas vezes, e depois deixe ferver. Adicione o suco de abacaxi e o malibu e misture bem.

Espere esfriar, coloque em uma bandeja de plástico grande e congele. Isso deve levar cerca de 4 horas. Bata bem a granita depois de 1 hora para evitar que se formem grandes cristais de gelo. Quando congelar por completo, raspe com um garfo até ficar parecendo neve. Conserve no congelador, em um recipiente resistente, por até uma semana.

# RUIBARBO

Há dois tipos de ruibarbo. O cultivado em estufa, cuja estação é antecipada para os meses do inverno, com sabor muito doce e talos cor-de-rosa que só precisam ser aparados antes de usar; e o ruibarbo cultivado ao ar livre, cuja estação é breve, durante o começo do verão europeu, portanto é preciso se apressar para colhê-lo antes que endureça. Só use esse segundo tipo quando estiver novo – e retire as fibras com cuidado, ou ele ficará duro. Como é difícil encontrar ruibarbo fresco no Brasil, procure a compota em empórios finos ou substitua por maçã.

750 g de compota de ruibarbo
açúcar a gosto

**PARA O CROCANTE**
80 g de manteiga sem sal picada
100 g de farinha de trigo
50 g de açúcar demerara
80 g de aveia em flocos

**SEIS PORÇÕES**

## CROCANTE DE RUIBARBO

Aqueça o forno a 200°C.

Corte o ruibarbo em conserva em pedaços de 2 cm e coloque em uma panela com o açúcar, se desejar mais doce. Cozinhe em fogo baixo, mexendo de vez em quando, até o açúcar dissolver completamente. Aumente o fogo para médio e continue cozinhando, até ficar macio e suculento. Verifique a doçura. Divida entre seis tigelas refratárias e coloque-as em uma assadeira.

Para fazer a cobertura crocante, amasse a manteiga com a farinha até ficar parecendo migalhas de pão. Misture o açúcar e a aveia e salpique sobre o ruibarbo. Asse por cerca de 20 minutos, até dourar.

Para um crocante grande... use uma travessa de 1,5 litro (cerca de 17 cm x 20 cm x 5 cm) e asse por uns 40 minutos.

Em vez de ruibarbo... use maçãs ou ameixas cortadas ao meio.

OITO PORÇÕES

500 g de compota de ruibarbo
250 g de açúcar
5 gemas de ovo caipira médio
água de rosas a gosto
250 ml de creme de leite fresco

# PARFAIT DE RUIBARBO E ÁGUA DE ROSAS

Coloque oito copos de 250 ml no congelador.
 Coloque o ruibarbo em conserva em uma panela com 100 g de açúcar e cozinhe em fogo baixo, mexendo de vez em quando, até o açúcar dissolver e o líquido evaporar um pouco. Aumente o fogo para médio e continue cozinhando, até amaciar. Espere esfriar e bata com o batedor manual até virar um purê.
 Bata as gemas na batedeira e em velocidade média até ficar claro, encorpado e aerado. Enquanto isso, dissolva o açúcar restante em uma panela em fogo baixo com 5 colheres (sopa) de água e algumas gotas de água de rosas. Espere ferver e mantenha no fogo por 4 minutos. Despeje a calda lentamente sobre as gemas, com a batedeira em velocidade máxima. Continue batendo até esfriar e o zabaione ficar claro e encorpado. Prove e adicione água de rosas a gosto.
 Bata o creme de leite em ponto firme e incorpore ao purê de ruibarbo, seguido pelo zabaione frio. Despeje nos copos gelados e recoloque no congelador. Espere 1-2 horas e sirva.

Em vez de ruibarbo... use maçã.

400 g de ruibarbo em compota
100 g de mel
100 g de mascarpone
200 ml de creme de leite fresco

**PARA A COBERTURA**
50 g de açúcar
um punhado de ruibarbo em compota picadinho
um pouco de grenadine (opcional)

QUATRO PORÇÕES

# DOCE DE RUIBARBO COM CREME

Coloque o ruibarbo em compota em uma panela junto com o mel. Cozinhe em fogo baixo, mexendo de vez em quando, até a polpa amaciar bem. Deixe esfriar.

Para fazer a cobertura, ponha o açúcar em uma panela com 100 ml de água fria. Aqueça até dissolver, mexendo uma ou duas vezes. Espere ferver, adicione os pedacinhos de ruibarbo, abaixe o fogo e escalde, até amaciar. Tire do fogo, misture o grenadine (opcional), espere esfriar e leve à geladeira.

Bata o mascarpone em uma tigela até ficar cremoso. Misture a compota com mel. Bata o creme de leite em ponto firme e incorpore o ruibarbo com mascarpone. Verifique a doçura e adicione mais mel, se preciso. Divida entre quatro tigelas de vidro, cubra e leve à geladeira por ao menos 1 hora.

Sirva os doces cobertos pelo ruibarbo escaldado.

Como alternativa... use mirtilos em vez de ruibarbo. Cozinhe por 6-10 minutos para fazer o doce e escalde por 3-5 minutos para a cobertura.

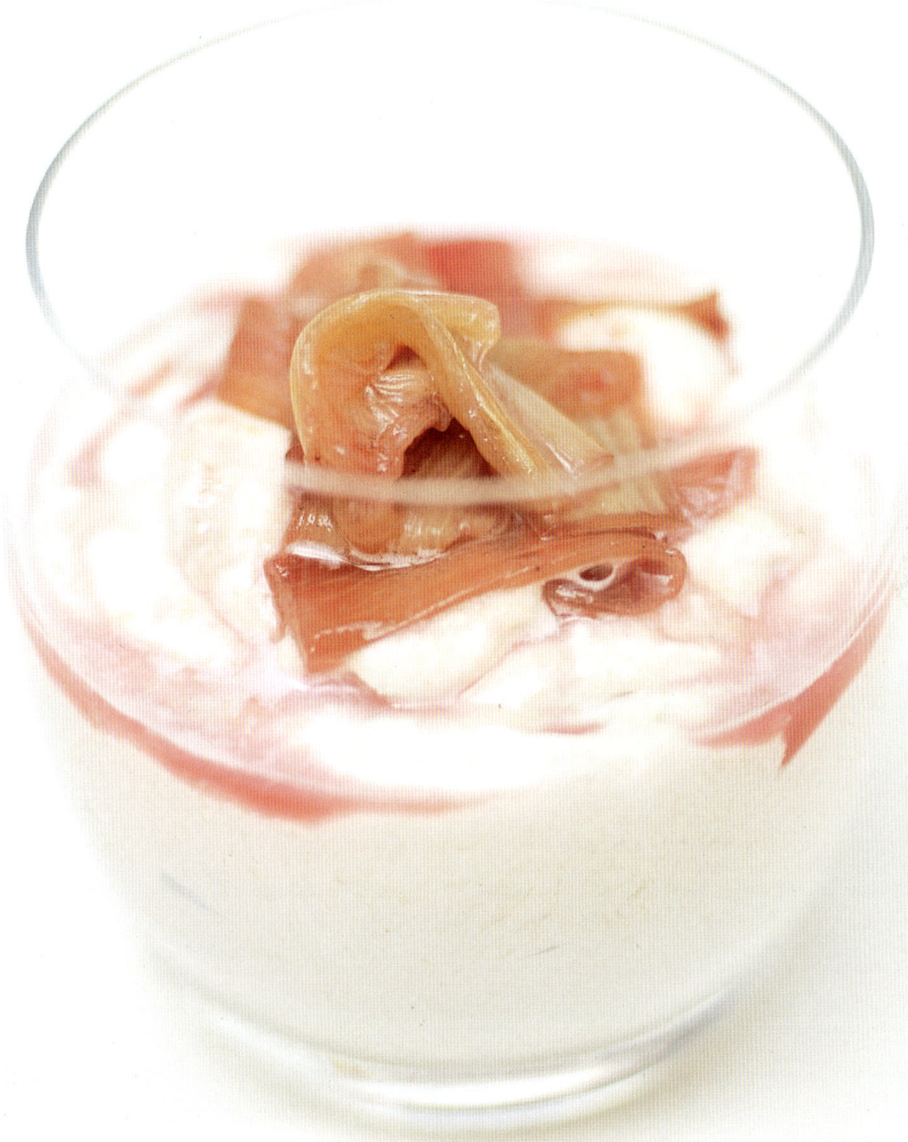

# FRUTAS DE CAROÇO

Damascos, nectarinas e pêssegos têm uma estação para colheita muito curta, no verão, e quando estão perfeitamente maduros o seu perfume intenso e a sua doçura são incomparáveis. Não vale a pena comprá-los em outras épocas do ano. Já as ameixas amadurecem mais tarde e duram mais, então você terá mais oportunidades de usá-las, tanto em pratos salgados como doces. Elas dão frescor a receitas com pato, vísceras e caça, da mesma forma como o limão dá frescor para o peixe.

**SEIS PORÇÕES**

125 ml de rum escuro
100 g de açúcar mascavo claro
raspas e suco de 2 limões
8 pêssegos maduros
folhas de um punhado de hortelã picadas

## PÊSSEGOS COM RUM E HORTELÃ

Aqueça o rum e o açúcar em uma panela pequena em fogo baixo, até dissolver. Espere ferver, retire do fogo e misture as raspas e o suco de limão.

Corte os pêssegos ao meio, descaroce e pique em pedaços. Coloque em uma tigela junto com a hortelã, despeje por cima a calda morna e misture com cuidado. Cubra e leve à geladeira por algumas horas antes de servir.

Em vez de pêssegos... use nectarinas maduras ou dezesseis damascos frescos.

100 g de açúcar
8 ameixas-vermelhas maduras cortadas em quartos
1 pauzinho de canela
1 anis-estrelado
1 colher (chá) de mistura de especiarias moídas
100 ml de vinho do Porto
azeite
2 pedaços de foie gras fresco (60-80 g cada um)
sal marinho e pimenta-do-reino moída na hora

QUATRO PORÇÕES

# AMEIXAS COM ESPECIARIAS E FOIE GRAS

Aqueça uma frigideira de fundo grosso em fogo alto. Coloque o açúcar e chacoalhe levemente a panela para espalhá-lo e fazer com que derreta e forme um caramelo dourado-claro. Isso deve levar 3-5 minutos. Adicione as ameixas e todas as especiarias e chacoalhe a frigideira para cobrir as frutas com o caramelo. Quando elas dourarem um pouco, misture o Porto e coloque em fogo baixo. Cozinhe por cerca de 10 minutos, até amaciar e formar uma calda, girando a frigideira várias vezes.

Para preparar o foie gras, aqueça um pouco de azeite em uma frigideira, em fogo médio. Tempere a carne com sal e pimenta e coloque na panela. Frite por 2 minutos de cada lado, regando constantemente com o azeite quente, até ganhar cor. Retire da frigideira, deixe descansar por 2 minutos e sirva com as ameixas.

Para uma apresentação atraente... antes de fritar, faça sulcos em forma de diamante nas laterais do foie gras, usando as costas de uma faca.

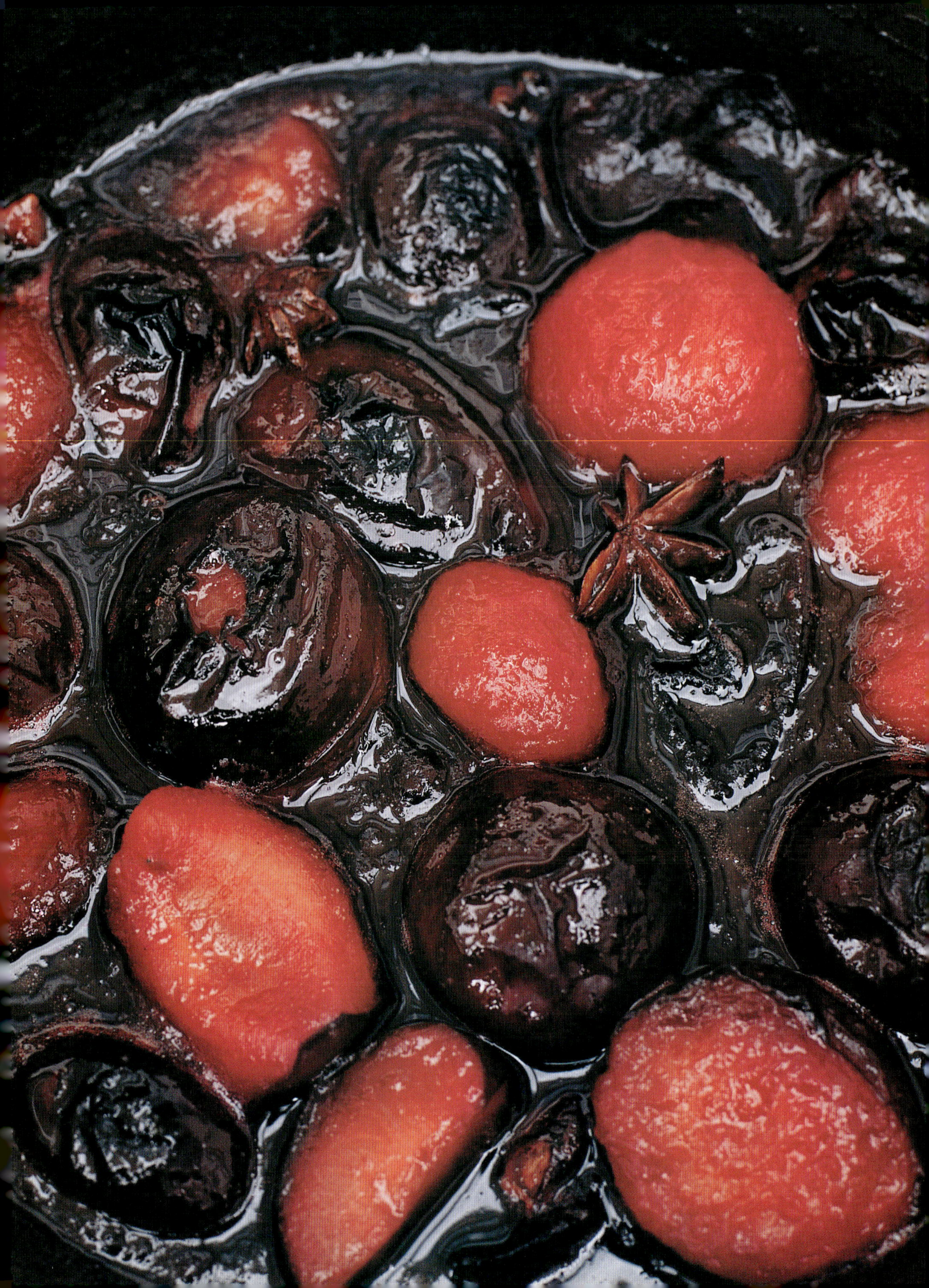

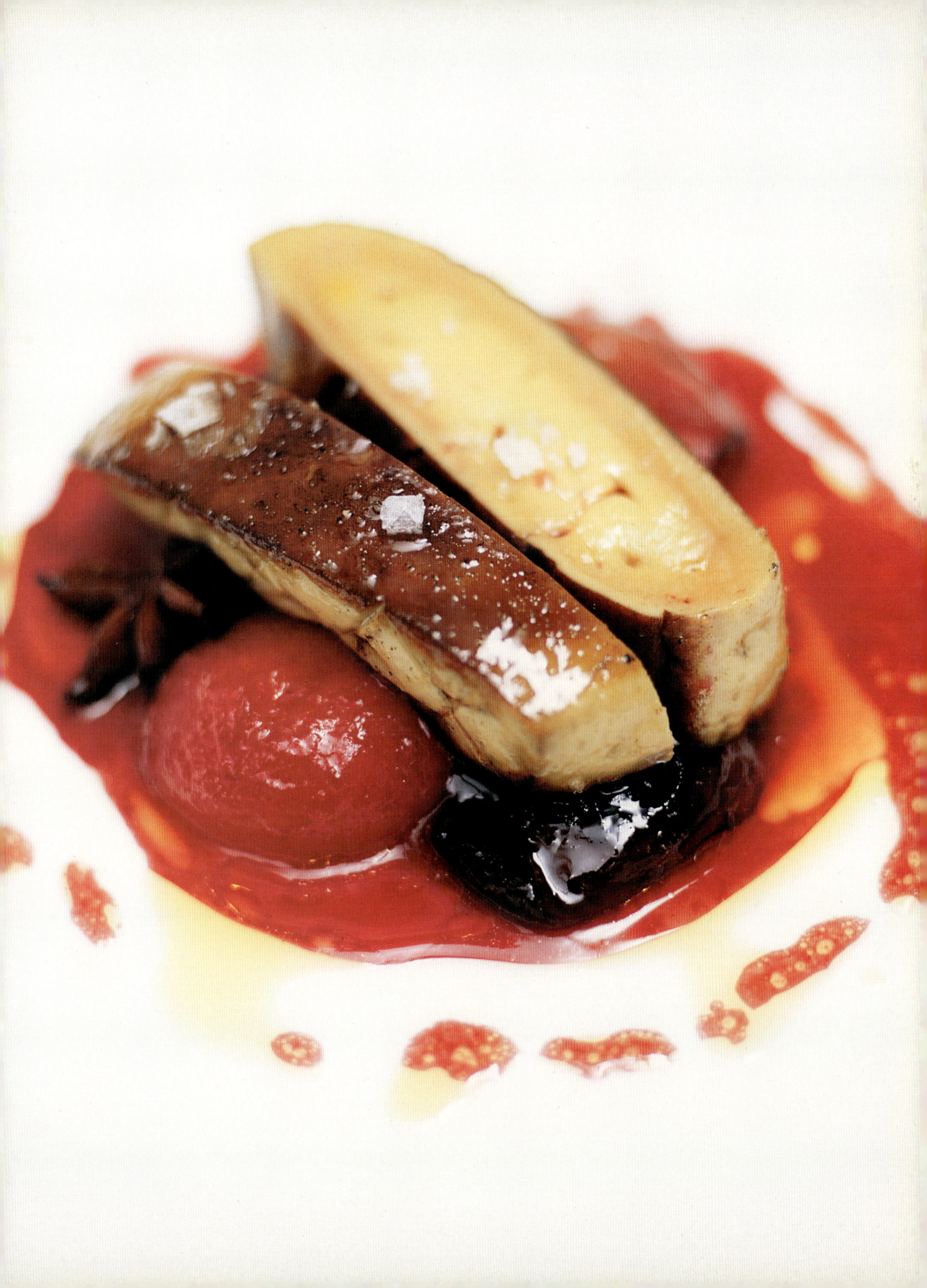

30 g de açúcar
20 ml de azeite
20 ml de conhaque
8 damascos maduros cortados ao meio

**PARA O CREME DE AMARETTI**
100 ml de creme de leite fresco
100 g de iogurte natural
50 g de biscoitos amaretti amassados

QUATRO PORÇÕES

# DAMASCOS CARAMELIZADOS COM CREME DE AMARETTI

Faça o creme de amaretti. Bata o creme de leite em ponto firme em uma tigela. Incorpore o iogurte e os biscoitos amassados. Cubra e leve à geladeira.

Aqueça uma frigideira de fundo grosso em fogo alto. Junte o açúcar e chacoalhe levemente a panela para espalhá-lo. Mantenha em fogo baixo/médio, sem mexer, até derreter e formar um caramelo dourado-claro. Isso deve levar 5-8 minutos, dependendo da intensidade do fogo e da frigideira utilizada. Acrescente o azeite e o conhaque com cuidado (pois pode espirrar). Junte os damascos, com o lado da pele para baixo, e gire a frigideira para misturar.

Cozinhe até as frutas dourarem levemente. Vire-as, coloque em fogo baixo e espere amaciar. O tempo total de cozimento deve ser em torno de 4 minutos.

Sirva os damascos mornos ou frios, acompanhados do creme de amaretti gelado.

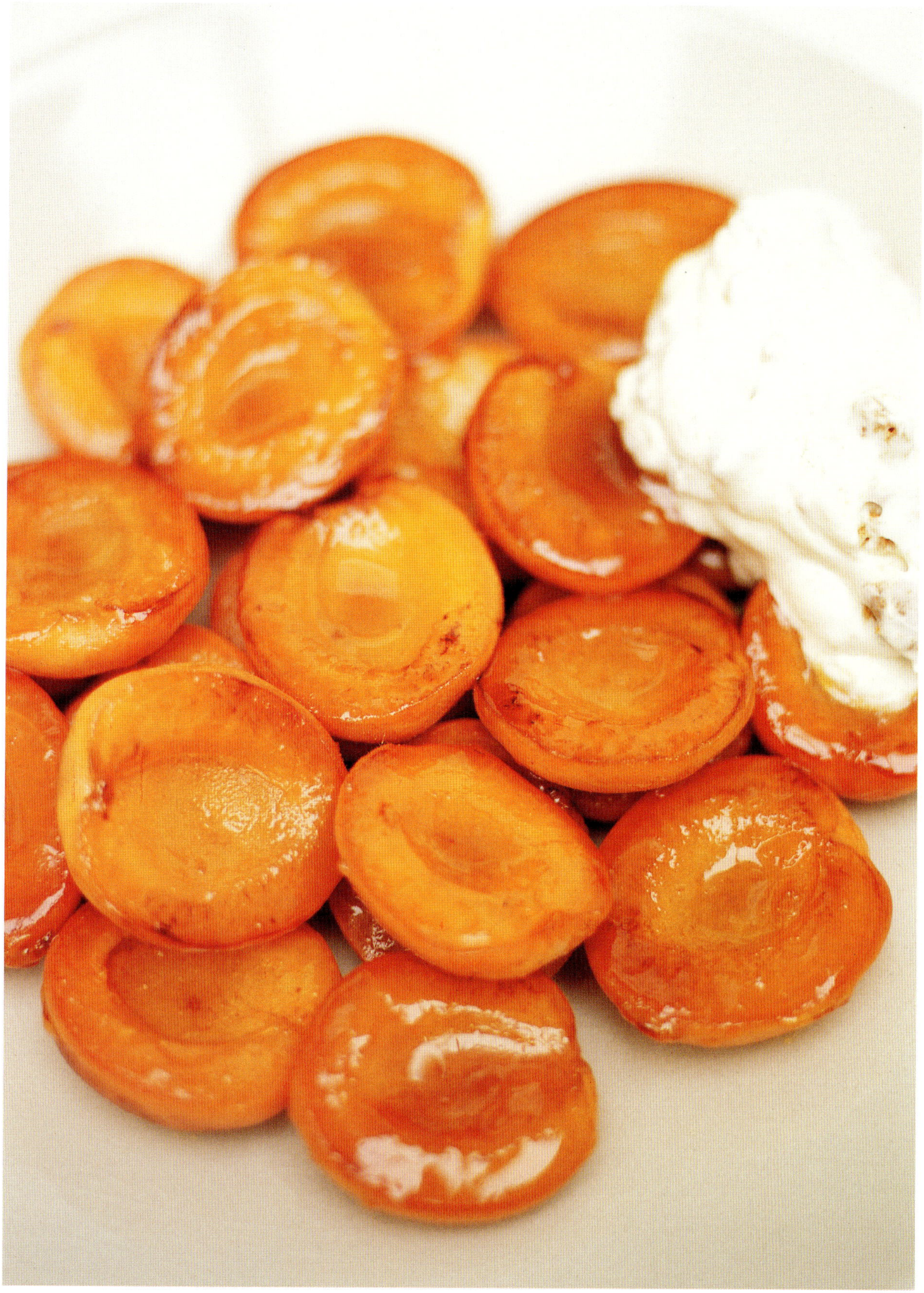

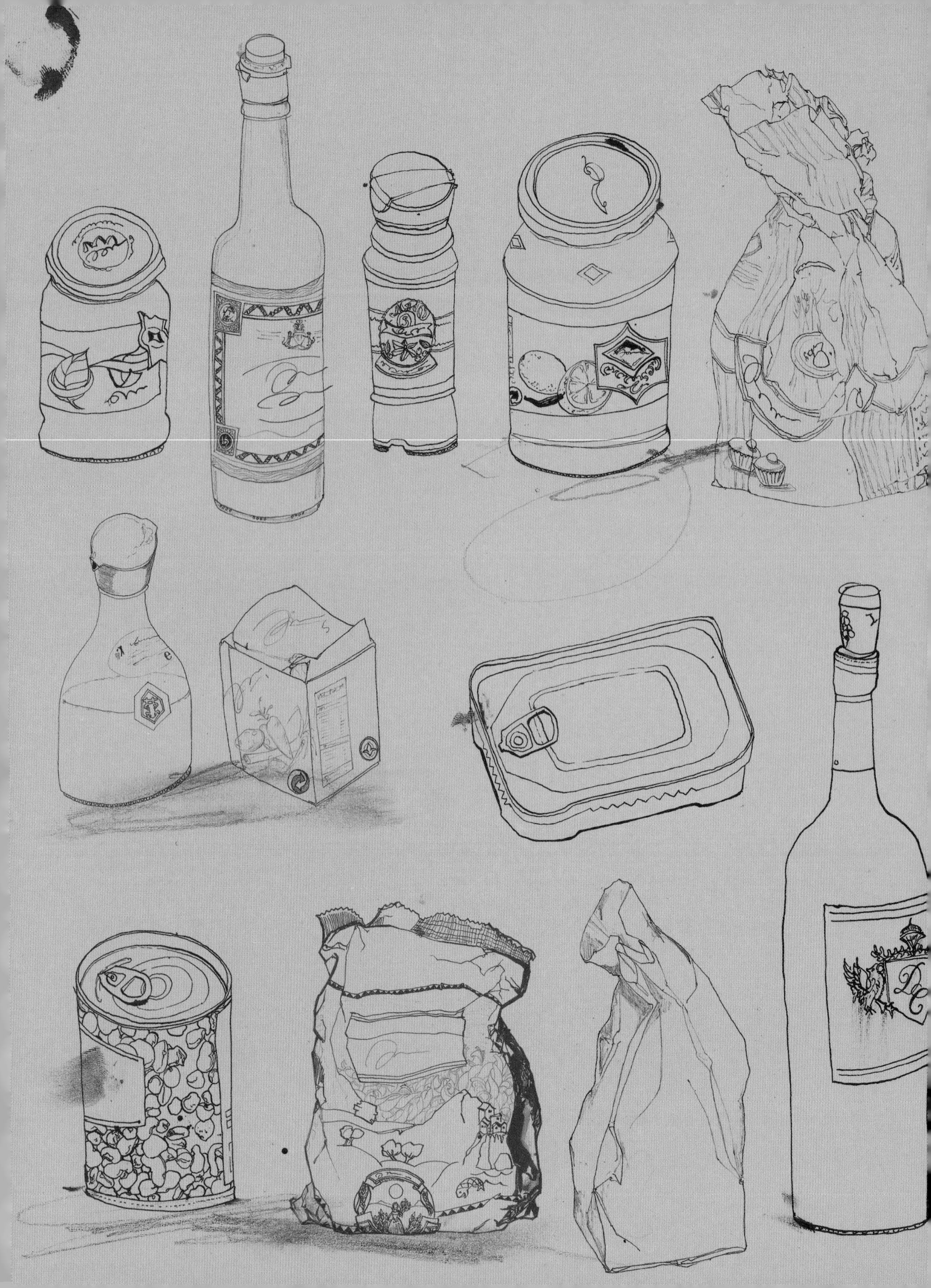

PRODUTOS DA DESPENSA

# CHOCOLATE AMARGO

"Se um vinho não é bom o suficiente para beber, também não deve ser usado para cozinhar." O mesmo vale para o chocolate – se você não o acha bom para comer puro, não o use nas receitas. O chocolate amargo de boa qualidade deve ter um teor de cacau de no mínimo 60%, então verifique a embalagem antes de comprar e não aceite proporções inferiores a essa.

**VINTE UNIDADES**

80 g de chocolate amargo
100 g de pistaches sem casca
250 g de farinha de trigo
125 g de açúcar
3 ovos caipiras médios
raspas de 1 laranja

## BISCOTTI DE CHOCOLATE E PISTACHES

Aqueça o forno a 190°C. Unte uma assadeira grande.

Pique o chocolate e os pistaches em pedaços e misture com a farinha e o açúcar em uma tigela. Bata os ovos com as raspas de laranja em outra tigela e misture ¾ aos ingredientes secos usando uma colher de pau. Vá adicionando o restante dos ovos aos poucos, até obter uma massa dura – mas não esfarelada.

Enfarinhe as mãos e uma superfície de trabalho, coloque a massa e modele em um cilindro de 20 cm x 40 cm. Ponha na assadeira e leve ao forno por 20 minutos. Passe para uma grade e deixe esfriar, até ficar em temperatura ambiente. Aumente a temperatura do forno para 200°C e volte a untar a assadeira.

Coloque o cilindro de massa em uma tábua de picar e corte em vinte rodelas com 1 cm de espessura. Distribua na assadeira (ou em duas, se preciso). Leve ao forno por 6 minutos. Vire os biscotti e asse por mais 6 minutos. Deixe esfriar sobre uma grade e conserve em recipiente hermético para manter a crocância.

Experimente também... usar avelãs tostadas ou damascos secos picados em vez de pistaches.

200 g de chocolate amargo
300 ml de leite
300 ml de creme de leite fresco
6 gemas de ovo caipira médio
160 g de açúcar
3 claras de ovo caipira médio
chocolate amargo ralado para servir

SEIS PORÇÕES

# SORVETE DE CHOCOLATE

Quebre o chocolate em pedaços e coloque em uma tigela grande. Reserve. Aqueça o leite e 100 ml do creme de leite em uma panela, até ferver. Bata as gemas em uma tigela com 80 g de açúcar, até ficar cremoso. Adicione um pouco do creme quente e bata. Despeje na panela e misture bem com o pão-duro. Mantenha em fogo baixo, mexendo sem parar, até o custard encorpar o suficiente para cobrir as costas da espátula.

Passe o creme por uma peneira fina colocada sobre a tigela com o chocolate. Espere 5 minutos e bata até uniformizar. Coloque em um recipiente raso e cubra com filme de PVC para que não se forme uma camada mais grossa na superfície. Leve à geladeira até esfriar bem.

Bata o creme de leite restante em ponto firme e incorpore ao custard de chocolate frio. Bata as claras em neve e depois adicione o açúcar restante aos poucos, até obter um suspiro. Adicione ¼ ao custard e misture bem. Incorpore o suspiro restante, até uniformizar.

Coloque esse creme em um recipiente que vá ao congelador, cubra com filme de PVC e tampe. Congele até firmar – isso deve levar 2-4 horas. Não é preciso usar uma máquina de fazer sorvete, pois o creme de leite batido e as claras em neve já deixam esta sobremesa deliciosamente cremosa. Conserve no congelador por até 3 dias.

Sirva em bolas, coberto com chocolate ralado.

DOZE PORÇÕES

100 g de chocolate amargo quebrado em pedaços
100 g de manteiga sem sal picada
3 ovos caipiras médios, claras e gemas separadas
125 g de amêndoas moídas
100 g de açúcar
100 g de gotas de chocolate amargo

# BOLO GRUDENTO DE CHOCOLATE

Aqueça o forno a 180°C. Unte uma assadeira com 20 cm x 15 cm x 7,5 cm e forre com papel vegetal.

Derreta o chocolate com a manteiga em uma tigela em banho-maria. Retire a tigela do calor, adicione as gemas, bata bem e misture as amêndoas.

Bata as claras em neve e adicione o açúcar aos poucos, até obter um suspiro. Incorpore ¼ ao creme de chocolate. Adicione o suspiro restante e as gotas de chocolate e misture suavemente, até uniformizar.

Coloque a massa na assadeira e leve ao forno por 20 minutos. Deixe firmar por 15-30 minutos, erga o bolo pelo papel vegetal e fatie. Sirva como sobremesa, morno e com creme de leite batido, ou como bolo, frio, acompanhando chá ou café.

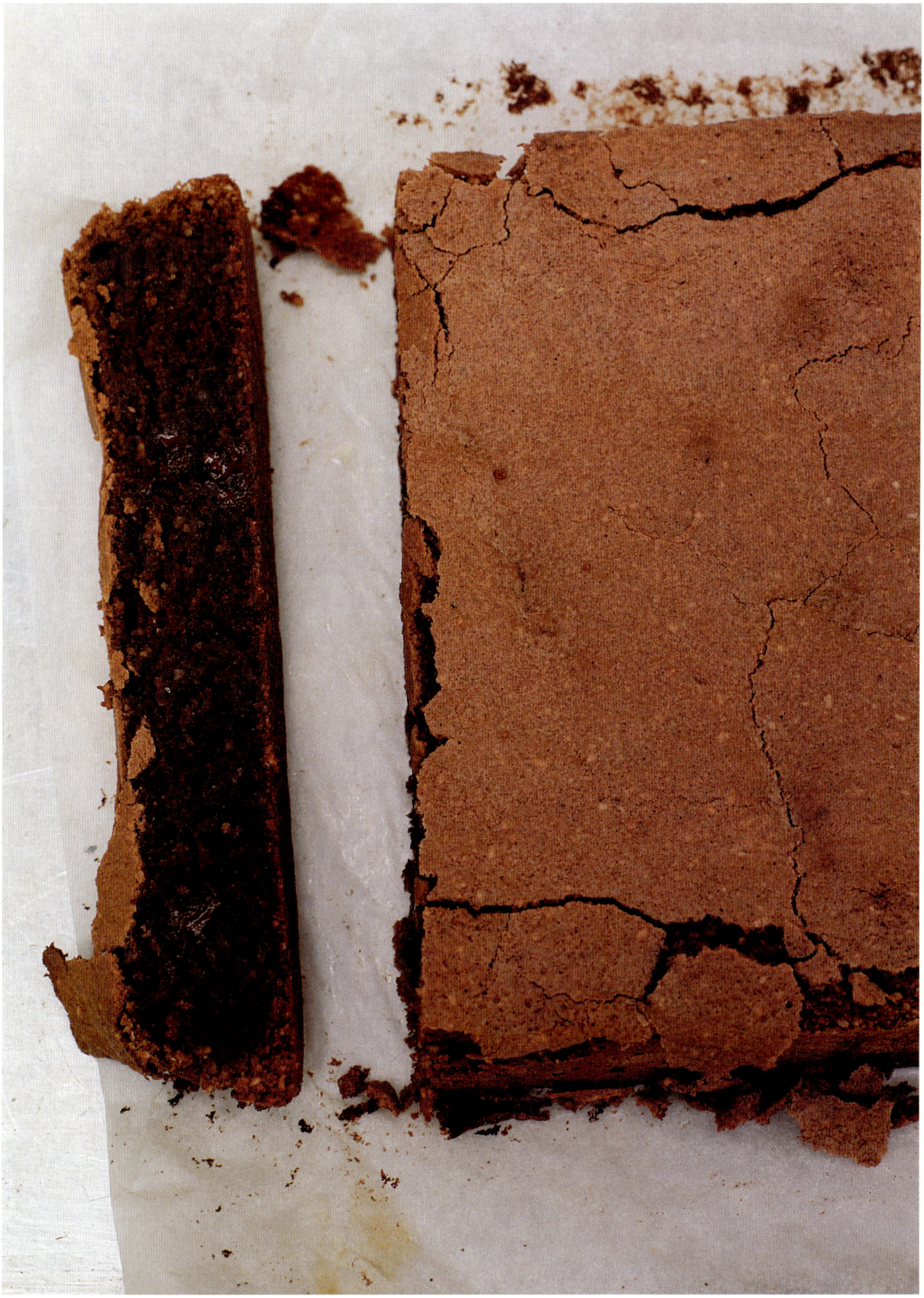

# CUSCUZ

Feito com grãos de semolina (trigo duro moído grosseiramente), o cuscuz marroquino pré-cozido é um ótimo ingrediente para se ter na despensa. Ele é rápido e fácil de preparar, não requer cozimento e pode ser servido como prato principal ou acompanhamento, quente ou frio. E, se quiser variar, experimente o cuscuz gigante israelense, encontrado em empórios e lojas especializadas.

1 abóbora-japonesa (cerca de 750 g) descascada e cortada em pedaços
200 g de cuscuz marroquino
½ colher (chá) de sal refinado
400 ml de água ou caldo de galinha ou de legumes fervente
um pouco de azeite ou óleo vegetal
100 g de sementes de abóbora
2 colheres (sopa) de óleo de gergelim tostado
folhas de um punhadinho de coentro picadas
sal marinho e pimenta-do-reino moída na hora

QUATRO PORÇÕES

## CUSCUZ COM ABÓBORA ASSADA E COENTRO

Aqueça o forno a 200°C. Unte uma assadeira grande.

Espalhe a abóbora na assadeira, em uma camada única, e tempere com sal marinho e pimenta. Asse por 20-30 minutos, até amaciar e dourar.

Enquanto isso, ponha o cuscuz e o sal refinado em uma tigela grande. Despeje por cima a água ou o caldo fervente e misture bem. Cubra com filme de PVC e deixe de molho, em local aquecido, por cerca de 15 minutos.

Aqueça um pouco de azeite ou óleo em uma frigideira pequena em fogo médio. Junte as sementes de abóbora, sal marinho e pimenta e frite por alguns minutos, até começar a inchar e tostar.

Retire o filme de PVC da tigela do cuscuz. Afofe com um garfo para separar os grãos e misture o óleo de gergelim. Adicione as sementes, a abóbora e o coentro e verifique o tempero.

Quando não for época de abóbora-japonesa… use abóbora-moranga.

200 g de cuscuz marroquino
½ colher (chá) de sal refinado
400 ml de água ou caldo de galinha ou de legumes fervente
2 colheres (chá) de sementes de cominho
1 colher (chá) de canela em pó
1 colher (chá) de açafrão-da-terra
½ colher (chá) de pimenta vermelha em pó
3 colheres (sopa) de azeite
1 cebola cortada ao meio e fatiada
200 g de grão-de-bico cozido e escorrido
¼ de abacaxi fresco descascado e cortado em pedaços
50 g de pinholes tostados
sal marinho e pimenta-do-reino moída na hora

QUATRO PORÇÕES

# CUSCUZ COM GRÃO-DE-BICO E ABACAXI

Ponha o cuscuz e o sal refinado em uma tigela grande. Despeje por cima a água ou o caldo fervente e misture bem. Cubra com filme de PVC e deixe de molho, em local aquecido, por cerca de 15 minutos.

Enquanto isso, aqueça uma panela-grelha em fogo médio/alto. Ao mesmo tempo, espalhe as especiarias em uma frigideira sem óleo e toste em fogo médio por alguns minutos, até soltar aroma. Adicione 2 colheres (sopa) de azeite e a cebola e refogue por alguns minutos, até amaciar. Junte o grão-de-bico e misture, até esquentar por completo. Tire do fogo e mantenha aquecido.

Espalhe o azeite restante sobre o abacaxi e coloque na grelha. Toste por alguns minutos, até chamuscar de todos os lados.

Retire o filme de PVC da tigela do cuscuz. Afofe com um garfo para separar os grãos e misture o grão-de-bico, o abacaxi e os pinholes. Tempere com sal marinho e pimenta a gosto e sirva.

azeite ou óleo vegetal
4 echalotas (ou cebolas redondinhas) fatiadas em anéis
folhas picadas de um punhadinho de tomilho
25 g de açúcar refinado ou cristal
5 colheres (sopa) de vinagre balsâmico
200 g de cuscuz marroquino
½ colher (chá) de sal refinado
400 ml de água ou caldo de galinha ou de legumes fervente
25 g de manteiga sem sal
100 g de nozes
2 colheres (sopa) de óleo de nozes ou azeite
sal marinho e pimenta-do-reino moída na hora

QUATRO PORÇÕES   alguns raminhos de tomilho para decorar

# CUSCUZ COM NOZES E CEBOLA CARAMELIZADA

Aqueça um pouco de azeite em uma frigideira. Junte as echalotas, o tomilho, sal marinho e pimenta e refogue em fogo médio por alguns minutos, até amaciar e dourar a cebola. Adicione o açúcar, seguido pelo vinagre, e misture bem. Deixe caramelizar em fogo baixo, mexendo de vez em quando, enquanto continua a receita.

Ponha o cuscuz e o sal refinado em uma tigela grande. Despeje por cima a água ou o caldo fervente e misture bem. Cubra com filme de PVC e deixe de molho, em local aquecido, por cerca de 15 minutos.

Derreta a manteiga em outra frigideira, em fogo médio, até começar a espumar. Junte as nozes e uma boa pitada de sal marinho e frite por alguns minutos, até dourar. Gire a frigideira para não deixar queimar. Escorra sobre papel-toalha.

Quando as echalotas estiverem caramelizadas e todo o líquido evaporar, retire a frigideira do fogo. Descubra a tigela com o cuscuz e afofe com um garfo para separar os grãos. Adicione as cebolas, as nozes, o óleo de nozes e os ramos de tomilho e mexa com o garfo. Verifique o tempero e sirva.

Se preferir... use nozes-pecãs ou castanhas-do-pará.

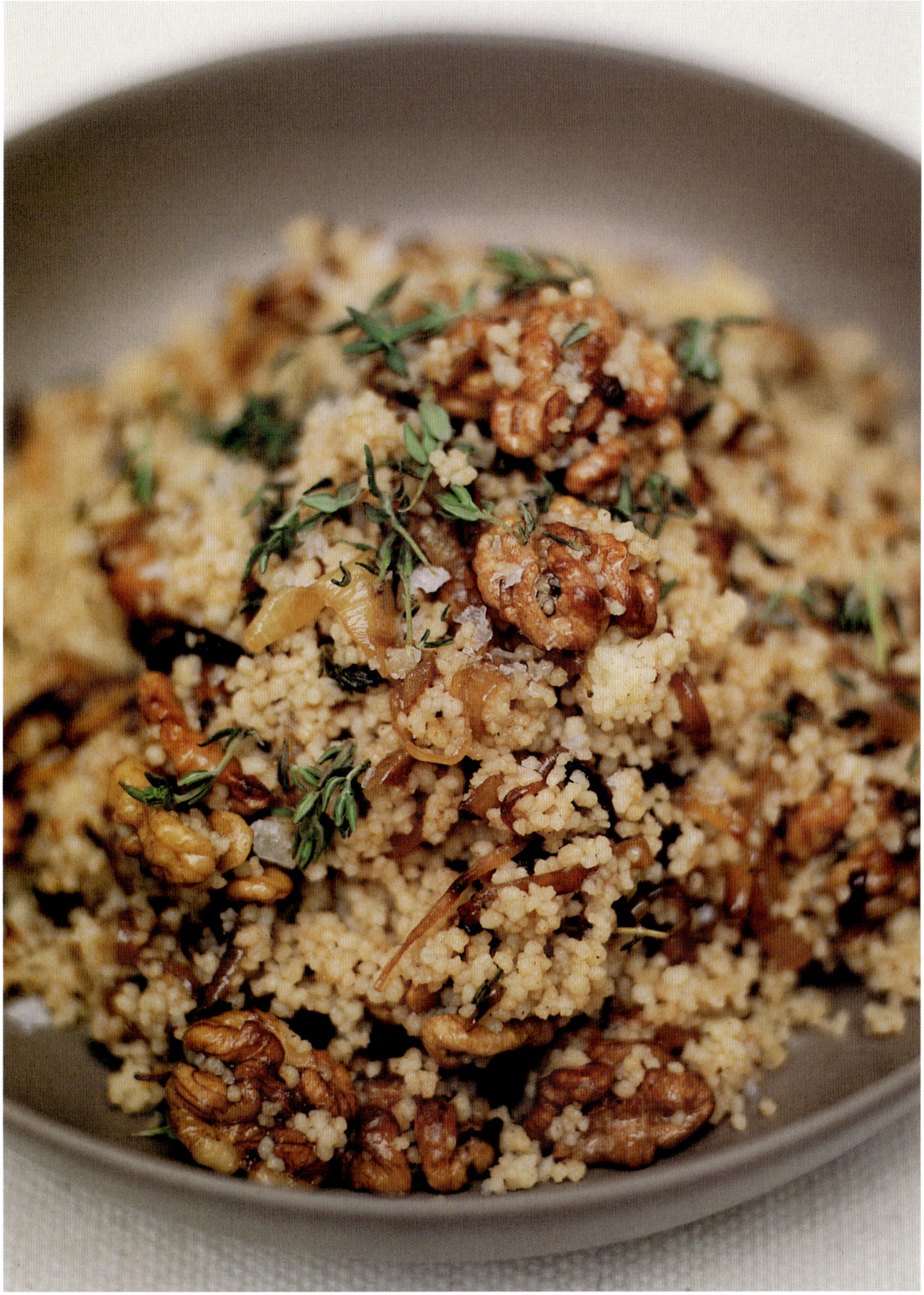

# FARINHA

Parece haver um tipo de farinha diferente para cada receita. A farinha de trigo comum, usada no dia a dia: para encorpar e cobrir, para fazer molhos e panquecas, tortas, biscoitos e alguns bolos. Já para pães há uma farinha de trigo especial, com maior percentual de glúten, o que ajuda a massa a crescer. E, se você quiser fazer a sua própria pasta, precisa conhecer a italiana "00", uma farinha refinada que facilita o trabalho de sovar e abrir a massa, propiciando ainda um resultado macio e uniforme.

**VINTE E DUAS UNIDADES**

125 g de manteiga sem sal em temperatura ambiente
200 g de açúcar
4 colheres (chá) de raspas de laranja
3 ovos caipiras médios batidos
150 g de farinha de trigo
1 colher (chá) de fermento em pó
4 colheres (sopa) de crème fraîche (ou iogurte natural)

PARA A CALDA
125 g de açúcar
4 colheres (sopa) de suco de laranja fresco
tiras finas de casca de laranja

## BOLINHOS COM CALDA DE LARANJA

Aqueça o forno a 180°C. Unte duas fôrmas de minimuffins (com 10 canecos cada).

Bata a manteiga com o açúcar e as raspas de laranja. Junte os ovos e misture bem. Peneire por cima a farinha e o fermento e bata até ficar quase uniforme. Incorpore o crème fraîche. Distribua a massa entre os canecos das fôrmas. Asse por 15-20 minutos, até que um palito enfiado no meio de um bolinho saia limpo. Retire as fôrmas do forno.

Para fazer a calda, dissolva 25 g de açúcar no suco de laranja e ferva. Respingue sobre os bolos ainda quentes.

Ponha as cascas de laranja em uma panela pequena com a água e ferva. Escorra e esfrie sob água corrente. Repita duas vezes. Recoloque as cascas na panela, junte o açúcar restante e 50 ml de água. Aqueça em fogo baixo até o açúcar dissolver. Ferva por 5 minutos, até a calda encorpar bem.

Desenforme os bolinhos e respingue a calda. Sirva como sobremesa, mornos e com custard, ou frios, acompanhando chá ou café.

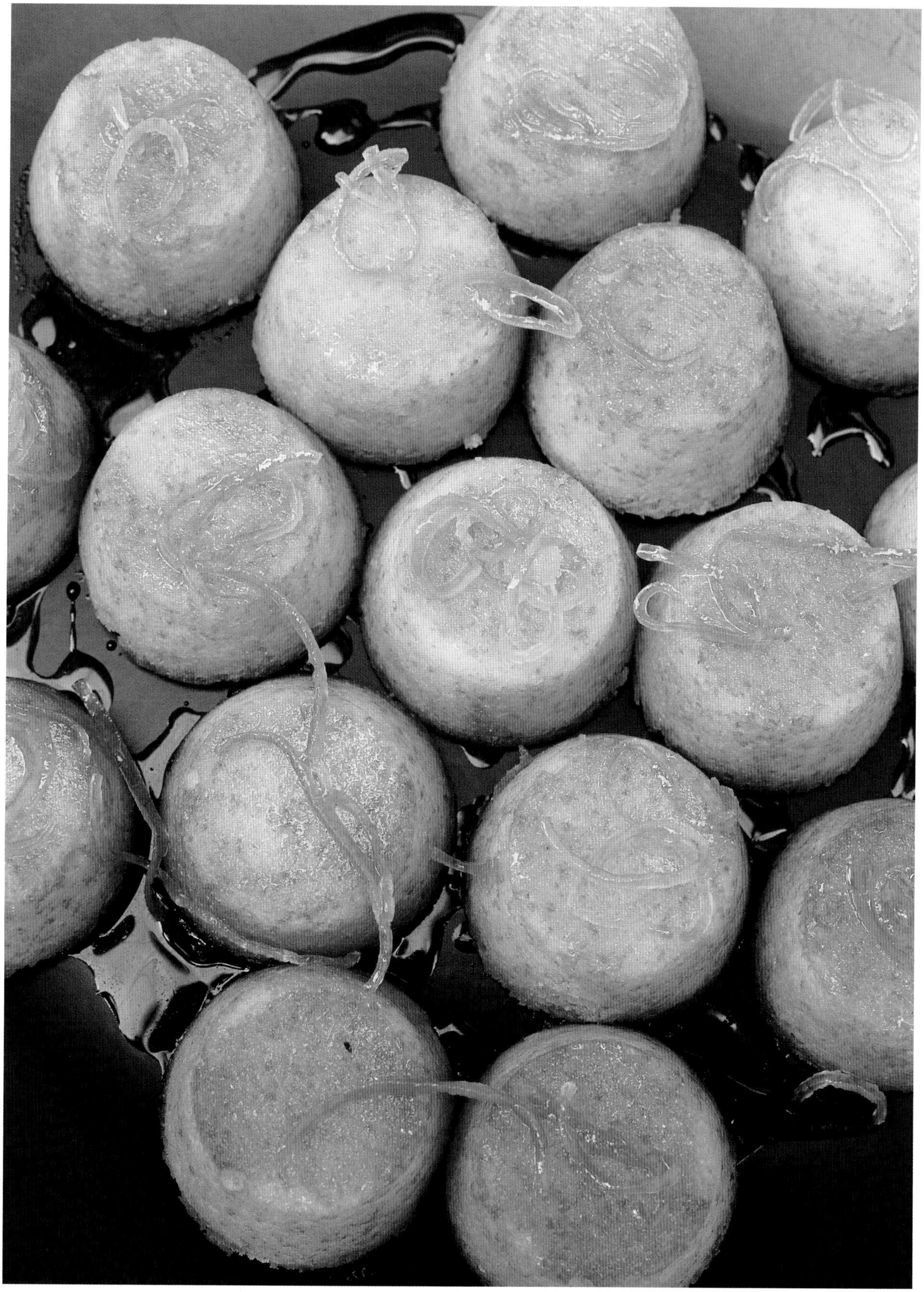

350 g de farinha de trigo
2 colheres (sopa) de mistura de especiarias moídas
1 colher (chá) de sal refinado
15 g de açúcar
1 colher (chá) de fermento biológico instantâneo
3 ovos caipiras médios batidos
6 colheres (sopa) de leite
75 g de manteiga sem sal em temperatura ambiente

**PARA FINALIZAR**
1 gema de ovo caipira médio levemente batida
1 colher (sopa) de sal marinho
2 colheres (sopa) de mistura de especiarias moídas

DOZE PORÇÕES

# BRIOCHE COM ESPECIARIAS

Peneire a farinha e as especiarias moídas na vasilha da batedeira. Espalhe por cima o sal, o açúcar e o fermento, e ponha os ovos e o leite no centro. Bata em velocidade baixa até obter uma massa uniforme. Coloque em velocidade máxima e bata até a massa soltar das laterais da vasilha. Adicione a manteiga aos poucos, sem parar de bater, até ela ser incorporada por igual. Cubra a vasilha e deixe a massa crescer na geladeira durante a noite – quase dobrará de tamanho.

Aqueça o forno a 220°C. Unte uma fôrma de pão de 500 g.

Coloque a massa em uma superfície enfarinhada e sove por 2 minutos. Modele em forma de cilindro e ponha na fôrma. Pincele a parte superior com a gema e salpique o sal marinho e as especiarias. Asse por 20 minutos. Para saber se o brioche está pronto, erga-o da fôrma e dê pancadinhas na base com os nós dos dedos: deve soar oco.

*O crescimento lento na geladeira... aprimora o sabor da manteiga e do fermento mas, se você estiver com pressa, deixe a massa crescer em local aquecido – em 1-2 horas ela dobrará de tamanho.*

300 g de farinha de trigo para pães
175 g de fubá pré-cozido
1½ colher (chá) de fermento biológico instantâneo
1 colher (chá) de sal refinado
2 colheres (chá) de açúcar
½ colher (chá) de páprica defumada
2½ colheres (sopa) de sementes de cominho tostadas e levemente trituradas
50 ml de óleo vegetal
225 ml de água morna
330 g de milho-verde em lata, escorrido e seco sobre papel-toalha
25 g de dill picado grosseiramente
20 g de manteiga sem sal derretida
sal marinho e pimenta-do-reino moída na hora

VINTE PORÇÕES

# PÃO DE MILHO COM COMINHO

Coloque a farinha, o fubá, o fermento, o sal refinado, o açúcar, a páprica e o cominho na vasilha da batedeira. Encaixe as pás de massa e bata lentamente. Misture o óleo e a água em uma jarra. Adicione aos poucos aos ingredientes secos, batendo até dar liga. Se for preciso, acrescente mais uma colher (sopa) de água. Junte o milho-verde, aumente a velocidade e sove a massa por 5 minutos.

Ponha a massa em uma tigela grande, untada, e cubra com filme de PVC. Deixe crescer em local aquecido por 45 minutos-1 hora, até dobrar de tamanho.

Coloque em uma superfície enfarinhada e sove. Junte o dill e sove por mais 5 minutos. Modele um pão retangular (cerca de 28 cm x 17 cm) e ponha em uma assadeira enfarinhada. Polvilhe com farinha e cubra com filme de PVC, sem apertar. Deixe crescer em local aquecido por 10-20 minutos, até quase dobrar de tamanho.

Enquanto isso, aqueça o forno a 210°C.

Asse o pão por 20 minutos. Retire do forno, pincele com a manteiga derretida e salpique com sal marinho e pimenta. Asse por mais 5-10 minutos, até dourar. Deixe esfriar em uma grade e sirva.

Para fazer a massa manualmente... sove-a por 5 minutos em uma superfície enfarinhada.

# GLICOSE DE MILHO

Receitas tradicionais inglesas como o bolo de gengibre, o pudim com calda toffee e a torta de melado não têm o mesmo sabor sem a glicose de milho. Muito além de adoçar, ela tem um sabor intenso e único, impossível de descrever. E possui a vantagem adicional de não cristalizar quando aquecida, como a calda e o caramelo de açúcar tendem a fazer.

200 g de glicose de milho
150 g de manteiga sem sal em temperatura ambiente
75 g de açúcar
1 ovo caipira médio batido
250 g de farinha de trigo
2 colheres (sopa) de gengibre em pó
1½ colher (chá) de canela em pó
½ colher (chá) de sal refinado
100 ml de leite
1 colher (chá) de bicarbonato de sódio
açúcar demerara para salpicar

CATORZE PORÇÕES

## BOLO DE GENGIBRE

Aqueça o forno a 180°C. Unte cuidadosamente uma fôrma de pão com 19 cm x 12 cm e 8 cm de profundidade (cerca de 1 litro). Forre a base com papel vegetal.

Aqueça a glicose de milho em uma panela em fogo baixo, até afinar um pouco. Bata a manteiga com o açúcar e misture a glicose e o ovo. Peneire por cima a farinha, as especiarias e o sal e incorpore ao creme. Amorne o leite, dissolva o bicarbonato e incorpore à massa (ficará bem fina).

Despeje na fôrma e salpique o açúcar demerara. Asse por 1 hora, até que um palito enfiado no meio do bolo saia limpo. Se estiver dourando demais no final do cozimento, cubra com papel-alumínio. Deixe esfriar na fôrma por 20 minutos e desenforme sobre uma grade. Espere esfriar por completo para cortar.

150 g de tâmaras secas descaroçadas e picadas
75 g de manteiga sem sal em temperatura ambiente
175 g de glicose de milho
2 ovos caipiras médios batidos
50 ml de leite
1 colher (chá) de bicarbonato de sódio
125 g de farinha de trigo
uma pitada de sal refinado

**PARA A CALDA**
4 colheres (sopa) de glicose de milho
¼ de colher (chá) de sal refinado
125 g de creme de leite fresco

SEIS PORÇÕES

# PUDIM COM CALDA TOFFEE

Aqueça o forno a 200°C. Unte seis fôrmas de pudim de 200 ml e coloque em uma assadeira.

Cozinhe as tâmaras em uma panela pequena em fogo baixo com 175 ml de água, mexendo sempre, até obter um purê com grumos. Bata a manteiga com 100 g da glicose de milho e misture os ovos. Aqueça o leite em uma panela até quase ferver. Misture o bicarbonato e bata com o creme de manteiga. Junte as tâmaras e incorpore a farinha e o sal, até formar uma massa fina.

Aqueça a glicose restante em uma panela com 50 ml de água. Despeje nas fôrmas e cubra com a massa de pudim. Asse por 15 minutos, até que um palito enfiado no meio saia limpo.

Para fazer a calda, ponha a glicose de milho e o sal em uma panela em fogo baixo. Adicione o creme de leite aos poucos, batendo sem parar, e cozinhe por 5 minutos.

Desenforme os pudins e respingue a calda. Sirva quente, com sorvete ou crème fraîche.

Para fazer um pudim grande... use uma tigela refratária de 1 litro, colocada sobre uma assadeira, e asse por 30 minutos.

## TORTAS DE PECÃS

**OITO PORÇÕES**

100 g de glicose de milho
150 g de açúcar demerara
75 g de manteiga sem sal picada
3 colheres (sopa) de mel
3 colheres (sopa) de rum escuro
uma pitada de sal refinado
3 ovos caipiras médios batidos
150 g de nozes-pecãs picadas

**PARA A MASSA**
150 g de manteiga sem sal em temperatura ambiente
75 g de açúcar glacê peneirado
¼ de colher (chá) de sal refinado
1 ovo caipira médio batido
250 g de farinha de trigo

Faça a massa. Bata a manteiga com o açúcar usando uma batedeira, com a pá de massa. Adicione o sal e o ovo e misture bem. Peneire por cima a farinha, em duas etapas, batendo até dar liga – não continue depois disso. Coloque em uma superfície enfarinhada e modele em um quadrado. Embrulhe em filme de PVC e leve à geladeira por 30 minutos-1 hora, até firmar.

Coloque oito aros de metal de 9-10 cm de largura e 2 cm de altura em uma ou duas assadeiras forradas com papel vegetal. Divida a massa ao meio e abra as porções em uma superfície enfarinhada, até ficarem com 4 mm de espessura. Corte oito círculos de 12 cm. Forre os aros com a massa, pressionando bem as bordas inferiores. Apare as sobras. Deixe na geladeira por 15 minutos.

Aqueça o forno a 200°C.

Para fazer o recheio, aqueça a glicose de milho em uma panela com o açúcar, a manteiga, o mel, o rum e o sal, até o açúcar dissolver. Espere esfriar um pouco, adicione os ovos e as nozes e bata. Reserve.

Forre as bases de massa com papel vegetal e cubra com grãos de feijão, para a massa não crescer e depois quebrar. Asse por 10 minutos. Retire os papéis com os grãos e recoloque no forno por 5 minutos.

Abaixe a temperatura para 180°C. Coloque o recheio sobre as bases de massa e asse por 12-15 minutos, até firmar.

Em vez de aros de metal... use fôrmas de tortinha, com fundo removível.

Para fazer uma torta grande... modele a massa em um círculo e leve à geladeira. Use um aro de metal de 23 cm ou uma fôrma com fundo removível. Pré-asse a massa por 15 minutos, retire o papel e os grãos, asse por mais 10 minutos, recheie e recoloque no forno por 25-30 minutos.

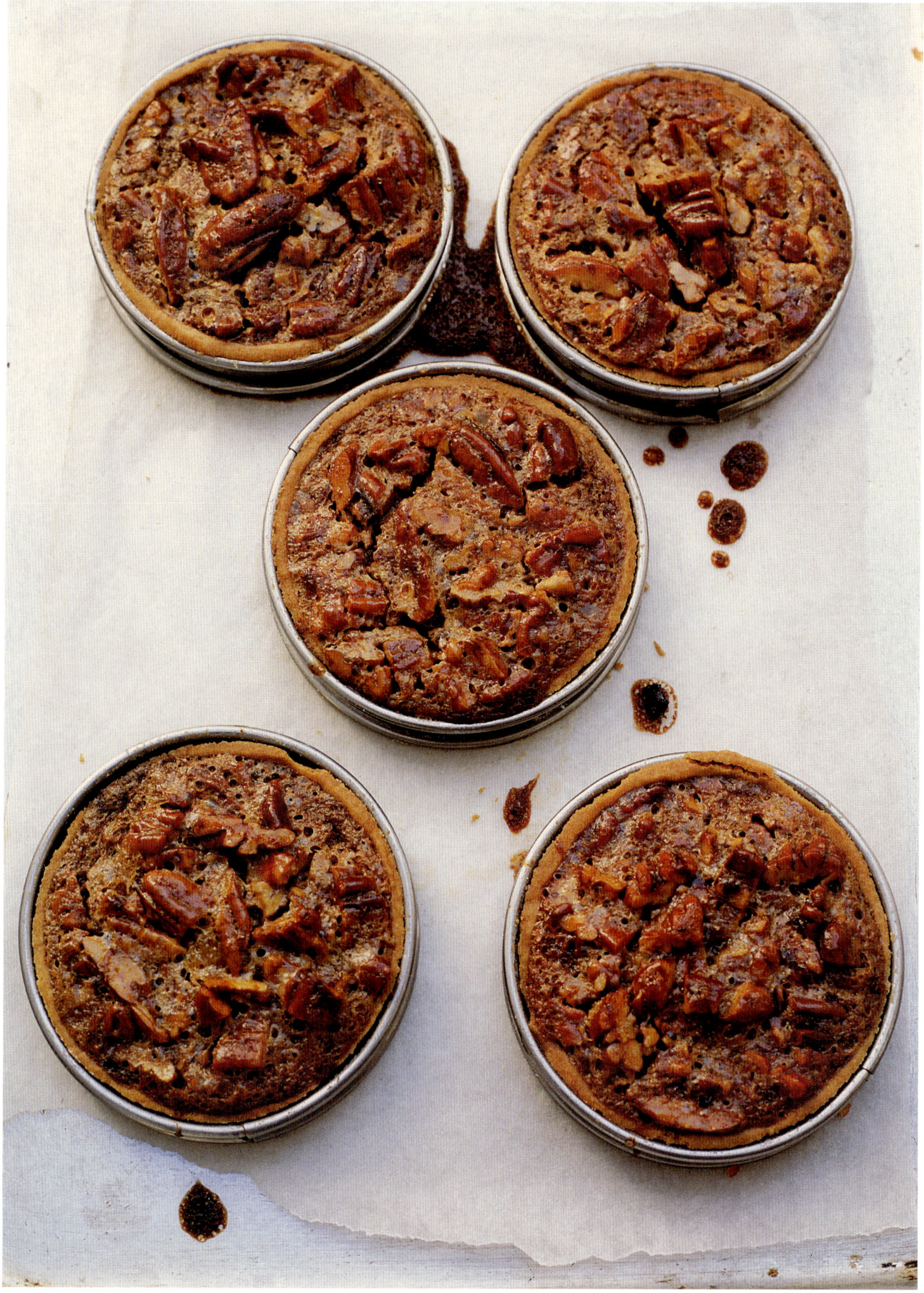

# LENTILHAS

As melhores lentilhas para ter na despensa são a vermelha, a verde e a puy. Como todos os grãos, elas também precisam ser deixadas de molho antes do preparo – seja lá o que for que a embalagem ou a receita indiquem. O molho amacia as lentilhas, retira a toxidade e torna o cozimento mais rápido e uniforme. Sempre deixe para temperar no final do preparo, pois o sal na água enrijece a pele dos grãos e eles não ficam macios.

150 g de lentilhas verdes deixadas de molho em água fria por ao menos 4 horas
1 cenoura descascada e cortada ao meio transversalmente
1 alho-poró (partes branca e esverdeada) limpo e cortado ao meio transversalmente
1 folha de louro
um punhadinho de tomilho amarrado
cerca de 500 ml de caldo quente de galinha ou de legumes
100 ml de creme de leite fresco

QUATRO PORÇÕES — sal marinho e pimenta-do-reino moída na hora

## VELOUTÉ DE LENTILHAS

Escorra e lave as lentilhas. Coloque em uma panela grande com a cenoura, o alho-poró e as ervas. Cubra com água fria e leve ao fogo. Cozinhe por cerca de 20 minutos, até amaciar.

Escorra e descarte os legumes e as ervas. Bata as lentilhas no liquidificador com 250 ml de caldo, até uniformizar. Passe por uma peneira fina colocada sobre uma panela limpa. Adicione o caldo restante e o creme de leite. Tempere com sal e pimenta a gosto. Aqueça antes de servir – e, se preciso, corrija a consistência com mais caldo ou água.

250 g de lentilhas vermelhas deixadas de molho
  em água fria por ao menos 4 horas
1 colher (sopa) de sementes de cominho
1 colher (sopa) de açafrão-da-terra
1 colher (chá) de sementes de mostarda preta
½ colher (chá) de pimenta vermelha em pó
óleo vegetal
1 cebola fatiada fino
3 dentes de alho amassados
200 ml de tomates em lata escorridos
1 colher (chá) de açúcar demerara
½ colher (chá) de sal refinado
sal marinho e pimenta-do-reino moída na hora

PARA O NAAN
250 g de farinha de trigo
1 colher (chá) de sal refinado
1 colher (chá) de fermento biológico
  instantâneo
175 ml de água morna
1 colher (sopa) de óleo de gergelim
  tostado
20 g de gergelim tostado
azeite

QUATRO PORÇÕES

# DHAL COM NAAN DE GERGELIM

Faça o naan. Misture a farinha, o sal refinado e o fermento na vasilha da batedeira, usando pás de massa e velocidade baixa. Misture a água com o óleo. Adicione lentamente aos ingredientes secos, sem parar de bater; mantenha por 5 minutos, para sovar a massa. Ponha em uma tigela grande untada e cubra com filme de PVC. Deixe crescer em local aquecido até dobrar de tamanho (30 minutos-1 hora).

Escorra e lave as lentilhas. Coloque em uma panela grande e cubra com água fria. Espere ferver e cozinhe por 6 minutos. Toste as especiarias em uma panela seca, até soltar aroma. Adicione um pouco de óleo, a cebola e o alho e refogue até amaciar.

Escorra as lentilhas e misture com a cebola. Junte os tomates, o açúcar, o sal refinado e a pimenta. Cozinhe por 20-30 minutos, mexendo de vez em quando, até encorpar. Se o dhal ressecar, adicione um pouco de água.

Coloque a massa crescida em uma superfície enfarinhada, junte 15 g de gergelim e sove. Divida em 12-15 bolas e abra-as em círculos com 12 cm.

Aqueça bem um pouco de azeite em uma frigideira antiaderente. Frite o naan, em levas, por 1-2 minutos, até inflar e dourar bem por baixo. Vire, respingue mais óleo na frigideira e frite o outro lado pelo mesmo tempo.

Verifique o tempero do dhal. Coloque em uma travessa e moa um pouco de sal marinho por cima. Salpique o naan com azeite, sal marinho e o gergelim restante.

150 g de lentilhas puy deixadas de molho
  em água fria por ao menos 4 horas
500 g de batatas jersey royal (ou redondinhas)
4 colheres (sopa) de azeite
alguns ramos de tomilho
15 g de manteiga sem sal
20 g de cerefólio ou salsinha, picados
sal marinho e pimenta-do-reino moída na hora

QUATRO PORÇÕES  crème fraîche (ou creme de leite fresco batido) para servir

# LENTILHAS COM BATATA E CRÈME FRAÎCHE

Escorra e lave as lentilhas. Coloque em uma panela grande, cubra com água fria e espere ferver. Cozinhe em fogo médio por 20-30 minutos, até amaciar, e escorra.

Ponha as batatas em uma panela com água salgada fria e espere ferver. Abaixe o fogo, tampe e cozinhe por 15-20 minutos, até amaciar – verifique espetando com uma faca. Escorra e deixe esfriar o bastante para poder manusear. Retire a casca com uma faca pequena afiada. Coloque as batatas em uma tigela grande e despedace com um garfo. Mantenha aquecido.

Despeje o azeite em uma frigideira em fogo médio e junte as lentilhas, o tomilho, a manteiga, sal e pimenta. Refogue, mexendo, até os grãos começarem a pipocar. Adicione as batatas, o cerefólio, sal e pimenta e misture com cuidado. Sirva quente, com o crème fraîche por cima.

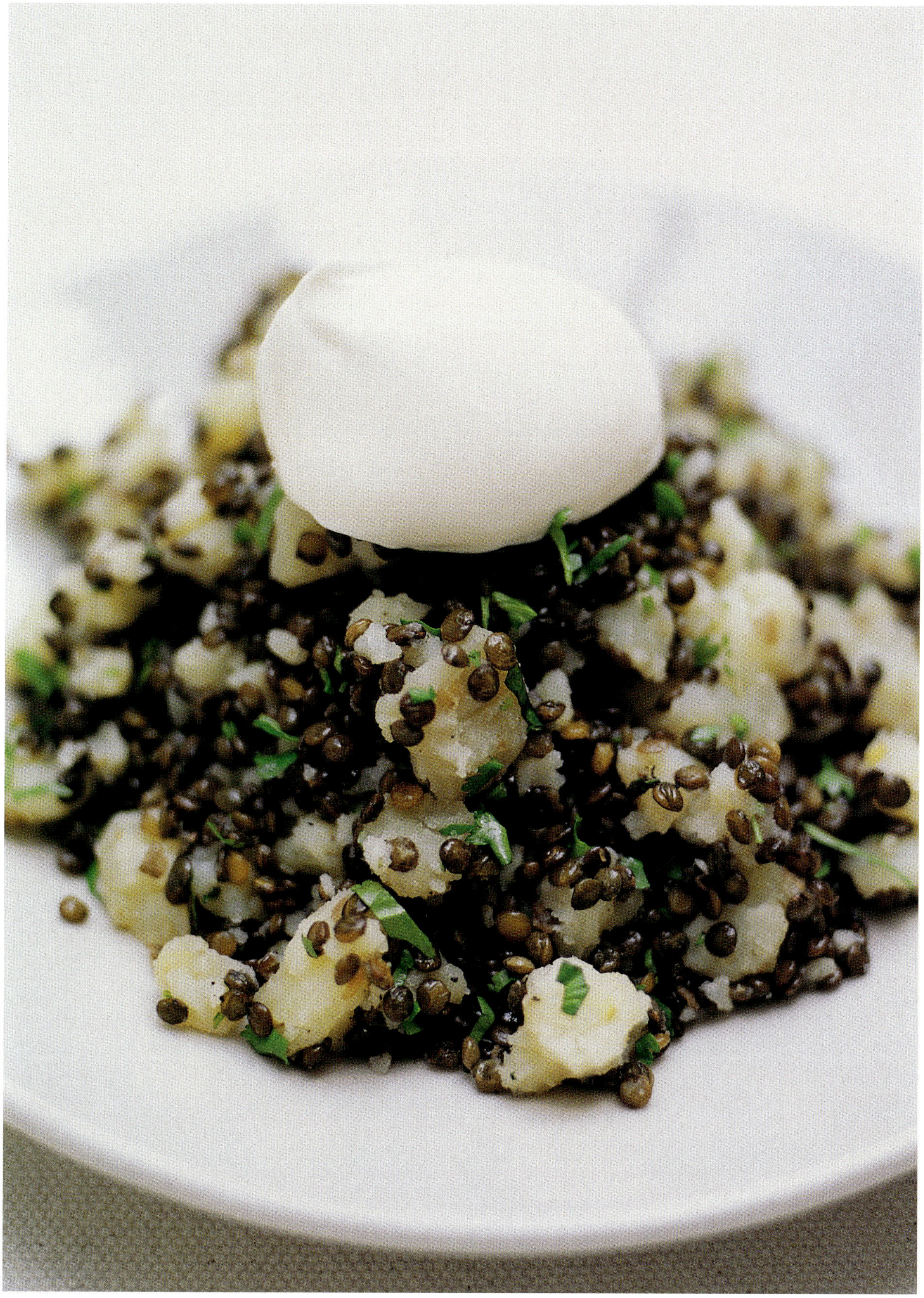

# FRUTAS SECAS E OLEAGINOSAS

Escolha as melhores frutas frescas; elas valem o que custam, pois são mais firmes e têm mais sabor. Tente encontrar as frutas semissecas ou mi-cuit – elas são excepcionalmente macias e suculentas. Quando conservadas por muito tempo, as frutas secas tendem a endurecer, mas isso pode ser corrigido deixando-as de molho em conhaque, rum, kirsh ou vodca. Use só oleaginosas frescas para cozinhar. Elas envelhecem muito rápido, então conserve em recipientes herméticos e use no prazo de um mês.

**DOZE PORÇÕES**

250 g de farinha de centeio
100 g de farinha de trigo integral
60 g de nozes tostadas
2½ colheres (chá) de fermento biológico instantâneo
1 colher (chá) de sal refinado
2 colheres (sopa) de glicose de milho
20 ml de azeite
200 ml de água morna

## PÃO DE CENTEIO E NOZES

Coloque as farinhas, as nozes, o fermento e o sal na vasilha da batedeira. Bata lentamente usando as pás de massa. Misture em uma tigela a glicose de milho, o azeite e a água. Adicione aos poucos aos ingredientes secos, batendo até dar liga. Aumente a velocidade da batedeira e bata por 5 minutos, até formar a massa. Coloque em uma tigela grande untada e cubra com filme de PVC. Deixe crescer em local aquecido por cerca de 45 minutos, até inflar um pouco.

Ponha a massa em uma superfície enfarinhada, dê pancadinhas com os punhos e depois sove por 5 minutos. Modele um pão retangular e coloque em uma assadeira untada. Cubra com filme de PVC, sem apertar, e deixe descansar em local aquecido por 10-15 minutos, enquanto aquece o forno a 200°C.

Asse por 20 minutos, até dourar. Tire do forno, deixe esfriar sobre uma grade e corte em fatias de 1 cm.

TRINTA A TRINTA E
SEIS UNIDADES

125 g de manteiga sem sal picada
190 g de açúcar
5-6 claras de ovo caipira grande
125 g de amêndoas moídas
25 g de farinha de trigo

# BOLINHOS AMANTEIGADOS COM AMÊNDOAS

Derreta a manteiga em uma panela em fogo médio. Quando borbulhar, bata com um batedor manual redondo, sem tirar do fogo, até ficar marrom-claro. Isso levará 5-7 minutos. Tire do fogo, ponha em uma jarra refratária e reserve.

Coloque os ingredientes restantes em uma tigela e bata com uma batedeira ou uma colher de pau, até dar liga. Adicione a manteiga aos poucos, misturando bem depois de cada adição, até uniformizar. Cubra a tigela e leve à geladeira por cerca de 1 hora.

Aqueça o forno a 200°C. Unte levemente três fôrmas de minimuffins com 10-12 canecos. Se você só tiver uma fôrma, asse os bolinhos em três levas.

Coloque a massa nos canecos. Asse por 9 minutos, até dourar. Espere esfriar, nas fôrmas ou sobre uma grade. Sirva no chá da tarde ou como petit fours, com café.

Estes bolinhos... são chamados *financiers* na França. No restaurante, eles são feitos em fôrmas de financier de 4 cm x 1,5 cm, que podem ser compradas nas melhores lojas de artigos para cozinha. Para um toque profissional, coloco a massa nas fôrmas usando um saco de confeitar.

75 g de uvas-passas brancas
75 g de amoras
50 g de frutas cristalizadas picadas
75 g de manteiga sem sal picada
75 g de açúcar demerara
raspas de 1 laranja
1 colher (chá) de canela em pó
½ colher (chá) de noz-moscada
ralada na hora

**PARA A MASSA**
250 g de manteiga sem sal gelada
250 g de farinha de trigo
1½ colher (chá) de sal refinado
125 ml de água gelada
leite e açúcar cristal para glaçar

QUINZE A VINTE
UNIDADES

## BOLINHOS ECCLES

Faça a massa. Tire a manteiga da geladeira 10 minutos antes de usar. Peneire a farinha e o sal em uma tigela e amasse parcialmente com a manteiga, deixando pequenas pelotas. Misture a água gelada até dar liga. Ponha em uma superfície enfarinhada e modele um retângulo. Embrulhe em filme de PVC e leve à geladeira por 30 minutos.

Abra a massa em uma superfície enfarinhada, formando um retângulo com cerca de 30 cm x 20 cm. Dobre as pontas menores de forma a que se encontrem no centro e depois dobre ao meio no sentido do comprimento. Embrulhe em filme de PVC e leve à geladeira por 30 minutos. Repita o procedimento, abrindo, dobrando e resfriando, duas vezes mais. Abra a massa até ficar com 5 mm de espessura (se preferir, divida em duas porções antes de abrir). Coloque em uma assadeira forrada com filme de PVC, cubra com filme de PVC e leve à geladeira por 30 minutos.

Enquanto isso, faça o recheio. Misture todas as frutas em uma tigela. Derreta a manteiga com o açúcar, as raspas de laranja e as especiarias em uma panela em fogo baixo. Misture às frutas na tigela e reserve.

Corte de quinze a vinte círculos de massa com 9 cm e empilhe-os intercalados com pedaços de papel vegetal.

Coloque as rodelas em uma superfície enfarinhada e ponha uma colher (chá) cheia de recheio no centro de cada uma. Dobre as bordas da massa sobre o recheio e aperte para selar. Vire os bolinhos e aperte cuidadosamente com a palma da mão para achatar um pouco. Faça três cortes pequenos e paralelos sobre cada bolo. Coloque em uma bandeja e leve à geladeira ou ao congelador até a hora de assar.

Aqueça o forno a 220°C. Forre uma assadeira com papel vegetal.

Ponha os bolinhos sobre o papel, pincele com leite e salpique com bastante açúcar. Asse por 12-15 minutos, até dourar. Sirva morno ou em temperatura ambiente.

Se guardar no freezer... tire 15 minutos antes de assar.

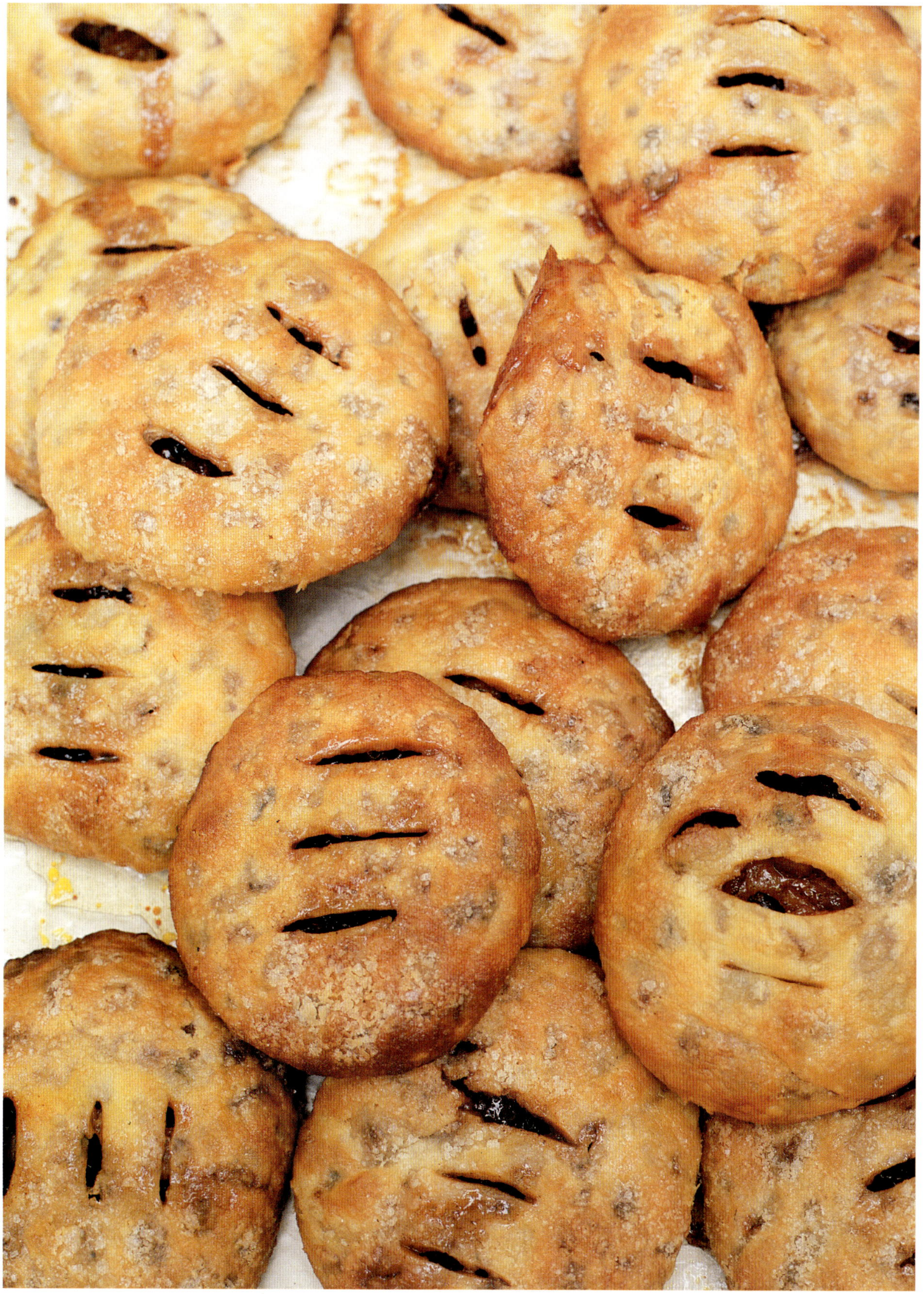

# MASSAS

Só compre massas de boa qualidade, de preferência as feitas com ovos (*all´uovo*), e ferva-as em bastante água salgada. O macarrão precisa de sal durante o cozimento, ou ficará insosso – uma vez cozido não adianta adicionar sal, pois ele não será absorvido da mesma forma. Nunca confie em um temporizador para lhe dizer quando a massa está pronta. A única forma de se assegurar é pegando um pedaço e provando. O ponto perfeito é o *al dente* – macio, mas ainda firme.

100 g de rúcula
100 g de castanhas de caju tostadas
40 g de parmesão ralado na hora
100 ml de azeite extravirgem, mais um pouco
500 g de linguine seco

QUATRO PORÇÕES

sal marinho e pimenta-do-reino moída na hora

## LINGUINE COM RÚCULA E PESTO DE CASTANHAS

Bata a rúcula com as castanhas, o parmesão e 50 ml de azeite no liquidificador, até adquirir consistência de pesto. Junte o azeite restante e bata novamente, até uniformizar. Tempere com sal e pimenta a gosto.

Despeje o linguine, em espiral, em uma panela grande com água salgada fervente. Cozinhe por 10-12 minutos, ou de acordo com as instruções da embalagem, até ficar *al dente*. Escorra e recoloque na panela.

Misture um pouco de azeite à massa para evitar que grude. Junte o pesto e misture até cobrir o linguine. Sirva imediatamente, com azeite e sal marinho salpicado.

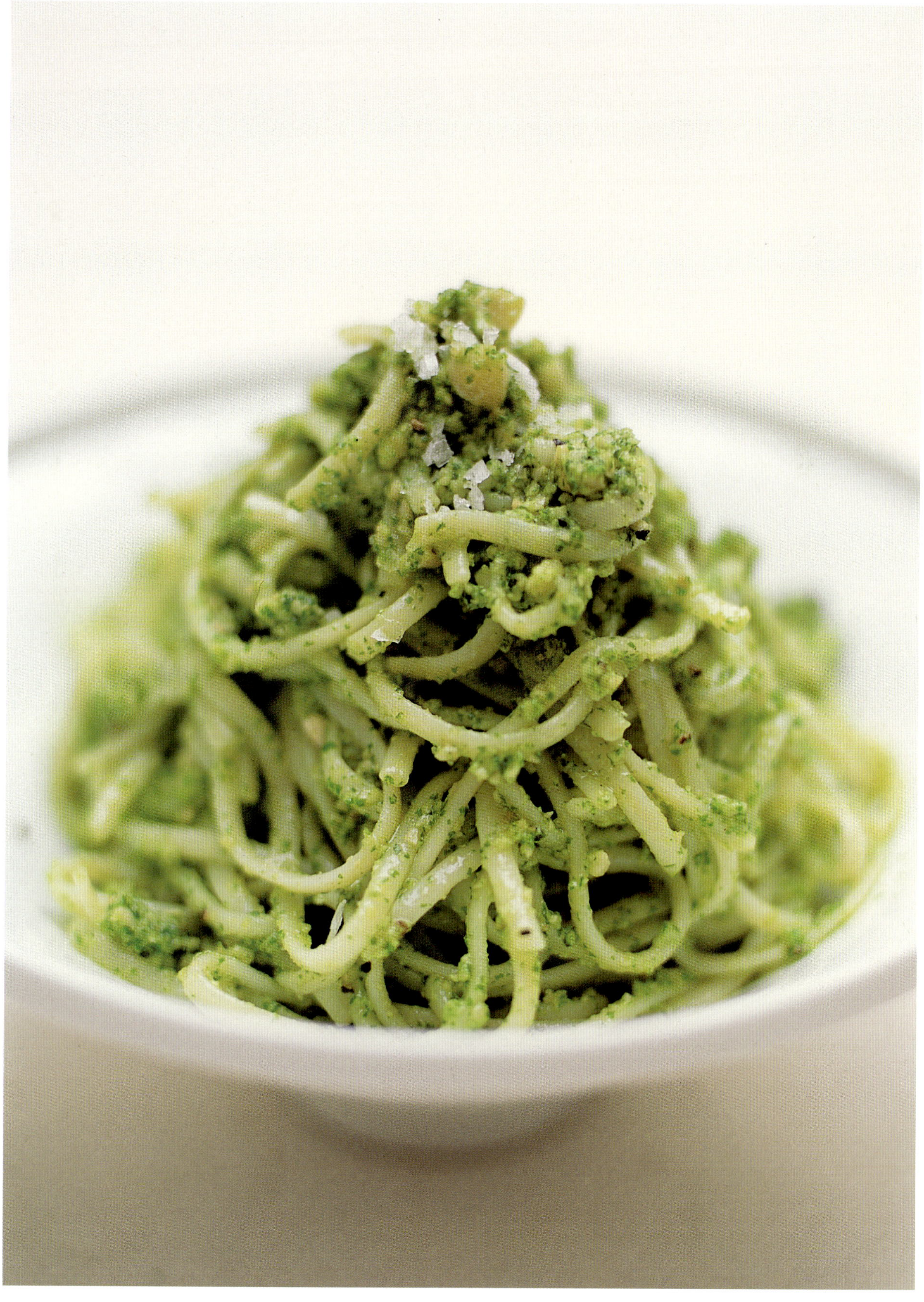

400 g de penne ou outra massa curta seca
100 g de tomates secos (em óleo) picados
100 g de agrião, talos maiores retirados
100 g de queijo stilton blue (ou gorgonzola)
sal marinho e pimenta-do-reino moída na hora

QUATRO PORÇÕES

# PENNE COM TOMATES SECOS E AGRIÃO

Mergulhe a massa em uma panela grande com água salgada fervente. Cozinhe por 10-12 minutos, ou de acordo com as instruções da embalagem, até ficar *al dente*. Escorra e recoloque na panela. Adicione os tomates secos e seu óleo, mexa bem, junte o agrião, sal e pimenta a gosto e misture. Sirva imediatamente, com o queijo amassado por cima.

Se não encontrar agrião... substitua por rúcula.

250 g de espaguete
100 g de azeitonas pretas descaroçadas picadas
8 alicis escorridos e picados
folhas de um punhadinho de salsinha picadas
sal marinho e pimenta-do-reino moída na hora

**PARA O CONFIT DE ALHO**
250 g de azeite
dentes descascados de 2 cabeças de alho

DUAS PORÇÕES

# ESPAGUETE COM CONFIT DE ALHO E AZEITONAS

Faça o confit. Ponha o azeite em uma panela pequena e leve ao fogo bem baixo. Junte os dentes de alho. Deixe cozinhar suavemente por 2 horas. O alho ficará mais dourado e bem macio, mas manterá a forma.

Escorra e reserve o azeite. Coloque o alho no liquidificador com 50 ml do azeite e pulse por 15 segundos, até obter um purê grosso.

Despeje o espaguete em espiral em uma panela grande com água salgada fervente. Cozinhe por 10-12 minutos, ou de acordo com as instruções da embalagem, até ficar *al dente*. Escorra e recoloque na panela, em fogo médio. Junte o confit de alho, as azeitonas e os alicis. Misture aos poucos o azeite restante – apenas o suficiente para que os ingredientes fiquem bem combinados. Tempere com sal e pimenta e adicione a salsinha. Sirva imediatamente.

# ARROZ PARA RISOTO

Quando avaliamos um risoto, a consistência tem tanta importância quanto o sabor, por isso é fundamental usar o arroz apropriado. O carnaroli, italiano, é um dos melhores, e pode ser encontrado em empórios finos e na maioria dos grandes supermercados. Quando cozido, ele adquire uma textura ao mesmo tempo cremosa e firme, que deixa o risoto como deve ser – úmido mas não aguado, e nunca empapado.

100 g de manteiga sem sal picada
400 g de arroz para risoto
100 ml de vinho branco seco
cerca de 1 litro de caldo de galinha ou de legumes, aquecido até quase ferver
200 g de alho-poró (só a parte branca) fatiado fino na diagonal
algumas folhas de louro e ramos de tomilho
100 g de parmesão ralado na hora
200 g de batatas novas cozidas com casca e amassadas
um punhado de cerefólio (ou salsinha) e um de hortelã, picados
sal marinho e pimenta-do-reino moída na hora

QUATRO PORÇÕES

## RISOTO DE ALHO-PORÓ E BATATA

Derreta metade da manteiga em uma panela grande, funda e larga, em fogo médio. Junte o arroz e misture por 2 minutos. Respingue o vinho, mexa bem e adicione uma concha de caldo quente. Coloque em fogo médio/baixo. Cozinhe por 15-20 minutos, mexendo sempre e acrescentando uma concha de caldo por vez, à medida que o arroz for absorvendo o líquido. Junte o alho-poró, o louro e o tomilho depois de 5 minutos de cozimento.

Quando o arroz estiver quase *al dente*, misture o parmesão, a manteiga restante e um pouco de caldo. Descarte o louro e o tomilho. Misture as batatas, o cerefólio e a hortelã. Retire do fogo, verifique o tempero e sirva imediatamente.

100 g de manteiga sem sal picada
400 g de arroz para risoto
1 colher (chá) de páprica defumada
100 ml de vinho branco seco
cerca de 1 litro de caldo de galinha ou
    de legumes, aquecido até quase ferver
1 pimentão vermelho fatiado
1 pimentão amarelo fatiado
2 colheres (sopa) de azeite
200 g de linguiça defumada sem pele, picada em cubos
50-75 g de parmesão ralado na hora
um punhadinho de cebolinha picada

QUATRO PORÇÕES   sal marinho e pimenta-do-reino moída na hora

# RISOTO DE LINGUIÇA E PIMENTÃO

Derreta metade da manteiga em uma panela grande, funda e larga, em fogo médio. Junte o arroz e a páprica e misture por 2 minutos. Respingue o vinho, mexa bem e adicione uma concha de caldo quente. Coloque em fogo médio/baixo. Cozinhe por 15-20 minutos, mexendo sempre e acrescentando uma concha de caldo por vez, à medida que o arroz for absorvendo o líquido.

Enquanto o risoto estiver cozinhando, refogue os pimentões no azeite em uma panela separada por cerca de 5 minutos, até amaciar. Junte a linguiça, misture e tire do fogo.

Quando o arroz estiver quase *al dente*, adicione a manteiga restante e o parmesão e misture os pimentões e a linguiça. Espere aquecer um pouco. Retire do fogo, misture a cebolinha, verifique o tempero e sirva imediatamente.

1 cabeça de alho
cerca de 30 tomates-cereja
azeite
cerca de 20 minibolas de mussarela (cerca de 150 g)
um punhado de ramos novos de manjerona
825 ml de caldo de galinha ou de legumes
175 ml de suco de tomate (de lata ou caixa)
100 g de manteiga sem sal picada
400 g de arroz para risoto
100 ml de vinho branco seco
2 colheres (sopa) de polpa de tomate
75 g de parmesão ralado na hora

QUATRO PORÇÕES   sal marinho e pimenta-do-reino moída na hora

# RISOTO DE TOMATE E MUSSARELA

Aqueça o forno a 220°C. Embrulhe a cabeça de alho em papel-alumínio e asse por cerca de 20 minutos, até começar a amaciar. Ponha os tomates em uma tigela refratária, misture um pouco de azeite e sal marinho e coloque no forno junto com o alho por 15 minutos.

Enquanto isso, misture a mussarela, a manjerona e um pouco de pimenta em uma tigela. Reserve. Misture o caldo com o suco de tomate e aqueça até quase ferver.

Derreta metade da manteiga em uma panela grande, funda e larga, em fogo médio. Junte o arroz e misture por 2 minutos. Respingue o vinho, mexa bem e adicione uma concha de caldo quente. Coloque em fogo médio/baixo. Cozinhe por 15-20 minutos, mexendo sempre e acrescentando uma concha de caldo por vez, à medida que o arroz for absorvendo o líquido. Adicione a polpa de tomate na metade do cozimento.

Quando o arroz estiver quase *al dente*, misture a manteiga restante e o parmesão. Retire do fogo e incorpore suavemente a mussarela e os tomates. Reserve um pouco de manjerona. Se houver líquido dos tomates na tigela, adicione um pouco de azeite, raspe o fundo e misture ao risoto. Mantenha aquecido.

Desembrulhe o alho e separe os dentes. Coloque 1 ou 2 no risoto, inteiros, depois amasse os restantes e misture ao arroz. Verifique o tempero e sirva imediatamente, com a manjerona reservada.

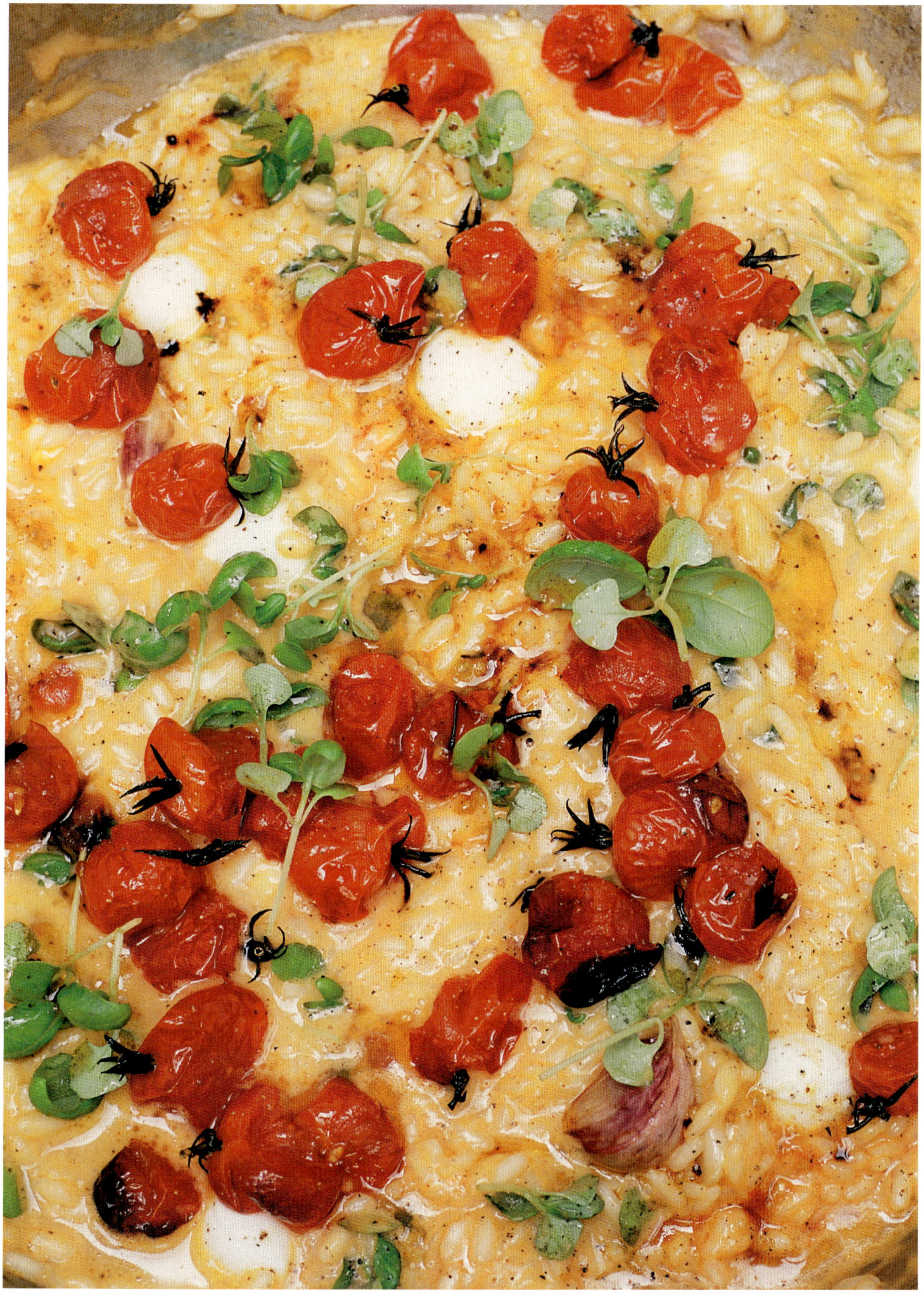

# CHÁ

Não pense que o chá é apenas uma bebida. Ele também é um ingrediente precioso na culinária. Existe uma ampla variedade, e já experimentei várias combinações diferentes até encontrar os melhores para cozinhar. Três dos meus favoritos são o earl grey, o de jasmim (ambos dão um perfume e sabor maravilhosos ao prato) e o de camomila – uma infusão que acho perfeita para carnes e peixes defumados.

OITO FILÉS

40 g de camomila
80 g de açúcar demerara
80 g de arroz (qualquer tipo)
um pouco de azeite
4 carapaus cortados em filés
(espinhas retiradas e com pele)

## CARAPAU DEFUMADO COM INFUSÃO DE CAMOMILA

Misture a camomila, o açúcar e o arroz. Divida em três pilhas iguais em uma travessa refratária alta de fundo grosso, espaçando bem. (Use uma velha, que você possa guardar depois só para defumar.) Coloque uma grade de metal sobre a travessa e pincele com azeite. Pincele também a pele dos filés de peixe e coloque sobre a grade, com esse lado para baixo. Respingue os carapaus com azeite e tempere com sal e pimenta. Cubra a grade inteira com papel-alumínio, apertando-o firmemente em torno da borda da travessa.

Coloque em fogo médio/alto, usando dois queimadores para distribuir melhor o calor. Não mexa por 3-4 minutos. Quando uma quantidade moderada de fumaça começar a escapar pelo papel-alumínio, retire do fogo. Deixe descansar no mínimo por 20 minutos antes de descobrir a travessa. Se não for consumido imediatamente, o carapau pode ser conservado na geladeira por até dois dias.

Para um sabor acentuado... é preciso que haja uma boa quantidade de fumaça, então, se for possível deixe a travessa descansar ao ar livre.

O peito de pato... pode ser defumado da mesma forma.

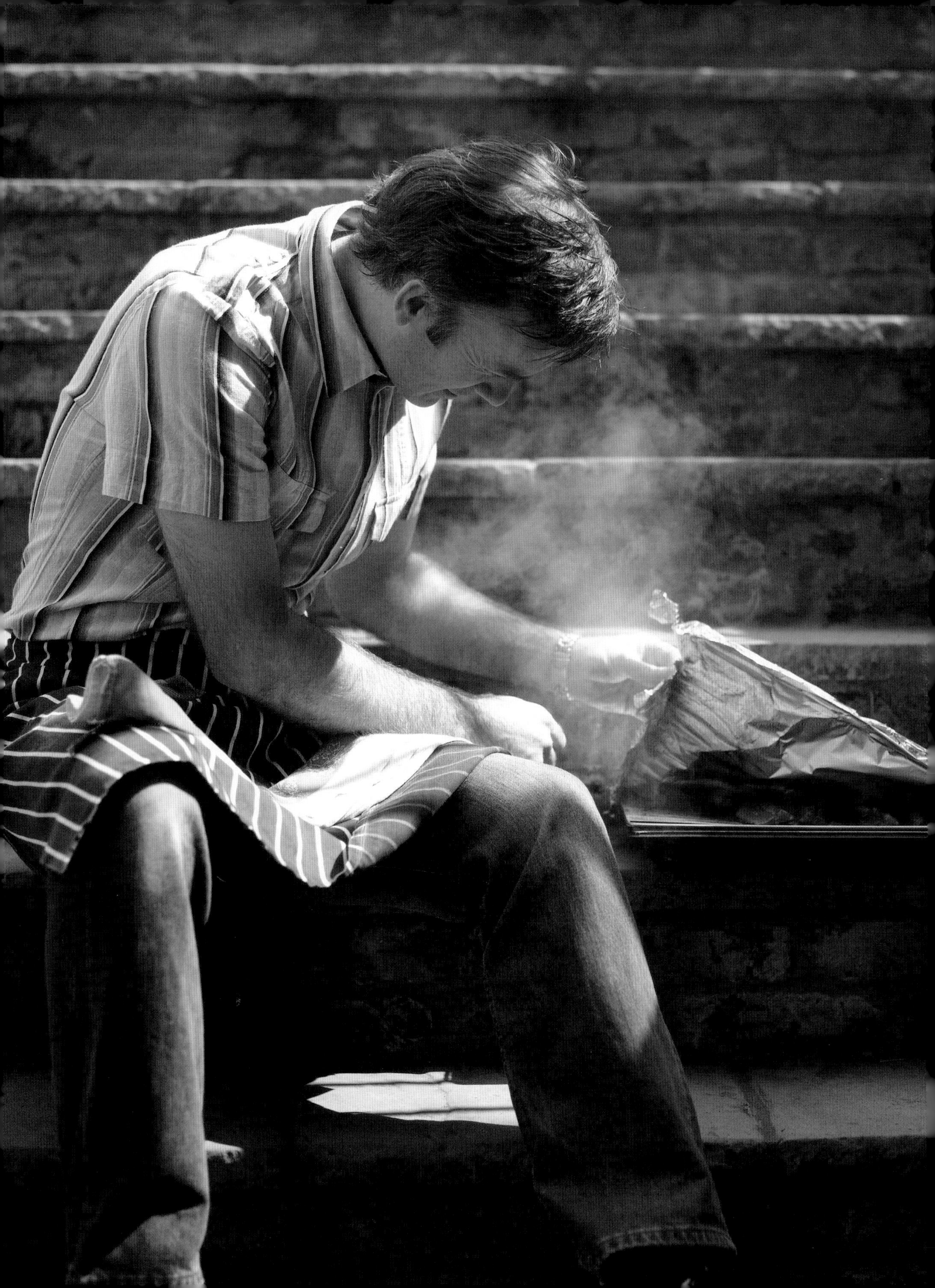

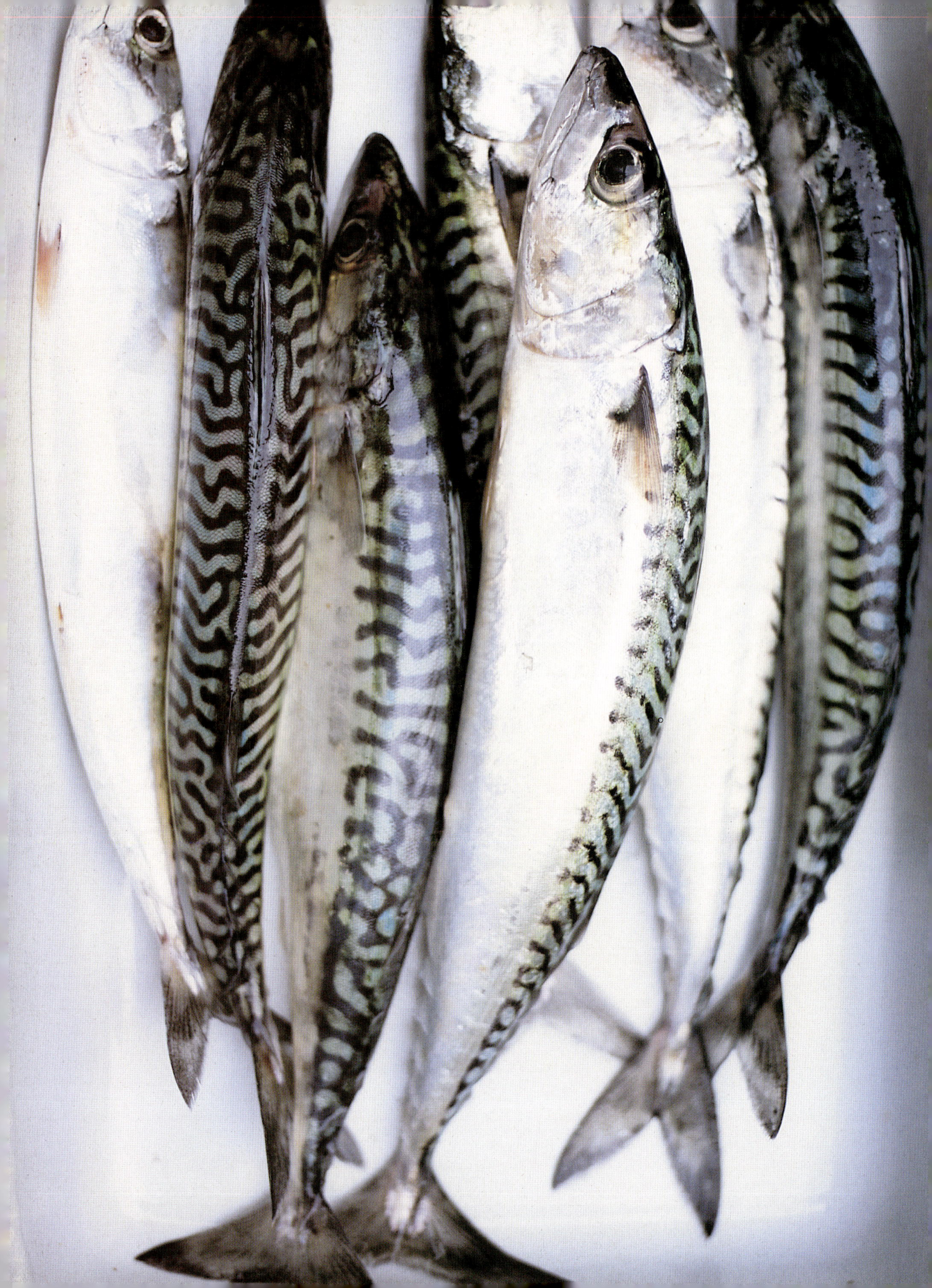

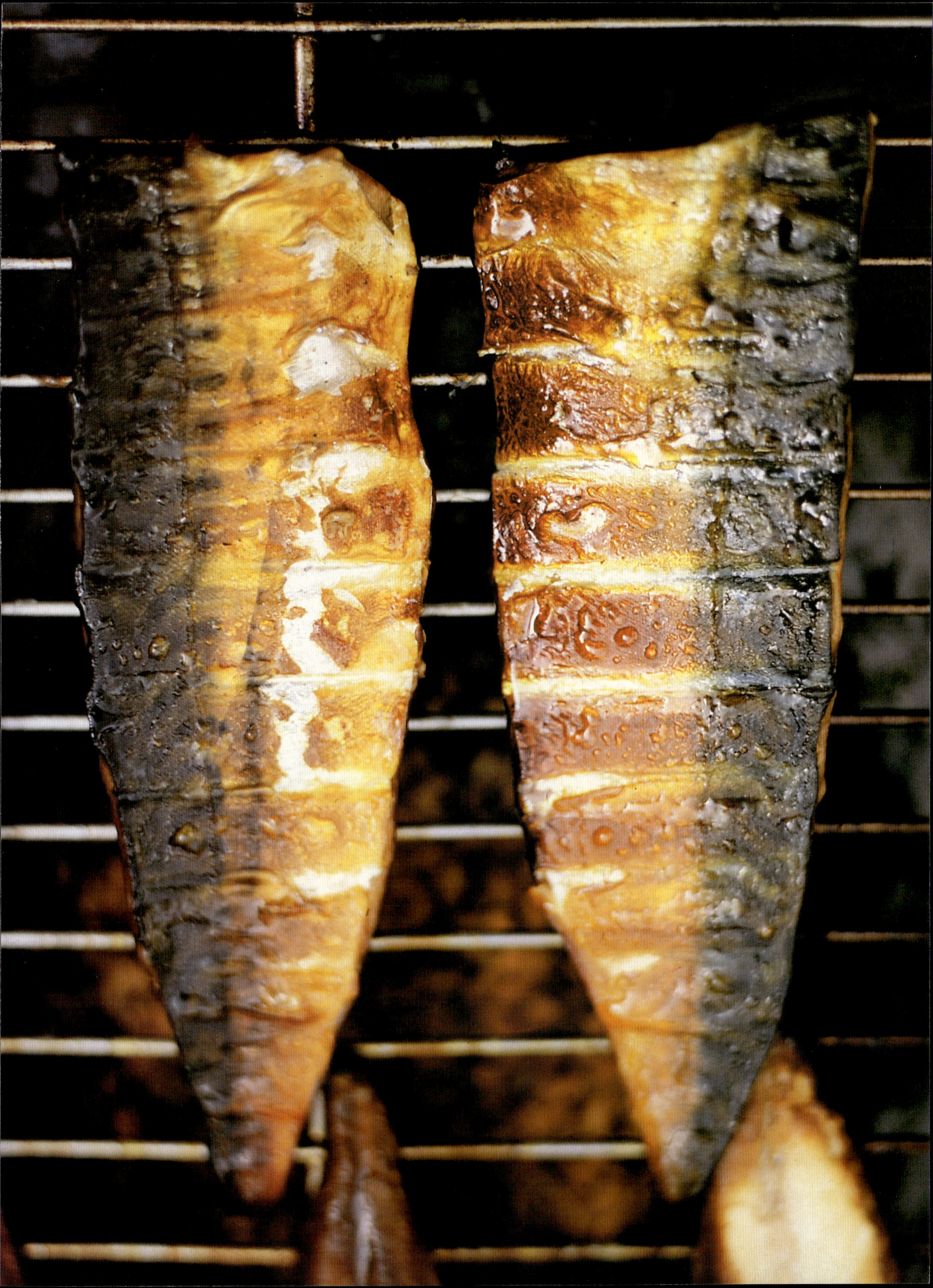

SEIS PORÇÕES

30 g de chá earl grey
300 ml de leite
300 ml de creme de leite fresco
7 gemas de ovo caipira grande
150 g de açúcar
3 claras de ovo caipira grande

# SORVETE DE EARL GREY

Ponha o chá em uma panela com o leite e 100 ml de creme de leite e espere ferver. Cozinhe em fogo baixo por 1 minuto e coe em uma panela limpa em fogo médio. Bata as gemas com 75 g de açúcar em uma tigela, até uniformizar. Junte um pouco do creme quente e bata. Despeje na panela e misture com uma colher de pau. Deixe em fogo baixo, mexendo, até encorpar o suficiente para cobrir a colher.

Passe o custard por uma peneira fina colocada sobre um recipiente raso. Cubra a superfície com filme de PVC para impedir que se forme uma camada mais grossa. Leve à geladeira para esfriar.

Bata o creme de leite restante em ponto firme. Bata as claras em neve e vá adicionando aos poucos o açúcar restante, até obter um suspiro. Incorpore o custard ao creme de leite batido e misture ¼ do suspiro. Adicione o suspiro restante e mexa suavemente, até uniformizar.

Coloque em um recipiente que vá ao congelador, cubra com filme de PVC e tampe. Congele até firmar – isso deve levar 2-4 horas. Não é preciso usar uma máquina de fazer sorvete, pois o creme de leite batido e as claras em neve já deixam essa sobremesa deliciosamente cremosa. Conserve no congelador por até 3 dias.

QUATRO PORÇÕES

30 g de chá de jasmim
150 g de açúcar
1 folha de louro
250 g de damascos secos

# DAMASCOS COM CHÁ DE JASMIM

Coloque o chá em uma panela com o açúcar, o louro e 100 ml de água. Espere ferver, mantenha no fogo por 2 minutos e depois coe em uma panela limpa. Junte os damascos e cozinhe em fogo baixo por 10 minutos.

Deixe esfriar em temperatura ambiente ou resfrie na geladeira. Sirva como petisco, com queijo, ou como sobremesa, com creme de leite, sorvete, iogurte natural ou crème fraîche.

Como alternativa... use ameixas ou figos, ambos secos, em vez de damascos.

# CAFÉ

Muito útil em receitas doces, bastando uma pequena quantidade para obter um forte efeito, o café propicia sabor imediato – e não é gorduroso nem pesado. Para mais aroma e sabor, compre o grão moído na hora e use rapidamente – ou conserve em um recipiente hermético, na geladeira. Os supermercados oferecem muitas opções, mas se você quiser algo diferente, compre o pó em empórios.

**VINTE UNIDADES**

3½ colheres (chá) de café moído na hora
100 g de nozes
100 g de farinha de trigo
50 g de manteiga sem sal em temperatura ambiente
50 g de açúcar
1 ovo caipira médio batido
100 g de chocolate ao leite quebrado em pedaços

## COOKIES DE CAFÉ E NOZES

Passe o café com as nozes e a farinha pelo processador até ficar parecendo migalhas grossas de pão. Bata a manteiga com o açúcar. Adicione o ovo aos poucos e incorpore a farinha com nozes, misturando até uniformizar. Enrole a massa, modelando um cilindro com cerca de 6 cm de diâmetro. Leve à geladeira envolvido em filme de PVC por ao menos 1 hora (de preferência 2-3 horas, ou durante a noite).

Aqueça o forno a 190°C. Unte uma assadeira grande ou duas pequenas.

Fatie o cilindro de massa em vinte rodelas com 5 mm de espessura e coloque na assadeira. Leve ao forno por 15 minutos. Deixe esfriar na assadeira.

Coloque os cookies em uma grade coberta com papel-manteiga. Derreta o chocolate e respingue sobre os biscoitos com um garfo. Espere firmar e sirva.

Você pode usar outras oleaginosas... castanhas-do-pará, castanhas de caju, pecãs e amêndoas sem pele ficam igualmente ótimas nestes cookies.

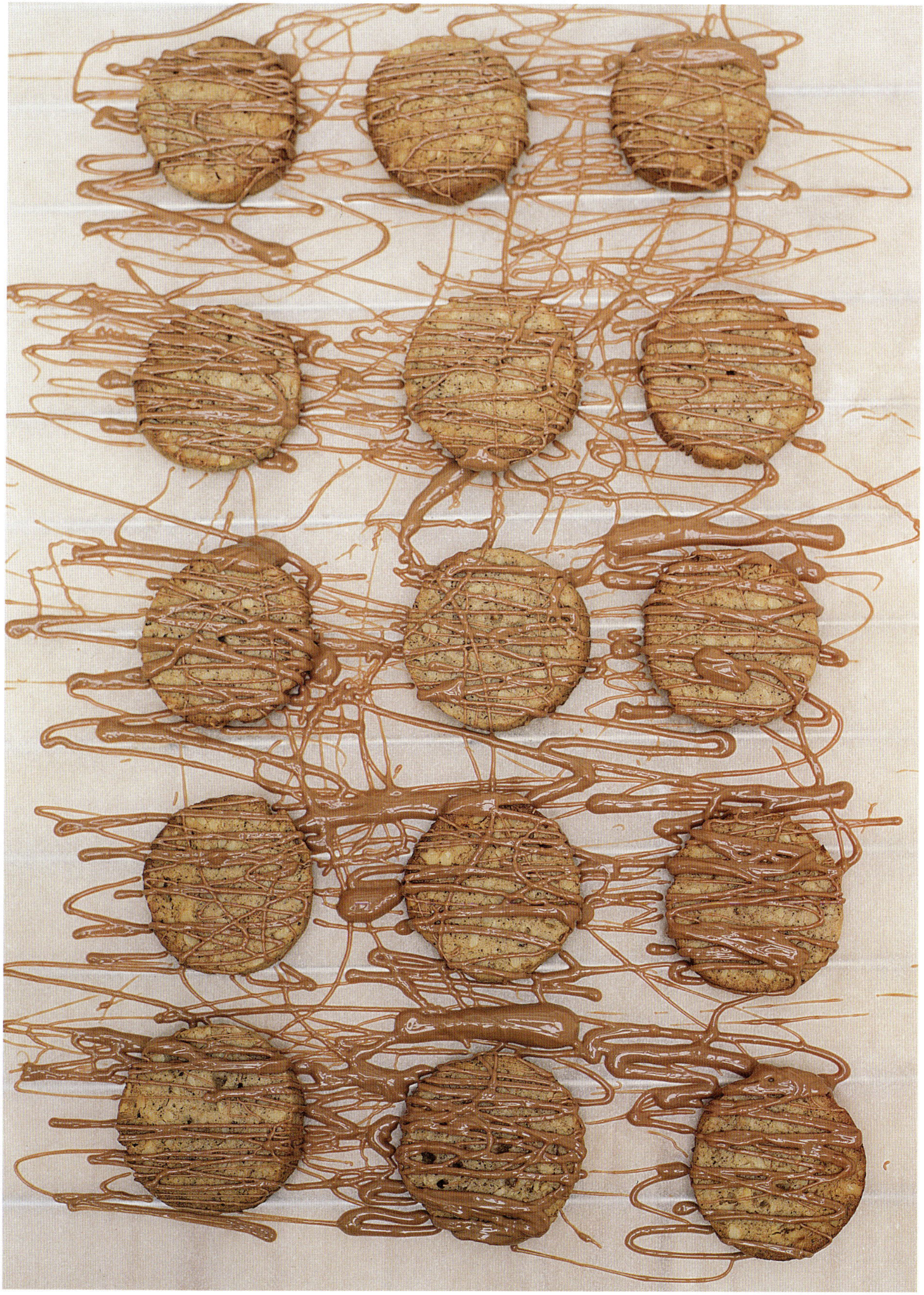

5 gemas de ovo caipira médio
175 g de açúcar
4 claras de ovo caipira médio
250 g de mascarpone batido em creme
200 ml de café expresso forte, frio
50 ml de kahlùa (licor de café)
100 g de biscoitos champagne
   (ou dos italianos savoiardi)
cacau em pó para polvilhar

SEIS PORÇÕES

# TIRAMISÙ

Bata as gemas com uma batedeira em velocidade média, até ficar claro e aerado. Enquanto isso, coloque 75 g de açúcar e 40 ml de água em uma panela pequena em fogo baixo, até dissolver. Ferva por 3 minutos. Despeje lentamente sobre as gemas, com a batedeira ligada. Continue batendo até esfriar e o zabaione estar claro e encorpado.

Bata as claras em neve em outra tigela, em velocidade máxima. Continue batendo e adicione aos poucos o açúcar restante, até obter um suspiro firme.

Misture ⅓ do zabaione ao mascarpone, batendo até uniformizar. Incorpore o zabaione restante usando o pão-duro. Despeje metade desse creme sobre o suspiro e misture bem. Incorpore o creme restante, até ficar uniforme.

Misture o café e o licor em uma tigela larga. Corte os biscoitos ao meio transversalmente e depois diagonalmente, obtendo 4 pedaços de cada um.

Monte o mascarpone. Ponha uma colherada de creme em seis taças de martini (200-225 ml). Mergulhe um pedaço de biscoito no café com licor, cubra bem, escorra e coloque na taça, com o lado cortado apoiado no vidro e a ponta arredondada para cima. Repita até ficar com sete pedaços em cada taça. Coloque mais creme, preenchendo o centro e entre os biscoitos. Nivele a superfície com uma espátula.

Cubra as taças com filme de PVC e leve à geladeira – de preferência por 24 horas. Polvilhe com cacau em pó e sirva.

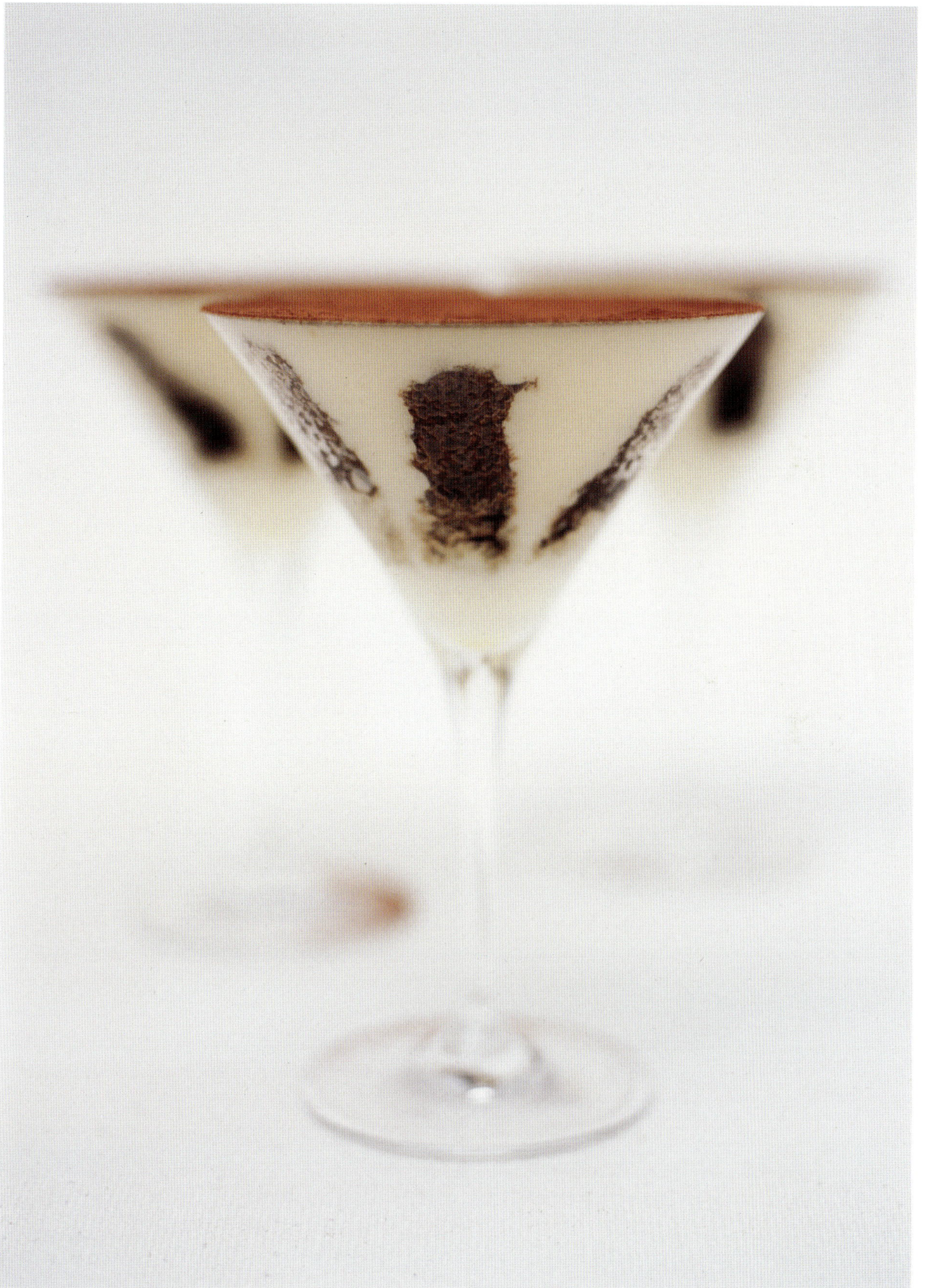

**PARA O PÃO DE LÓ**
100 g de manteiga sem sal em temperatura ambiente
100 g de açúcar
2 ovos caipiras médios batidos
1 colher (chá) de café instantâneo dissolvido em 1 colher (chá) de água quente
100 g de farinha de trigo peneirada com 1 colher (chá) de fermento em pó

**PARA O CREME DE MANTEIGA**
1 ovo caipira médio batido com 2 gemas
75 g de açúcar
125 g de manteiga sem sal picada
1 colher (chá) de café instantâneo dissolvido em 1 colher (chá) de água quente

**PARA O GANACHE**
100 ml de creme de leite fresco
100 g de chocolate amargo (70% de cacau) picado
20 g de manteiga sem sal em temperatura ambiente picada

**PARA A COBERTURA**
2 colheres (sopa) de creme de leite fresco
25 g de chocolate amargo (70% de cacau) picado
10 g de açúcar
1 colher (chá) de cacau em pó

SEIS PORÇÕES

# GÂTEAU OPÉRA

Faça o pão de ló. Aqueça o forno a 180°C. Unte uma assadeira grande com manteiga e forre a base. Bata a manteiga com o açúcar. Adicione os ovos e o café, batendo sem parar. Incorpore a farinha. Espalhe na assadeira, em um retângulo com 22 cm x 36 cm, e asse por 4-5 minutos. Deixe esfriar sem desenformar.

Para o creme de manteiga, bata os ovos até encorpar e espumar. Dissolva o açúcar em 2 colheres (sopa) de água e ferva por 3 minutos. Espere as bolhas diminuírem e despeje lentamente na lateral da tigela com os ovos, com a batedeira ligada. Bata até amornar e depois adicione a manteiga, um pedaço por vez, seguida pelo café. Cubra com filme de PVC.

Faça o ganache. Aqueça o creme de leite, adicione o chocolate e deixe descansar por 5 minutos. Bata até uniformizar e junte a manteiga, um pedaço por vez, sem parar de bater. Cubra a superfície com filme de PVC.

Para a cobertura, aqueça metade do creme de leite e junte o chocolate. Dissolva o açúcar em uma panela com o cacau, o creme de leite restante e 50 ml de água. Cozinhe por 2 minutos, coe sobre o chocolate e misture até uniformizar. Cubra a superfície com filme de PVC. Espere esfriar e encorpar.

Desenforme o pão de ló. Cubra com o creme de manteiga, nivele e leve à geladeira por 30 minutos. Espalhe o ganache por cima com cuidado; resfrie por 30 minutos. Depois, com uma faca quente, corte o retângulo ao meio e apare até obter dois quadrados. Corte cada um em três retângulos. Resfrie por 10 minutos. Empilhe os retângulos sobre uma folha de papel vegetal. Apare as bordas desiguais e resfrie os bolos por 10 minutos. Espalhe a cobertura e leve à geladeira por 30 minutos.

Apare as laterais com uma faca quente e corte ao meio. Deixe na geladeira até a hora de servir – cortado em três pedaços com a faca quente.

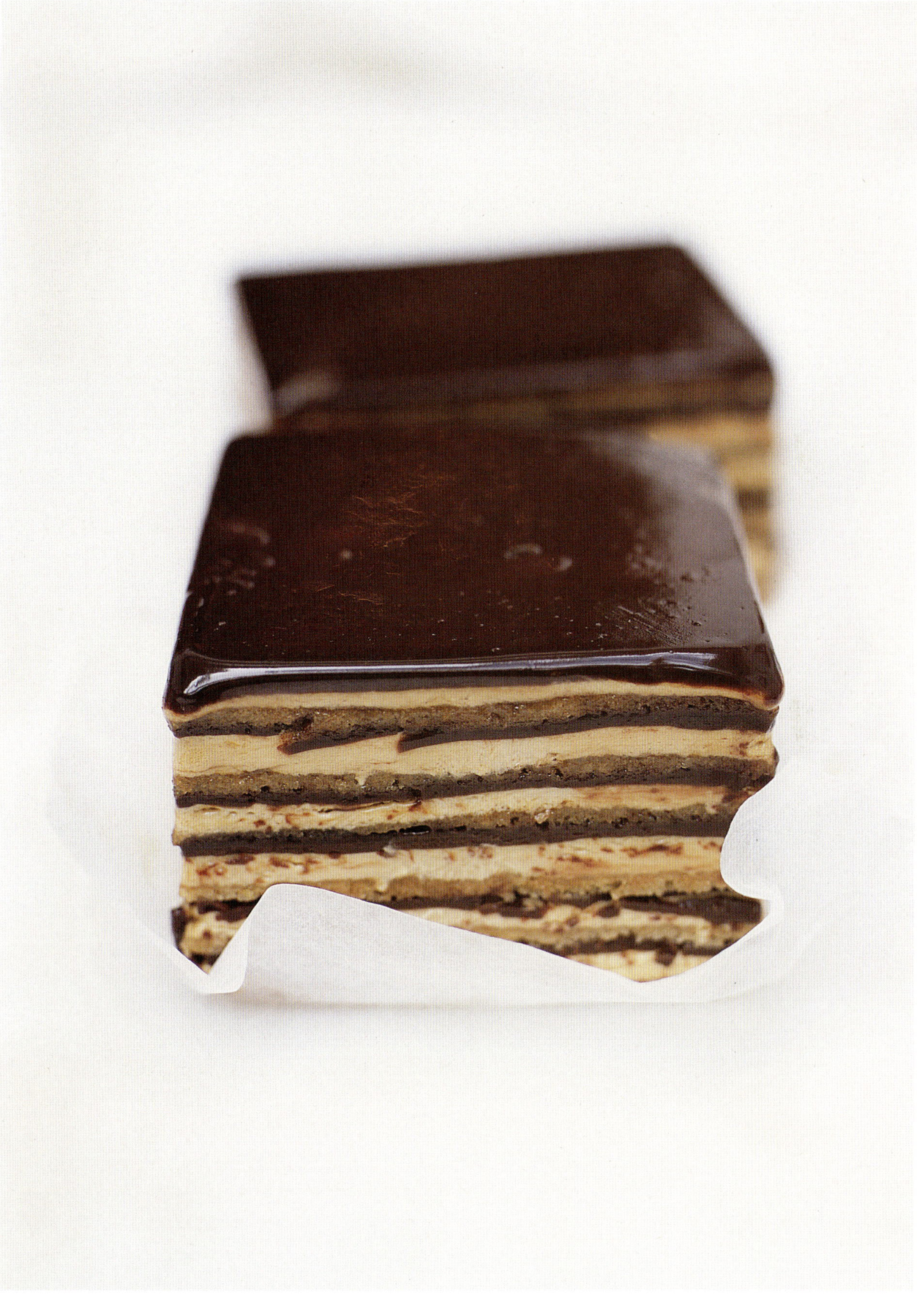

# LISTA DE INGREDIENTES

Os ingredientes apresentados neste livro têm suas próprias sessões, mas vários outros ocupam lugar de destaque nas receitas. Use a lista a seguir para localizá-los – o negrito indica em que sessão eles aparecem e o itálico se refere às sugestões alternativas no final de algumas receitas. Para facilitar, foi inserido o número da página.

ABACATE: Tian de camarão e caranguejo com abacate (**camarão pré-cozido**) 82
ABACAXI: Carpaccio de **atum** com crosta de ervas 75; Cuscuz com grão-de-bico e abacaxi 181
ABÓBORA: *Cuscuz com abóbora assada e coentro 180*
ABOBRINHA: Ratatouille (**berinjela**) 13
AGRIÃO: **Salmão** com melancia, agrião e castanhas 72; Penne com tomates secos e agrião (**massas**) 202
ÁGUA DE ROSAS: Parfait de **ruibarbo** e água de rosas 165
AIPO: *Galette de cenoura e coentro 22; Sopa de couve-flor 31*
ALCAPARRAS: Salada de **couve-flor** com molho de alcaparras 28; na maionese da **Solha** com massa de cerveja 62
ALFACE: Costeletas de **porco** em estilo asiático 102; **Frango** assado com quarenta dentes de alho 106
ALHO: Velouté de **cebola** e tomilho 37; Batatas assadas com alecrim, alho e azeitonas (**batata**) 44; Brandade (**peixes de carne branca**) 57; Camarão com toucinho e aïoli ao forno 67; Paleta de **cordeiro** assada com legumes 97; **Frango** assado com quarenta dentes de alho 106; Espaguete com confit de alho e azeitonas (**massas**) 203
ALHO-PORÓ: **Couve-flor** com queijo e cominho 30; Dauphinois gratinado com **ervilhas** e alho-poró 42; Risoto de alho-poró e batata (**arroz para risoto**) 204
ALICIS: Espaguete com confit de alho e azeitonas (**massas**) 203
AMEIXAS: *Crocante de ruibarbo 164*
AMEIXAS SECAS: *Damascos com chá de jasmim 213*
AMÊNDOAS: **Brócolis** com pesto de amêndoas 15; **Salmão** com melancia, agrião e castanhas 72; Macarons (**ovos**) 128; Bolo de **maçã** com crocante de especiarias 134; Peras assadas com alecrim (**pera**) 158; Bolo grudento de chocolate (**chocolate amargo**) 178; *Cookies de café e nozes 214*
AMENDOIM: Salada de **repolho** com frango 20; **Camarão** laksa 66
AMORAS: Bolinhos eccles (**frutas secas e oleaginosas**) 198
ASPARGOS: Mousseline com aspargos (**ovos**) 126
AVEIA: *Crocante de ruibarbo 164*
AVELÃS: Salada de **queijo** de cabra e beterraba com praliné 118; *Biscotti de chocolate e pistaches (chocolate amargo) 176*
AZEITONAS: Batatas assadas com alecrim, alho e azeitonas (**batata**) 44; **Atum** tartar com picles de pepino 76; Espaguete com confit de alho e azeitonas (**massas**) 203
BATATA: Dauphinois gratinado com **ervilhas** e alho-poró 42; Brandade (**peixes de carne branca**) 57; Caçarola da mamãe (**boi**) 88; **Lentilhas** com batata e crème fraîche 194; Risoto de alho-poró e batata (**arroz para risoto**) 204
BATATA-DOCE: *Bolinhos de batata 47*
BETERRABA: Salada de **queijo** de cabra e beterraba com praliné 118
BRÓCOLIS: Curry tailandês de **frango** 109
BROTOS DE FEIJÃO: Salada de **repolho** com frango 20; **Camarão** laksa 66; Curry tailandês de **frango** 109
CARANGUEJO: Tian de **camarão** e caranguejo com abacate 82
CARAPAU: Carapau defumado com infusão de camomila (**chá**) 208
CASTANHAS-D'ÁGUA: **Salmão** com melancia, agrião e castanhas 72
CASTANHAS DE CAJU: Linguine com rúcula e pesto de castanhas (**massas**) 200
CASTANHAS-DO-PARÁ: *Cookies de café e nozes 214*
CENOURA: Salada de **repolho** com frango 20; Rabada com vinho tinto (**boi**) 90; Paleta de **cordeiro** assada com legumes 97
CHERNE: **Camarão** com toucinho e aïoli ao forno 67
CHOCOLATE: Macarons (**ovos**) 128; Framboesas com musse de chocolate branco (**frutas vermelhas**) 143; Cookies de **café** e nozes 214; Gâteau opéra (**café**) 218
COGUMELOS: Caçarola da mamãe (**boi**) 88
CREME DE LEITE: Molho de **tomate**-cereja e mascarpone 51; Bisque de **camarão** 68; Custard assado de **ovo** 124; Bavarois de **banana** caramelada 136; **Banana** empanada com creme de especiarias 138; Morangos balsâmicos com merengue (**frutas vermelhas**) 140; Doce de amoras-pretas (**frutas vermelhas**) 142; Framboesas com musse de chocolate branco (**frutas vermelhas**) 143; Parfait de **manga** 151; Tians de **abacaxi** com mascarpone e hortelã 162; Parfait de **ruibarbo** e água de rosas 165; Doce de **ruibarbo** com creme 166; Damascos caramelizados com creme de amaretti (**frutas de caroço**) 172; Sorvete de chocolate (**chocolate amargo**) 177; na calda do Pudim com calda toffee (**glicose de milho**) 189; **Lentilhas** com batata e crème fraîche 194; Sorvete de earl grey (**chá**) 212; Tiramisù (**café**) 216
DAMASCOS: *Pêssegos com rum e hortelã (frutas de caroço) 168; Biscotti de chocolate e pistaches (chocolate amargo) 176;* Damascos com **chá** de jasmim 213
ECHALOTAS: Churrasco de rib eye (**boi**) 86; **Cuscuz** com nozes e cebola caramelizada 182

ERVILHAS: **Berinjela** ao curry com ervilhas 12; Paleta de **cordeiro** assada com legumes 97
ERVILHA-TORTA: **Camarão** laksa 66; Curry tailandês de **frango** 109
ESPINAFRE: Lasanha com espinafre e feijão (**boi**) 92
FEIJÕES: Salada de **ervilhas** e favas com queijo 40; Ensopado de **solha** com feijão e linguiça 60; **Atum** com homus de feijão-branco 74; Lasanha com espinafre e feijão (**boi**) 92;
FIGO: **Queijo** de cabra assado com nozes e figos 116; *Damascos com chá de jasmim 213*
FOIE GRAS: Ameixas com especiarias e foie gras (**frutas de caroço**) 169
FRAMBOESAS: Ambrosia inglesa (**creme de leite**) 120
FRANGO: Salada de **repolho** com frango 20
FUBÁ PRÉ-COZIDO: Pão de milho com cominho (**farinha**) 187
GRÃO-DE-BICO: **Cuscuz** com grão-de-bico e abacaxi 181
GRAPEFRUIT: *Geleia de **limão** 148*
IOGURTE: **Berinjela** marroquina 10; Costeletas de **cordeiro** em estilo indiano 94; Espetinhos de **cordeiro** com raita 96; Ambrosia inglesa (**creme de leite**) 120; Granita de maçã com geleia de vinho 132; Lassi de **manga** 150; Damascos caramelizados com creme de amaretti (**frutas de caroço**) 172
LAGOSTA: Salada de **camarão** com manga e lagosta 80
LARANJA: Gravadlax (**salmão**) 70; Bolinhos com calda de laranja (**farinha**) 184
LEITE CONDENSADO: Torta-merengue de **limão** 144
LEITE DE COCO: **Camarão** laksa 66; Curry tailandês de **frango** 109
LINGUIÇA: Ensopado de **solha** com feijão e linguiça 60; Risoto de linguiça e pimentão (**arroz para risoto**) 205
MACARRÃO COM OVOS: **Camarão** laksa 66
MAÇÃS: **Repolho** roxo com maçã e especiarias 19; Crocante de **ruibarbo** 164
MANGA: Salada de **camarão** com manga e lagosta 80
MARACUJÁ: Gazpacho de **tomate** e melancia 48; *Torta-merengue de **limão** 144*
MARSHMALLOW: Ambrosia inglesa (**creme de leite**) 120
MELANCIA: Gazpacho de **tomate** e melancia 48; **Salmão** com melancia, agrião e castanhas 72
MERENGUE: Tians de abacaxi com mascarpone e hortelã 162
MILHO-VERDE: *Dauphinois gratinado com **ervilhas** e alho-poró 42*; Pão de milho com cominho (**farinha**) 187
MIRTILOS: *Doce de **ruibarbo** com creme 166*
NABO: Rabada com vinho tinto (**boi**) 90
NECTARINAS: *Pêssegos com rum e hortelã (**frutas de caroço**) 168*
NOZES: **Repolho** verde com manteiga de nozes 18; Bolo de **cenoura** com cobertura de cream cheese 26; Pasta de **cogumelos** e nozes 34; **Queijo** de cabra assado com nozes e figos 116; Torta de **pera** e nozes 156; **Cuscuz** com nozes e cebola caramelizada 182; Cookies de **café** e nozes 214

OVO: Galette de **cenoura** e coentro 22; Torradas com **cogumelos** e ovo 32; Crème brûlée de manjericão (**creme de leite**) 121; Bavarois de **banana** caramelada 136; no custard do Doce de amoras-pretas (**frutas vermelhas**) 142; Torta-merengue de **limão** 144; Parfait de **manga** 151; Parfait de **ruibarbo** e água de rosas 165; Sorvete de chocolate (**chocolate amargo**) 177; Bolinhos amanteigados com amêndoas (**frutas secas e oleaginosas**) 197; Sorvete de earl grey (**chá**) 212; Tiramisù (**café**) 216
PASTINACA: *Salada de três **cenouras** com feta 24*; Rabada com vinho tinto (**boi**) 90;
PATO: *Carapau defumado com infusão de camomila (**chá**) 208*
PECÃS: Tortas de pecãs (**glicose de milho**) 190; *Cookies de café e nozes 214*
PEPINO: Salada de **repolho** com frango 20; **Atum** tartar com picles de pepino 76; Espetinhos de **cordeiro** com raita 96
PIMENTÃO: Ratatouille (**berinjela**) 13; Risoto de linguiça e pimentão (**arroz para risoto**) 205
PINHOLES: Salada de **brócolis** com pinholes e toucinho 16; Robalo com crosta de pinholes e vinagrete de vinho (**peixes de carne branca**) 58; **Frango** com toucinho e pesto 108; **Cuscuz** com grão-de-bico e abacaxi 181
PISTACHES: Biscotti de chocolate e pistaches (**chocolate amargo**) 176
PRESUNTO: **Camarão** com toucinho e aïoli ao forno 67; Empanadas de **queijo**, presunto e picles 114
QUEIJO: Sopa de **brócolis** com farofa de stilton 14; Salada de três **cenouras** com feta 24; Bolo de **cenoura** com cobertura de cream cheese 26; **Couve-flor** com queijo e cominho 30; Pasta de **cogumelos** e nozes 34; Torta de **cebola** roxa e queijo 38; Salada de **ervilhas** e favas com queijo 40; Cheesecake de crème fraîche (**creme de leite**) 122; Peras assadas com alecrim (**pera**) 158; Penne com tomates secos e agrião (**massas**) 202; Risoto de tomate e mussarela (**arroz para risoto**) 206
QUIABO: ***Berinjela** ao curry com ervilhas 12*
REPOLHO: Hadoque frito com repolho e mostarda (**peixes de carne branca**) 56
RÚCULA: Salada de **queijo** de cabra e beterraba com praliné 118; Linguine com rúcula e pesto de castanhas (**massas**) 200; *Penne com tomates secos e agrião (**massas**) 202*
TÂMARAS: Pudim com calda toffee (**glicose de milho**) 189
TOMATE: Geleia de **cebola** e tomate 36; Penne com tomates secos e agrião (**massas**) 202; Risoto de tomate e mussarela (**arroz para risoto**) 206
TOUCINHO: Salada de **brócolis** com pinholes e toucinho 16; Velouté de **ervilhas** e toucinho 43; **Frango** com toucinho e pesto 108
UVAS-PASSAS: Salada de **couve-flor** com molho de alcaparras 28; Bolinhos eccles (**frutas secas e oleaginosas**) 198
VIEIRA: ***Solha** com cinco especiarias 64*
VINAGRE BALSÂMICO: **Atum** tartar com picles de pepino 76; **Queijo** de cabra assado com nozes e figos 116; Morangos balsâmicos com merengue (**frutas vermelhas**) 140

# ÍNDICE

abacate, tian de camarão e caranguejo com 82
abacaxi: carpaccio de abacaxi 160
   carpaccio de atum com crosta de ervas 75
   cuscuz com grão-de-bico e abacaxi 181
   granita de abacaxi e malibu 163
   tians de abacaxi com mascarpone e hortelã 162
agrião: penne com tomates secos e agrião 202
   salmão com melancia, agrião e castanhas 72
aïoli ao forno 67
alho: batatas assadas com alecrim, alho e azeitonas 44
   brandade 57
   camarão com toucinho e aïoli ao forno 67
   espaguete com confit de alho e azeitonas 203
   frango assado com quarenta dentes de alho 106
ambrosia inglesa 120
alho-poró: dauphinois gratinado com ervilhas e alho-poró 42
   risoto de alho-poró e batata 204
ameixas com especiarias e foie gras 169
amêndoas: bolinhos amanteigados com amêndoas 197
   bolo grudento de chocolate 178
   brócolis com pesto de amêndoas 15
   macarons 128
aspargos, mousseline com 126
atum: atum com homus de feijão-branco 74
   atum tartar com picles de pepino 76
   carpaccio de atum com crosta de ervas 75
azeitonas: batatas assadas com alecrim, alho e azeitonas 44
   espaguete com confit de alho e azeitonas 203

banana: banana empanada com creme de especiarias 138
   bavarois de banana caramelada 136
   pudins de banana assados 139
batata: batatas assadas com alecrim, alho e azeitonas 44
   bolinhos de batata 47
   brandade 57
   caçarola da mamãe 88
   dauphinois gratinado com ervilhas e alho-poró 42
   lentilhas com batata e crème fraîche 194
   risoto de alho-poró e batata 204
   terrine boulangère 46
bavarois de banana caramelada 136
berinjela: berinjela ao curry com ervilhas 12
   berinjela marroquina 10
   ratatouille 13
beterraba: salada de queijo de cabra e beterraba com praliné 118
biscoitos: biscotti de chocolate e pistaches 176
   cookies de café e nozes 214
boi: caçarola da mamãe 88
   churrasco de rib eye 86
   lasanha com espinafre e feijão 92
   rabada com vinho tinto 90
bolinhos eccles 198

bolos: bolinhos amanteigados com amêndoas 197
   bolinhos com calda de laranja 184
   bolinhos eccles 198
   bolo de cenoura com cobertura de cream cheese 26
   bolo de gengibre 188
   bolo de limão com azeite 146
   bolo de maçã com crocante de especiarias 134
   gâteau opéra 218
bolinhos com calda de laranja 184
brandade 57
brioche com especiarias 186
brócolis: brócolis com pesto de amêndoas 15
   salada de brócolis com pinholes e toucinho 16
   sopa de brócolis com farofa de stilton 14

caçarola da mamãe 88
calabresa 14
camarão com toucinho e aïoli ao forno 67
camarões: bisque de camarão 68
   camarão com toucinho e aïoli ao forno 67
   camarão laksa 66
   camarão pré-cozido: salada de camarão com manga e lagosta 80
   tian de camarão e caranguejo com abacate 82
   torradas com camarão sauté 78
caramelo: bavarois de banana caramelada 136
   crème brûlée de manjericão 121
   damascos caramelizados com creme de amaretti 172
caranguejo: tian de camarão e caranguejo com abacate 82
carapau defumado com infusão de camomila 208
carnes 84-109
castanhas-d'água: salmão com melancia, agrião e castanhas 72
castanhas de caju: linguine com rúcula e pesto de castanhas 200
cebola: geleia de cebola e tomate 36
   torta de cebola roxa e queijo 38
   velouté de cebola e tomilho 37
cenoura: bolo de cenoura com cobertura de cream cheese 26
   galette de cenoura e coentro 22
   paleta de cordeiro assada com legumes 97
   salada de três cenouras com feta 24
chá: carapau defumado com infusão de camomila 208
   damascos com chá de jasmim 213
   sorvete de earl grey 212
cheesecake de crème fraîche 122
chocolate: biscotti de chocolate e pistaches 176
   bolo grudento de chocolate 178
   framboesas com musse de chocolate branco 143
   gâteau opéra 218
   macarons 128
   sorvete de chocolate 177
churrasco de barriga de porco 103
churrasco de rib eye 86
cogumelos: molho cremoso de funghi 35
   pasta de cogumelos e nozes 34
   torradas com cogumelo e ovo 32
cordeiro: baguete com cordeiro e molho de hortelã 98

costeletas de cordeiro em estilo indiano 94
espetinhos de cordeiro com raita 96
paleta de cordeiro assada com legumes 97
costeletas de porco em estilo asiático 102
couve-flor: couve-flor com queijo e cominho 30
   salada de couve-flor com molho de alcaparras 28
   sopa de couve-flor 31
crème brûlée de manjericão 121
creme de amaretti 172
creme de leite: ambrosia inglesa 120
   bavarois de banana caramelada 136
   cheesecake de crème fraîche 122
   crème brûlée de manjericão 121
   custard assado de ovo 124
   damascos caramelizados com creme de amaretti 172
   framboesas com musse de chocolate branco 143
crème fraîche: lentilhas com batata e 194
crocante de ruibarbo 164
curry tailandês de frango 109
curry: berinjela ao curry com ervilhas 12
   curry tailandês de frango 109
cuscuz: cuscuz com abóbora assada e coentro 180
   cuscuz com grão-de-bico e abacaxi 181
   cuscuz com nozes e cebola caramelizada 182

damasco: damascos caramelizados com creme de amaretti 172
   damascos com chá de jasmim 213
dhal com naan de gergelim 193
doce de amoras-pretas 142
doce de ruibarbo com creme 166

echalotas: churrasco de rib eye 86
   cuscuz com nozes e cebola caramelizada 182
empanadas de queijo, presunto e picles 114
ervilhas: berinjela ao curry com ervilhas 12
   dauphinois gratinado com ervilhas e alho-poró 42
   paleta de cordeiro assada com legumes 97
   salada de ervilhas e favas com queijo 40
   velouté de ervilhas e toucinho 43
espaguete com confit de alho e azeitonas 203
espinafre: lasanha com espinafre e feijão 92

farinha 184
favas: salada de ervilhas e favas com queijo 40
feijão-manteiga: ensopado de solha com feijão e linguiça 60
feijão preto: lasanha com espinafre e feijão 92
figos, queijo de cabra assado com nozes e 116
foie gras, ameixas com especiarias e 169
framboesas: ambrosia inglesa 120
   framboesas com musse de chocolate branco 143
frango: curry tailandês de frango 109
   frango assado com quarenta dentes de alho 106
   frango com toucinho e pesto 108
   salada de repolho com frango 20

frutas 130-173
frutas de caroço 168-173
frutas vermelhas 140-143
fubá: pão de milho com cominho 187

gâteau opéra 218
gazpacho de tomate e melancia 48
geleia de limão 148
glicose de milho 188
granita 132, 163
granita de maçã com geleia de vinho 132
grão-de-bico: cuscuz com grão-de-bico e abacaxi 181
gravadlax 70

hadoque frito com repolho e mostarda 56
homus de feijão-branco 74
hortaliças 8-51

iogurte: berinjela marroquina 10
    lassi de manga 150
    raita, espetinhos de cordeiro com 96

lagosta, salada de camarão com manga e 80
lasanha com espinafre e feijão 92
lassi de manga 150
laticínios e ovos 110-129
lentilhas: dhal com naan de gergelim 193
    lentilhas com batata e crème fraîche 194
    velouté de lentilhas 192
limão: bolo de limão com azeite 146
    geleia de limão 148
    torta-merengue de limão 144
linguiça: ensopado de solha com feijão e linguiça 60
    risoto de linguiça e pimentão 205
linguine com rúcula e pesto de castanhas 200

macarons 128
maçã: bolo de maçã com crocante de especiarias 134
    crocante de ruibarbo 164
    granita de maçã com geleia de vinho 132
    purê de maçã 135
    repolho roxo com maçã e especiarias 19
maionese 62
malibu: granita de abacaxi e malibu 163
manga: lassi de manga 150
    parfait de manga 151
    salada de camarão com manga e lagosta 80
    wonton com salsa de manga e wasabi 152
marshmallow: ambrosia inglesa 120
mascarpone: molho de tomate-cereja e mascarpone 51
    tians de abacaxi com mascarpone e hortelã 162
    tiramisù 216
massa de cerveja, solha com 62
massas 92, 200-203
melancia: gazpacho de tomate e melancia 48
    salmão com melancia, agrião e castanhas 72
merengue: morangos balsâmicos com merengue 140
    torta-merengue de limão 144
molhos: molho cremoso de funghi 35
    molho de tomate-cereja e mascarpone 51
morangos: morangos balsâmicos com merengue 140
mousseline com aspargos 126

nozes: cookies de café e nozes 214
    cuscuz com nozes e cebola caramelizada 182
    pão de centeio e nozes 196
    pasta de cogumelos e nozes 34
    queijo de cabra assado com nozes e figos 116
    repolho verde com manteiga de nozes 18
    torta de pera e nozes 156

ovos: custard assado de ovo 124
    macarons 128
    mousseline com aspargos 126
    torradas com cogumelo e ovo 32

pão de centeio e nozes 196
pão de milho com cominho 187
parfaits 151,165
pastas: 34, 57
peixes de carne branca 56-59
peixes e frutos do mar 54-83
penne com tomates secos e agrião 202
pera: compota de pera e mostarda 154
    peras assadas com alecrim 158
    torta de pera e nozes 156
pêssegos com rum e hortelã 168
pesto: brócolis com pesto de amêndoas 15
    frango com toucinho e pesto 108
    linguine com rúcula e pesto de castanhas 200
picles de pepino 76
pimentões: ratatouille 13
    risoto de linguiça e pimentão 205
pinholes: robalo com crosta de pinholes e vinagrete de vinho 58
    salada de brócolis com pinholes e toucinho 16
pistaches: biscotti de chocolate e pistaches 176
porco: churrasco de barriga de porco 103
    costeletas de porco em estilo asiático 102
    porco assado com recheio de sálvia, cebola e limão 100
produtos da despensa 174-219
pudim com calda toffee 189

queijo: couve-flor com queijo e cominho 30
    galette de cenoura e coentro 22
    grissinis de queijo 112
    penne com tomates secos e agrião 202
    peras assadas com alecrim 158
    queijo de cabra assado com nozes e figos 116
    empanadas de queijo, presunto e picles 114
    risoto de tomate e mussarela 206
    salada de ervilhas e favas com queijo 40
    salada de queijo de cabra e beterraba com praliné 118
    salada de três cenouras com feta 24
    sopa de brócolis com farofa de stilton 14
    torta de cebola roxa e queijo 38

rabada com vinho tinto 90
ratatouille 13
repolho: hadoque frito com repolho e mostarda 56
    repolho roxo com maçã e especiarias 19
    repolho verde com manteiga de nozes 18
    salada de repolho com frango 20

risoto: risoto de alho-poró e batata 204
    risoto de linguiça e pimentão 205
    risoto de tomate e mussarela 206
robalo com crosta de pinholes e vinagrete de vinho 58
rúcula e pesto de castanhas, linguine com 200
ruibarbo: crocante de ruibarbo 164
    doce de ruibarbo com creme 166
    parfait de ruibarbo e água de rosas 165

saladas: salada de brócolis com pinholes e toucinho 16
    salada de camarão com manga e lagosta 80
    salada de couve-flor com molho de alcaparras 28
    salada de ervilhas e favas com queijo 40
    salada de queijo de cabra e beterraba com praliné 118
    salada de repolho com frango 20
    salada de três cenouras com feta 24
salmão: confit de salmão 73
    gravadlax 70
    salmão com melancia, agrião e castanhas 72
salsa de wasabi 152
solha: ensopado de solha com feijão e linguiça 60
    solha com cinco especiarias 64
    solha com massa de cerveja 62
sopas: bisque de camarão 68
    camarão laksa 66
    gazpacho de tomate e melancia 48
    sopa de brócolis com farofa de stilton 14
    sopa de couve-flor 31
    velouté de cebola e tomilho 37
    velouté de ervilhas e toucinho 43
    velouté de lentilhas 192
sorvete: chocolate 177
    sorvete de earl grey 212

tâmaras: pudim com calda toffee 189
terrine boulangère 46
tiramisù 216
toffee: pudim com calda toffee 189
tomates 48-51
    fondue de tomate 50
    gazpacho de tomate e melancia 48
    geleia de cebola e tomate 36
    molho de tomate-cereja e mascarpone 51
    penne com tomates secos e agrião 202
    risoto de tomate e mussarela 206
torradas: ciabatta 15
    torradas com camarão sauté 78
    torradas com cogumelos e ovo 32
torta de cebola roxa e queijo 38
tortas de pecãs 190
tortas doces: tortas de pecãs 190
    torta de pera e nozes 156
    torta-merengue de limão 144
tortas salgadas: caçarola da mamãe 88
    empanadas de queijo, presunto e picles 114
    torta de cebola roxa e queijo 38
toucinho: frango com toucinho e pesto 108
    salada de brócolis com pinholes e toucinho 16
    velouté de ervilhas e toucinho 43

# AGRADECIMENTOS

Preciso me desculpar com a minha amada esposa Jane por eu ter levado toda a equipe de produção deste livro para nossa casa em uma época tão importante de nossa vida. Jane conseguiu, de alguma forma, adiar o nascimento de nossa filha Jessie até o último dia da sessão de fotos; inacreditável. Quão intencional terá sido isso? Obrigado, meu amor.

Chantelle, obrigado por sua dedicação. Você trabalhou dia e noite como auxiliar de chef no restaurante ao mesmo tempo em que me ajudava a dar vida a este livro com suas pesquisas contínuas e ideias novas e criativas. Foi um prazer ter você em nossa casa, e as crianças fizeram uma amiga muito especial.

Obrigado, Mary-Claire, por me encorajar a escrever este segundo livro e me apoiar durante todo o caminho.

Parabéns, Alex, Emma, Saskia e Smith&Gilmour por conseguirem o impossível – tornar este livro ainda mais bonito que o primeiro. Alex, o seu empenho em busca de perfeição foi incrível, driblando obstáculos para conseguir que tudo ficasse como deveria.

David, você sempre conseguiu capturar com perfeição a imagem dos pratos e dos momentos – e aparentemente sem esforço algum. Por que não consigo ver o que você enxerga quando olho pelas mesmas lentes? Obrigado, companheiro, você se tornou um grande amigo.

Para a minha equipe no Pétrus, vocês sabem quem são, que valem muito mais do que duas estrelas.

E agora Jeni, minha coautora. Eu espero ter tornado as coisas mais fáceis para você nesta segunda experiência, atingindo o que você concebia para este livro. Muito obrigado, Jeni. É um prazer trabalhar com você, e a sua atenção aos detalhes garantiu que o texto ficasse vivo nas páginas deste livro. Mais uma vez, você fez um trabalho maravilhoso e me deu um enorme apoio do começo ao fim. Com amor, Marcus.

# A DORLING KINDERSLEY GOSTARIA DE AGRADECER A...

Angela Nielsen e as garotas do Not Just Food, por testarem as receitas do livro tão meticulosamente. Agradecimentos também a Hilary Bird pelo preparo do índice.